● 일러두기

1. 본문은 김원석 작가의 드라마 대본 집필 방식을 최대한 살려 편집했습니다.
2. 드라마 대사는 글말이 아닌 입말임을 감안하여 어감을 살리는 데 비중을 두어 한글 맞춤법과 다른 부분이라 해도 유지했습니다.
3. 쉼표, 느낌표, 마침표 같은 문장부호도 작가의 의도를 최대한 살렸습니다.
4. 이 책은 작가의 최종 대본으로 어느 부분은 방송분과 다를 수 있습니다.

● 용어 해설

cut to	같은 공간에서 짧은 시간의 경과로 장면이 전환됩니다.
E	원래는 effect로 주로 연극 대본에서 효과음을 나타내는 기호이나, 이 대본에서는 voice over를 대신하는 약어로 사용합니다.
Flash Back	과거의 장면을 회상하는 기법.
Ins.(insert)	삽입 화면.
Nar(narration)	나레이션. 등장인물이 설명하는 마음의 소리.
O.L(over lap)	화면이 겹쳐지면서 장면이 바뀌는 기법을 나타내는 기호이나, 이 대본에서는 등장인물이 상대방의 대사가 끝나기 전에 맞물려 대사를 치는 상황을 표현합니다.

*본문에서 이름 앞의 '/' 기호는 화면 위로 대사가 이어지는 voice over 상황을 표현합니다.

SBS 금토드라마

복수

상권

PAYBACK

대한민국 검찰을 통째로
사 버릴 거야.
법으로 아니고 돈으로.

김원석 극본

너와숲

목차

드라마 법쩐이 끝났습니다.

이야기는 제가 만들며 시작했지만,
많은 분들이 함께 만들어 완성되었습니다.

함께.
삶의 어느 한 시즌을 드라마 법쩐을 만들며 함께했던 모든 분들께.
그리고, 방영되는 드라마를 함께 시청해 주신 모든 분들께.

고맙습니다.
고개 숙여 감사의 마음을 전하며 대본집을 시작합니다.

2023년 3월
김원석 작가 드림.

●
●
●

인물관계도

윤대표 김미숙
불루넷 대표이사

홍한나 김혜화
로비스트

은지희 서정연
룸카페 마담

은용·LINE

모녀 ↕

우리 편 ↕

신뢰하는 파트너 ↕

남매 ↕   모자 ↕

검찰청

박준경 문채원
법무장교

은용 이선균
돈 장사꾼

장태준 강유석
형사부 검사

함진 최정인
대검 감찰부 검사

점어로운 여동생
의지가 되는 오빠 ↕

아들같은 조카
언제나 나의 편 ↕

조력자 →

남계장 최덕문
베테랑 수사관

대립 관계 ↕

명회장·LINE

명회장 김홍파
명동사채시장 큰 손

부녀 ↗

법 X 판 ↖

명세희 손은서

부부 ↔

황기석 박훈

은용

몽골의 유목민 게르에서 생활하는 그는 '하루 동안 말을 달린 거리만큼의 땅'을 사는 중이다. 유목민의 삶을 존중하는 그의 태도가 마음에 든 부족장은 마유주를 가득 부어 주며 경고했다.

"당신이 원하는 땅은 신에게 저주 받은 곳입니다."

가득한 독주를 남김없이 비워 낸 그는 신의 마음을 바꿔 보겠다고 답했다. 어떻게?

"돈으로."

●

"돈장사하는 은용입니다."

요즘은 중앙아시아 대평원의 부동산 사용권을 매입 중인 그는 사모펀드 '체인지'의 실질적 오너이자 투자 총괄 책임자. 하지만 펀드 경영은 파트너인 한나에게 맡기고, 거액의 돈을 맡기는 고객들에게도 자신의 모습을 드러내지 않는 '은둔형'으로 알려져 있다. 실적 차트에 가득한 붉은 숫자들과 우상향의 수익률 그래프면 충분하다는 게 그의 생각이다.

그는 항상 돈을 많이 벌고 싶었다. 가능한 많이.

●

그놈의 밥, 그놈의 잠자리.

기억도 못 하는 어린 시절, 부모님 두 분이 모두 돌아가신 뒤로, 늘 먹는 것과 자는 곳이 문제인 인생이었다. 일곱 살 터울의 누나 지희와 '따로 또 같이' 친척 집을 전전하며 살았다. 돈 버는 온갖 일을 마다않던 누나는 소녀 가장이었고, 형 부럽지 않은 보호자였다.

아홉 살 은용이 무전취식으로 잡혀간 유치장은 춥고 무서웠다. 소식을 들은 누나는 교복을 입은 채로 바로 달려왔지만, 아직 미성년이라는 이유로 면회할 수 없었다. 어른 모시고 오라는 경찰의 말에 누나는 그 자리에서 경찰서 유리창 하나를 박살 내고 두 손을 내밀었다. 그렇게 수갑을 차고 유치장에 들어온 누나가 말했다.

"걱정 마, 누나 왔어."

●

열 살이 된 은용의 앞에 1년 만에 나타나 치킨을 사 주는 누나는 임신 중이었다. 아빠가 누구냐는 질문에 "어떤 개새끼… 죽었어." 씩씩하게 답한 누나는 한참을 울었다.

'힘들고 슬픈 일이 생겼구나…'

물끄러미 보고 있는 은용 앞에서 실컷 울고 난 누나는 웃으며 말했다.

"엄마가 될 거야. 축하받을 일이야."

개나리, 진달래가 흐드러진 봄날, 열일곱의 누나는 아들을 낳았다. 시를 쓰는 수녀님이 지어 주신 이름은 평안한 봄, '태춘'이었다. 열한 살의 은용은 새로 태어난 조카를 보며 '내가 이놈 아빠'가 되어 주겠단 결심을 했다.

●

중학생이 된 은용은 신문 보급소에서 먹고 자며 돈을 벌었다. 새벽엔 신문을 돌리고, 학교를 다녀와 오후부터는 오토바이로 배달 알바를 뛰었는데… 고급 세단과 부딪치는 교통사고가 났다. 운전석의 중년 신사에게서는 술 냄새가 진동했다. 합의금을 한몫 챙길 요량으로 입원해 드러누웠다. 하지만, 찾아온 경찰은 은용을 잡아갔다.

검사실로 불려 간 은용은 가디건을 입은 젊은 검사에게 미성년 무면허, 난폭 운전, 차량 파손에 공갈, 협박까지 더해진 긴 죄목을 들었다. 반성문을 적으라는 말에 한나절을 고민하다 백지를 내밀었다. 아무리 생각해도 반성할 일이 없었다. 백지 반성문을 받아든 검사는 준엄하게 꾸짖었다.

"어려서부터 돈 쉽게 벌려고 공갈 사기 치는 너 같은 놈은 공권력 무서운 줄 알아야 돼."

법정의 판사도 은용의 이야기는 듣지 않았다. 컵라면이 익을 시간, 3분도 채 걸리지 않은 재판에서 은용은 소년원에서 2년을 지내야 하는 10호 처분을 받았다.

●

소년원에 들어가고 첫 석달 동안은 끝없이 싸워야 했다. 싸움은 선빵, 한 대도 맞지 않고 이기는 싸움은 없으며, 세 명 넘게 덤비면 피해야 한다. 약육강식의 정글에서 살아남은 그는 마침내 서열이 정리됐을 때, 요장(소년원 학생회장)이 되었다.

●

열여덟. 성인의 경계에 선 나이에 소년원을 나왔을 때. 기차에서 행패를 부리는 논두렁 건달들 앞에 장우산을 들고 맞짱 뜨는 여고생 '교복'을 만났다.

쓸데없는 싸움엔 휘말리고 싶지 않아 처음엔 외면했으나, 어느 샌가 '교복'과 등을 맞대고 한바탕 신나게 싸웠다. 뒤에서 덮치려는 비겁한 놈들을 두고 볼 순 없었던 것 같다.

'아직 소년원인가? 아니면, 이제 교도소인가?'

쌍방 폭행으로 유치장에 갇혔을 땐, 곰곰이 날짜를 계산할 뿐이었는데… 언제나 보호자는 '나'였던 인생에 '교복'의 어머니, 윤 대표가 등장했다.

"같은 편으로 싸운 아이잖아요. 제가 우리 편 보호자도 한다니까요?"

편 들어주고, 지켜 줬던 어른은 처음이었다. 늦은 밤, 함께 풀려난 은용은 '아줌마'의 집에서 잤다.

●

편안했던 잠자리. 드라마에서나 보던 잠옷. 깨어났을 땐 모든 것이 잠시 천국처럼 낯설었다. 아침 식탁에 마주 앉은 아줌마는 어떤 회사의 대표라며 명함을 건넸다. 공장에 일자리도 줄 수 있다며, 돈은 일한 만큼 벌 수 있다 했다.

은용은 태어나 처음으로 자신을 존엄히 여겨 '우리 편'이라 보호해 줬던 아줌마가 좋았지만… 일한 만큼 돈을 버는 삶은 그의 계획이 아니었다. 아줌마의 집을 나선 은용은 소년원 출신들을 스카우트 하던 건달 성태를 찾아갔다.

지금도 가끔 은용은 그날을 떠올리며 생각해 본다. 이제 다시 돌아간다면, 다른 선택을 할까?

●

성과급 용역 깡패 생활을 시작한 은용은 실력을 인정받았지만, 만족할 만한 수입은 아니었는데… 1년쯤 지난 어느 날, 진짜 기다리던 기회가 찾아왔다. 평소부터 눈여겨봐 왔던 스폰서 명 회장이 자신의 밑에서 일해 볼 생각이 없냐고 물었을 때, 그는 숨도 쉬지 않고 "네."라고 답했다.

때는 바야흐로 세기말, 코스닥 버블의 시대. 자본 시장엔 돈과 탐욕이 넘쳐 났다. 명동 신사라 불렸지만, 신사답지 못한 비지니스로 유명한 명 회장은 기업 사채를 주로 다뤘다. '주담(주식담보대출)'을 전문으로 했는데, 흔히 말하는 주가 조작 작전 세력의 쩐주였다. 합법과 불법의 경계, '교도소 담장을 걷는' 비지니스였지만, 명 회장은 언제나 돈을 벌었고… 영리한 은용은 빨리 배웠다.

●

명 회장의 수완에 유쾌한 젊음을 더한 '은 실장', 은용은 고객과 쩐주 아줌마들 모두에게 인기가 좋았다. 자신감이 붙은 그는 조용히 독립을 준비했는데… 명 회장은 선선히 놓아줄 신사가 아니었다. 통수를 맞은 은용은 지독한 린치를 당했고, 준비하던 모든 계약들을 뺏겼다. 가까스로 도망친 은용은 다시 한 번 비정한 세상을 똑바로 응시했다.

출생이라는 제비뽑기에서 꽝패를 뽑은 은용에게 어려서부터 세상은 언제나 정글이었다. 약육강식과 승자독식의 자본 시장에서 정(情)이나 윤리, 마땅한 도리를 따지는 건 사치스런 어리광이다. 정의로운 공권력에 대한 기대는 소년원에 잡혀간 그날부터 접은 지 오래다. 빼앗긴 것을 되찾는 방법은 오직 스스로의 힘으로 싸워 이기는 것뿐.

●

와신상담의 시간을 보낸 은용은 명 회장을 상대로 작전을 설계했다. 변두리 PC방을 통으로 임대했고, 명 회장에게 당했던 '퇴역 전선'을 모았다. 외부와의 출입을 통제하고 한 달간 펼쳐진 작전.

은용은 마치 오케스트라를 지휘하듯, PC방 컴퓨터마다 서로 다른 증권사 계정들의 매수, 매도를 지시해 자연스러운 흐름으로 블루넷의 주가를 리드미컬하게 끌어올린다. '알레그로 모데라토' 조금 빠르게 시작해서, '안단테' '안단테' 느리게 느리게, 그러다가 다시 '비바체' '프레스토' 빠르고 활발하게, 매우 빠르게… 거래의 템포와 물량의 강약을 이끌어 가는 그의 지휘는 깔끔하고 우아했다. 한 PC방에 모여 이런 식의 작전을 한다는 건, 실시간 IP 추적이 자동화된 요즘 같으면 어림없을 일이지만, 이때는 가능한 시절이었다.

명 회장의 탐욕을 이용했고, 공매도 압박을 활용한 역작전으로 '열한 자리(백억대)의 수익'을 올렸다. 제로섬의 머니 게임에서 은용이 올린 수익은 그대로 명 회장의 손실이었다. 온라인 주식 거래 초창기, 'PC방 대첩'이라 불리는 작전은 이후에도 주식꾼들 사이에 전설로 회자됐다.

●

흔히들 주식은 사는 시점보다 파는 시점을 잡는 것이 더 중요하다고 한다. 내가 산 주식이 아무리 주가가 많이 올라도 파는 타이밍을 놓치면 숫자의 기록에 불과하다. 작전도 마찬가지. 은용은 출구 전략까지 치밀했다.

큰 손실을 본 명 회장은 평소 스폰서로 관리하던 검찰 커넥션을 이용해 보복에 나서려 했는데… 명 회장의 바람과 달리 커넥션은 외려 사태의 중재에 나섰다. 은용이 한 발 먼저 이번 작전의 수익금을 커넥션에 배당해 둔 때문이었다.

은용은 더 이상 한국의 자본 시장에는 들어오지 않는다는 신사 협정을 맺고, 한국을 떠났다. 가족은 건드리지 않는다는 조건으로.

●

세계는 넓고 벌 돈은 많다.

어려운 용어들과 복잡한 숫자들로 가득한 국제 금융 시장이지만… 배워야 할 모든 것은 명동 사채 바닥에서 이미 익혔다. 인간의 탐욕에 기반해 움직이는 돈장사의 구조는 명동이나 런던이나 동일했다. 한국을 떠난 은용은 10년의 세월 동안 끊임없이 '돈으로 더 큰 돈을 버는' 삶을 살고 있었는데…

고국의 반도에서 들려온 준경이 시작한 싸움의 소식에, 은용은 모든 걸 걸고 참전한다. 아직 덜 영글었으나 누구보다 물러섬 없는 싸움꾼 청년 검사, 조카 태춘과 함께.

| 준경 | 〔여, 41세〕 _법무관 육군 소령 |

'고아와 과부를 위하여 정의를 행하시며 나그네를 사랑하여 그에게 떡과 옷을 주시나니…' _신명기 10장 18절

‘고아와 과부를 위하는’ 정의로운 검사가 되고 싶었다. 서울 법대, 사법고시, 연수원 수석까지… 목표를 세우면 반드시 이루는 그녀의 삶은 차질 없어 보였다.

●

그녀가 중학교에 들어가던 해, 말기암 판정을 받은 아버지는 항암을 거부하고 호스피스 요양원에서 지내다 돌아가셨다. 죽음 앞에서 인간의 한계를 인정하는 것이 과학적 태도라 말씀하셨다. 마지막을 준비하던 아버지는 준경에게 남겨진 어머니를 부탁했다. 아버지가 돌아가신 뒤로, 준경은 모범생 딸이 되기 위해 늘 스스로를 다잡았다. 학교에선 우등생이었고, 흐트러진 생각이 들 때마다 검도를 통해 육체와 정신을 단련했다.

홀로 남겨진 어머니(윤 대표)는 공학자였던 아버지와 함께 만든 회사를 키워 나갔다. 늘 바빴던 어머니를 대신해 기일을 맞아 아버지를 뵙고 돌아오는 기차 안에서… 은용을 처음 만났다.

●

기차 안에서 행패를 부리는 논두렁 건달 놈들과 장우산을 들고 맞선 건, 검도로 단련된 검사(劍士)이자, 정의로운 검사(檢事)를 목표한 준경에겐 당연한 일이었다. 덩치 큰 남자를 상대로도 이길 자신은 충분했는데, 실전 싸움에선 뒤에서 덤비는 놈들도 있다는 건 미처 계산에 없었다. 자신의 뒤를 커버해 주며 ‘같은 편’으로 함께 싸운 그 녀석이 알고 보니 소년원 출신 고아라는 것은 의외였다.

쌍방 폭행으로 유치장에 갇혔을 때, 찾아온 어머니(윤 대표)는 옳은 일을 했다며 칭찬했다. 거기에 더해 함께 싸운 ‘우리 편’ 소년원의 보호자까지 자처했는데, 딱 봐도 갈 곳 없어 보이는 그를 집에까지 데려와 재웠다.

"아버지 안 계시냐? 난 엄마 아빠 다 없어~"

아버지 잠옷을 입고 서재 쇼파에 드러누워 자는 은용이 묘하게 싫지 않았다.

●

그날 이후, 용이 오빠는 가끔씩 카네이션을 한 아름 사와 어머니(윤 대표)가 차려 준 밥을 먹고, 웃고 떠들며 놀다 가곤 했다. 거친 일(용역 깡패)을 하는 것처럼도 보였고, 독한 일(사채꾼)을 하는 것처럼도 보였다. 모범생으로 사는 자신의 삶과 다른, 얼핏 보면 무뢰배의 삶을 사는 것 같아 보이는 용이 오빠에겐 늘 틱틱거리며 대했지만, 내심 좋아했다.

고마웠던 걸까, 외로웠던 걸까. 아버지가 돌아가신 뒤로, 사춘기 나이부터 스스로를 절제하던 그녀에겐 유쾌한 오빠였고, 의지가 되는 가족이었다.

사법고시 2차 시험을 준비하느라 정신없던 어느 날… 용이 오빠는 한국을 떠난다고 했다. 떠나는 사연을 묻지는 않았다. 그의 단단한 눈빛을 보고 붙잡을 순 없다고 생각했다.

"아주 나쁜 짓은 하지 말고. 돈 많이 벌면 그만 벌고 돌아와."
"고시 붙어서 검사되면, 서류에 사인은 꼭 이걸로 해. 글로벌하게 자랑하고 다닐라니까."

떠나는 오빠는 비싼 만년필 하나를 건넸다.
다시 만나는 날엔 검사가 되어 있겠다… 약속했는데…

●

사법고시와 연수원 수석, 2관왕이었다. 대형 로펌에서도 러브콜이 쇄도했지만, 검사의 길을 택했다. 처음 마음대로 공익의 봉사자, 공무원인 검사로서의 삶이 스스로에게 가장 어울린다 생각했는데…

형사부 검사로 정신없이 바쁜 어느 날, 어머니(윤 대표)가 긴급 체포됐다는 연락을 받았다. 사건을 맡은 특수부 담당 검사, 기석을 찾아간 그녀는 모종의 음모가 배후에 있음을 직감했다.

"법전은 이상이고, 여긴 현실이야. 머리 좋은 놈이니까 너도 알잖아? 어머니 살릴 사람, 너밖에 없다."

기석은 능란한 솜씨로 준경을 협박하며 회유했고… 어머니를 구하기 위해, 준경은 기석과 거래했다. 비극의 시작이었다.

●

삶은 때로 뜻한 바와 아주 다른 방향으로 흘러간다.
어머니(윤 대표)는 스스로 목숨을 끊었다.

●

어머니의 사망 이후, 군 입대한 준경은 법무관이 되어 차가운 복수를 준비했다. 이제 시작하는 싸움은 어떤 희생이 있다 해도 멈추지 않을 생각이다. 그게 돌아온 은용이나, 그의 아들 같은 조카 장태춘 검사라 해도.

한때는 누구보다 바르고 정의로웠던 준경은 거울 앞에 서서 스스로에게 묻는다. 괴물과 싸우기 위해, 괴물이 될 각오는 단단한가.

장태춘 　　　　　　　　[남, 29세] _형사부 말석 검사, 은용의 조카

출세하고 싶었다.

세상 누구도 무시 못 하는, 거악을 때려잡는 검사로, 기깔나게.

●

미혼모였던, 젊고 예쁜 엄마는 짧은 치마를 입고 나가 돈을 벌었다.

'오봉돌이' '다방아들'이라 부르는 것까진 참았으나, 엄마에 대한 험담을 하는 놈에겐 나이, 체급 가리지 않고 죽자고 덤볐다. 골목의 아이들과는 잘 어울리지 않았고, 엄마가 일 나간 대부분의 시간엔 헌책방에서 책읽기에 빠져 지냈다. 책을 읽는 동안엔 비루한 현실과 다른 세상을 만날 수 있어 좋았다. 고난과 역경을 이겨 내고 악에 맞서 승리한 정의로운 영웅들이 있었고, 불후한 어린 시절을 보냈으나 마침내 훌륭한 사람이 된 위인들이 있었다.

그런 일상에서 외삼촌이 오는 날은 '신나고 좋은 날'이었다.

"짱태추이! 책벌레~ 공부벌레~!!"

언제나 유쾌하게 등장해 치킨도 사주고, 싸우는 법도 가르쳐 줬다. 세상 누구보다 항상 내 편을 들어주는 외삼촌을 좋아했고, 누구 앞에서든 보란 듯이 손을 꼭 잡고 다녔다.

●

돈장사를 시작했다는 외삼촌이 돈을 잘 벌기 시작하면서, 반지하 단칸방에서 화장실 두 개 있는 아파트로 이사를 했다. 엄마는 역전다방 은 양을 그만뒀고, 가게를 차린다고 했다. 태춘은 내심 이제 친구들에게 당당할 수 있는 옷가게 같은 걸 바랐지만… 엄마는 '좋은 조건'으로 양주 까페를 인수했고, 물망초 은 마담이 되었다. '내 방'이 생겼고, 학원을 다니며 과외도 받을 수 있었지만, 엄마는 여전히 밤에 출근했고, 술에 취해 아침에 퇴근했다.

모든 걸 포기하고 자신을 키워 낸 엄마 앞에서 아무 내색하진 않았지만 이제 사춘기였다.

●

새 학기, 반장 선거를 앞둔 어느 날 담임은 태춘을 교무실로 불러 말했다.

"관례상 반장 어머니가 학부모 회장을 맡게 되는데… 네 엄마 나이가 많이 어리네?"

바라보는 경멸의 눈빛에서 태춘은 다음 이야기들을 짐작했다. 술장사, 밤일, 마담 등으로 엄마를 묘사하는 단어가 담임의 입에서 함부로 튀어나오며 이어졌다. 담임은 명문 사립의 레벨을 걱정했고, 클래스 리더쉽은 성적만으로 얻을 수 있는 것이 아니라고 강조했다.

"반장 선거는 나가지 않겠습니다. 그리고 학교도 자퇴하겠습니다."

노려보는 태춘의 눈빛에 담임은 "이 새끼 눈까리 봐라? 너 지금 반항하는 거야!" 예상했던 반응을 보였고, 태춘은 기다렸다는 듯이 선빵을 날리고, 의자를 들어 찍어 버렸다.

●

병원에 드러누운 담임은 절대 합의해주지 않겠다고 했다. 유치장에 갇힌 태춘도 절대 사과할 생각이 없었다. 폭력을 쓴 죗값에 대해서는 벌을 받겠지만, 쓰레기 같은 담임에겐 용서를 구할 생각이 없었다. 유치장 안에 있으며 소년원을 다녀오면 외삼촌 밑에서 돈장사를 배워야겠다는 나름의 계획도 세웠는데…

면회를 온 엄마가 차라리 화를 내거나 혼을 냈으면 했지만… 그러나 엄마는 아무 말 없이 울기만 했다.

'내가 뭘 한 걸까?'

돌아와 다시 갇힌 유치장에서 태춘은 스스로에게 화가 났다.

●

생각에 잠겨 밤을 꼬박 새운 다음 날, 새벽. 갑자기 태도가 친절해진 형사는 삼촌에게 얘기 좀 잘해 달라며 태춘을 풀어 줬다.

"나한테 검사 삼촌이 있는 건 몰랐네?"

경찰서 앞에는 은용이 마중 나와 있었다. 은용은 꽁지돈을 땡겨 쓰는 노름꾼 검사(수동) 하나를 매수해 태춘을 풀려나게 했다. 태춘은 은용에게 법대를 가겠다는 결심을 얘기했다.

"주먹으로 패 봐야 나만 손해잖아.
검사돼서, 쓰레기 같은 놈들 싹 다 쓸어버릴 거야."

풀려난 태춘은 진짜 죽어라 공부했는데…

●

머리가 좋은 편은 아니었고, 지방대 법대에 간신히 합격했다.

그렇다고 여기서 포기할 태춘은 아니다. 대학 입학식도 하기 전부터 고시 공부를 시작했다. 법전을 외워야 하는 사법고시는 인내와 끈기, 그리고 목표를 향한 집념의 테스트가 아닌가. 몇 번의 낙방 끝에 그는 마침내 사법고시에 합격했다.

제대로 강의 한 번 들은 적 없는 지방대 캠퍼스엔 '자랑스런 동문 장태춘'의 고시 합격을 축하하는 플랜카드가 걸렸다.

●

판사, 검사, 변호사 중에 출신 학연과 상관없이 실력으로 뒤집을 수 있는 조직이 검찰이라고 들어서 검사를 선택했다. 하지만 막상 검사가 되어 3년째 형사부 말석 검사로 빡세게 구르며 내린 결론은…

검사는 '실력? 노력? 노오오오오력?' 아닌 것 같다. 명문대 학연으로 견고하게 이어진 검찰 내부의 '라인'에는 지잡대 출신 태춘이 끼어들 틈이 보이지 않았다. 매일 밤 야근하며 매스컴을 탈 수 있는 한 방 있는 큰 사건을 열심히 파헤쳐 봤지만… 윗선에선 이러저러한 핑계로 수사를 허락하지 않았다.

●

늑대 무리에 끼고 싶은 배고픈 아웃사이더 태춘에게 어느 날 익명의 제보 서류가 도착한다.

베테랑 남 계장의 도움을 받아 파헤쳐 들어간 주가 조작 사건의 배후로 사채왕 명인주 회장의 이름이 나왔다. 특수부 실세 황기석 부장 검사의 장인이다. 직속 상관 박 부장과는 승진 라이벌인 것을 이용해 결재를 얻어낸 태춘은 특수부 검사를 잡고, 특수부로 가겠다는 투지에 불탄다.

겁 없이 달려든 태춘의 수사에 특수 부장 황기석은 달콤한 '회유의 술잔'을 건네 왔다. 어쩌면 다시 없을 기회 앞에서 고민하는 태춘 앞에 10년만에 돌아온 삼촌 은용이 나타나 새로운 제안을 해온다.

"짱태추이~ 내 손 잡아.
내가 너, 대한민국에서 가장 높은 검사로 만들어 줄게."

●

서울지검 7층 특수부. 그곳에 오르기를 꿈꾸는 말석 검사 장태춘, 커넥션의 술잔을 받을 것인가. 맞서 싸울 것인가.

명 회장 [남. 60세] _명동 사채 왕

"비지니스는 신사답게 하입시다. 쫌."

베스트 받쳐 입은 클래식 양복에 중절모 신사, 명 회장이 등장할 땐 이미 선혈이 낭자하다. 건달들에게 얻어터진 상대의 입술 피를 인주처럼 슥슥 묻혀 서류에 지장 날인한다.

기업 사채 시장의 큰 손, 명인주 회장.

명동 신사라 불리지만, 신사답지 못한 비지니스로 악명이 높다.

●

쌍팔년도 명동 사채 시장에서 바닥부터 잔뼈가 굵었다. 세월이 흐르는 동안, 몇 번의 위기가 있었으나 언제나 영리하게 변신에 성공하며 살아남았다. IMF와 닷컴 버블을 거치면서는 작전 세력의 저수지로 성장해 '사채 왕'으로 불린다.

명 회장이 돈장사에서 결코 손해 보지 않는 이유는, 무조건 돈을 버는 구조를 설계해 두고 금고문을 열기 때문이다. 모든 주가 조작은 오너와의 결탁, 혹은 묵인 없이는 이루어질 수 없다. 대주주 지분을 확보하면, 내부자들과의 공모를 통해 찍기, 꺾기, 패대기 등의 기술이 들어간다.

그의 먹잇감이 된 회사는 결국 부도 처리되고 상장 폐지 수순을 밟지만, 그의 금고엔 사실상 추적이 안 되는 십만 원권 수표가 가득 쌓인다. 그리고 이 모든 '사기적 부정 거래'는 최종적으로 수사를 덮어 주는 엘리트 검찰 권력과의 수익 공유로 완성되는데…

타이밍 탁월한 감각도, 타고난 돈복의 운빨도 아니다.

명 회장의 수익은 '탐욕의 카르텔'을 구축하고 관리한 '인과율'이었는데…

●

뒷일을 보는 성태 밑에서 은용을 데려와 쓴 첫 날부터 예감했었지만, 독립해 나가겠다는 타이밍은 예상보다 3년쯤 빨랐다. 영리하게 빨리 배우고, 사람 대하는 수완까지 좋았던 '은 실장'이 떠나는 것은 아쉬웠지만 미련은 두지 않기로 했다. 황금알을 낳는 거위가 독립하겠다면, 배때지를 갈라 마지막 황금알을 챙기는 게 그의 순리였는데…

●

발칙한 역작전으로 크게 한 방 먹이고 떠난 은용이 다시 한국에 돌아왔다는 소식을 들었을 때, 명 회장은 살짝 미간을 찌푸렸으나 이내 크게 웃었다.

그의 연대기에서 위기는 언제나 기회였다. 크게 성공해 돌아와 전 재산을 걸고 덤벼드는 은용은 만만찮은 호적수임에 분명하나, 이번엔 그놈의 배때지를 갈라 황금알을 챙기며 갚아 줄 수 있지 않을까?

설레는 마음으로 욕심이 많은 믿음직한 특수부 사위에게 전화를 건다.

황기석   [남, 43세] _특수부 부장 검사

인간의 본성은 악하다. 거짓말에 능하고 이익을 탐한다.
균형 잡힌 세상을 만들기 위해선 유능한 엘리트의 법치(法治)가 필요하다.

"혁명이 왜 실패하는지 알아? 우매한 민중은 반대할 줄만 알았지, 통치하고 운영하진 못해."

가난한 노동자의 아들로 태어나, 입시 제도의 우등생으로 자란 그에겐 확고한 신념이 있었다.

●

외고-서울 법대, 21살의 나이에 사법고시 소년급제, 연수원 차석, 법무관, 서울 지검 초임 발령… 흠잡을 데 없는 엘리트 코스를 밟았고, 특수통 라인의 핵심 브레인으로 성장했다. 초임 검사 시절부터 수사가 깔끔하다는 평가를 받았고, 특히 언론을 다루는 솜씨는 일품이다. 어떤 사건을 갖다 줘도 입맛에 맞게 요리하는 능력이 탁월해 검찰 내에선 황 셰프로 불린다.

법대 시절부터 마담뚜들의 1순위 타겟이었는데, 재벌가의 혼담도 마다한 그의 선택은 사채 왕 명 회장의 딸이었다. 평소 '업자'들과는 선을 확실히 긋던 그였기에, 지저분한 접대로 유명한 검찰 스폰서 명 회장과의 혼사는 꽤나 의외였다. 숙이고 들어가야 하는 재벌가나 명문가보단 만만한 현금 부자를 파트너로 삼았다고들 수군거렸는데…

그가 진짜로 파트너로 잡고 싶었던 이는, 명 회장이 아닌 그의 딸 세희였다. 물질적으론 부족함 없이 컸으나, 뒤에서는 손가락질하는 사채꾼의 딸로 자란 그녀는 마음 속 깊은 곳에 누구보다 강력한 신분 상승의 투쟁심을 숨기고 있었다.

"당신 장인, 아직 우리한텐 필요한 사람이야. 내가 왜 당신 선택했는지 알지?"

탐욕스런 명 회장이 자본 시장에서 사고를 칠 때마다, 그녀는 그를 진정시켰고, 또한 긴장시켰다. 대검, 법무부, 청와대까지의 입성을 목표로 한 그에겐 누구보다 이상적인 파트너. 헤어스타일 하나까지 세심하게 신경 쓰며 조금의 흐트러짐도 없이 그를 메이크업해 주는 그녀를 진심으로 사랑한다.

그놈들이 나타나기 전까진, 그랬다.

●

3년 전. 윗선의 뜻에 따라 리드미컬한 실력을 발휘해 요리했던 사건이 그의 발목을 잡으려 한다. 예습 복습을 철저히 했다는 모범생 준경은 격한 복수심으로 목숨 걸고 달려들었고, 지잡대 출신 주제에 큰 사건 한 방으로 뜨고 싶은 말석 검사 태춘은 겁도 없이 덤벼들었다.

괜찮았다. 만만치 않으나, 약점을 알기에 어렵지 않은 상대들이다. 그런데 그들의 '편'이라며 나타난 돈장사꾼 은용. 그놈의 변칙 플레이가 상당히 까다롭다. 불의의 일격을 당해 대분노했으나, 이내 냉정을 되찾고 잔인한 반격을 준비한다.

적에게 보낼 존경 따윈 없다. 지독한 싸움이라면, 더욱 질 수 없는 승부다.

함진

[여, 44세] _서부지검 형사부 부부장 검사

기석이 차석을 했던 해의 '연수원 기수' 수석이 함진이다.

무려 임신한 몸으로.

검사로서의 라인이 결정되는 3학년('9년차, 세 번째 발령지를 의미하는 검찰 은어) 인사 발령지인 서울지검에서 기석과 다시 만났다. 기석은 수사의 꽃이라는 특수부였고, 그 사이 둘째까지 출산하느라 경력이 고르지 못했던 그녀는 형사부였다. 다시 만난 기석이 동기의 출산과 육아를 배려해 수사를 도와줄 때까지만 해도 꽤나 '나이스한 놈'이라 생각했는데…

우는 아기 달래 가며 석달 열흘을 날밤 까서 수사했던 비리 사건을 특수부가 빼앗아 갔을 땐 진심 빡이 쳤다. 고위 관료가 수사 대상인 사건이라 특수 수사의 영역이라는 명분이었는데…이건 도와주겠다며 수사 정보를 빼낸 기석에게 맞은 통수가 분명했다.

수사라도 제대로 해라… 싶었지만 불길한 예감은 어김없었다. 기석이 수사한 기소장엔 몸통은 빠지고 꼬리만 요란하게 엄벌에 처해 있었다. 그놈 자식 뚝배기를 깨겠다, 흥분한 그녀를 억지로 진정시킨 건 뱃속에 들어선 셋째였다.

맞서 싸우기에 세 아이의 엄마는 바빴다. '육아 휴직'은 한참 잘못된 명칭이라는 게 평소 그녀의 지론이다. '군 복무'처럼 '육아 복무'로 명칭을 바꾸고, 훈장과 가산점 제도도 도입해야 함이 마땅하다. 세 아이를 키워 내는 '애국' 중인 그녀는, 그럼에도 항상 세상 돌아가는 뉴스는 잊지 않고 챙겼는데…

법대 후배였던 준경이 찾아왔다.

"기회는 지금 뿐이고, 말을 사람은 선배 밖에 없는 사건이에요."
"누군데? 부모 죽인 원수라도 잡는 사건인거야?"

"선배 동기요. 선배 뒤통수치고 출세한."

"…그 개 썩어 죽을 새끼 황기석?!"

뽀로로에게 부끄럽지 않은 나라를 위해, 유모차를 끄는 검사 엄마는 서초동으로 출격한다.

윤 대표

[윤혜린 / 여, 52세] _블루넷 대표, 준경의 어머니

호스피스 요양원에서 마지막을 준비하겠다는 남편에게 "존엄하게 사는 삶은 있어도, 존엄하게 죽는 것 따윈 없어!"라며 화를 냈던 그녀였기에… 스스로 목숨을 끊은 선택은 모두에게 충격이었다.

대학 시절, 민주화 투쟁의 마지막 시절을 보냈던 그녀는 공학도였던 남편과 결혼하면서 벤처 사업가로 변신했다. '우리 사주' 제도를 도입해 직원들과 수익을 공유하며, 진취적인 열정으로 회사를 키워 나갔는데… 정치인이 된 손 장관과의 인연으로 음모의 희생양이 되었다.

은용에게 맑은 하늘 같았던, 기억하기에 유일하게 좋은 '어른'이었던 그녀는, 바닥까지 떨어져 독방에 갇힌 채 절망하는 은용의 앞에 나타나 슬픈 미소로 농담을 건넨다.

명세희

[여, 34세] _요리 연구가, 기석의 아내

출생으로 획득한 '사채 왕 명 회장의 딸'이란 신분은 그녀에겐 무제한의 한도

를 지닌 블랙카드이자, 재벌가 로열패밀리들과는 근본을 구분 짓는 낙인이었다. 돈으로 살 수 있는 모든 교양과 품위로 스스로를 포장했으나, 충분하지 않았다. 대한민국 어떤 부동산이든 살 수 있는 재력의 아버지였으나, 그녀가 원하는 집의 주소는 '세종로 1번지'.

맞선에서 만난 기석과 한 시간쯤 대화해 보고, 그의 꿈 역시 청와대임을 알았다. 남자를 만나 설렌 것은 태어나 두 번째였다. 처음으로 그녀를 설레게 했던 '은 실장' 은용에겐 없었던 마음의 빈자리가 있었고, 기꺼이 사랑을 시작했다.

얻어야 할 것이 있다면, 버리는 것엔 익숙하다.

아버지도 예외는 아니다.

남 계장 [남상일 / 남, 55세] _베테랑 검찰 수사 계장, 태춘의 파트너

정년퇴직을 앞둔 그의 검찰에서 수사 이력을 적어 보면, 그대로 대형 금융 범죄 수사의 연표가 완성된다. 매사 시큰둥한 태도와 달리, 맥을 짚는 수사는 감각적이고, 정치적 판단은 예리하다. 황기석과의 악연으로 특수부를 그만두고 월급 루팡으로 지냈으나, 태춘의 열정 앞에 느리게 기지개를 켠다.

홍한나 [여, 43세] _'체이지' 사모펀드 대표, 은용의 파트너

워싱턴 로비스트 출신으로 한국 자본 시장에서도 정재계의 넓은 인맥을 자랑하는 그녀는 '홍 선생', 혹은 '홍마담'이라 불린다. 탁월한 로비력에 비해, 투자는 했다 하면 마이너스의 손이었던 그녀는 은둔형 투자자인 은용과는 서로를 보완해 주는 최고의 파트너다.

은지희
[여, 47세] _전직 마담, 은용의 누나이자 태춘의 엄마

은용의 표현에 따르면, 형 부럽지 않은 누나다. 고아로 버려진 남매의 소녀 가 장답게 돈 버는 일은 뭐든 했지만, 자존심은 절대 잃지 않았는데… 평생 술을 마셔 돈을 벌었던 그녀는 태춘이 사법고시 합격한 날, 알코올성 치매 판정을 받았다. 과 거의 기억 속에 사는 그녀의 세상에는 아들 태춘과 동생 은용이 전부다.

이수동
[남, 48세] _평검사 출신 변호사, 명 회장의 파트너

부장 검사도 못 해보고 도박과 음주 운전으로 옷을 벗었으니 대단한 전관은 아 니었으나… 주가 조작 세력의 '설거지꾼'으로 실력을 인정받는 기업 전문 변호사. 양아치 근성의 쾌락주의자인 그는 명 회장은 존경하고, 은용은 좋아한다. 나이가 들어 새치가 나기 시작하자 은발로 염색해 버린 헤어스타일로 '은갈치'로 불린다.

이진호
[남, 43세] _자본 시장 건달, 은용의 소년원 친구

은용과는 주로 어두운 곳에서의 인연이다. 어린 시절 소년원에서 같은 방을 썼 던 사이로, 수컷들의 기싸움에서 밀린 뒤로 친구인 은용을 늘 요장이라 부른다. 소 년원을 나와서는 은용과 함께 주먹 세계에서 크게 뜨고 싶었으나, 성태의 꾐에 빠

법전

져 마약에 손 댄 이후로 인생이 꼬여 버렸는데⋯ 십년 만에 돌아온 은용과는 이제 적이 되어 맞선다.

백 의원 [백인수 / 남, 58세] _검찰 출신 여당 3선 국회의원

공안 검사 출신으로 3선의 여당 중진 국회의원. 한때는 킹메이커였던 그는 당대 표까지 노렸으나, 계파 싸움에서 밀리며 이제는 지역구를 지키기에도 급급한 퇴물 호랑이 신세. 주가 조작 사건의 여론을 돌리기 위한 기석의 먹잇감이 될 만큼 여당 에서도 버린 카드가 되었는데⋯ 돈장사꾼이라 스스로를 소개하는 은용이란 놈이 나타나 새로운 활로를 제시하자, 탐욕스런 노괴의 눈빛은 다시 반짝이며 빛난다.

오 대표 [오창현 / 남, 60대] _검사장 전관, 현 GM 뱅크 대표

특수통 출신으로 서울지검장까지 역임하고 검찰총장 직전에 옷을 벗은 검사장 급 전관. 노회한 권모술수로는 백 의원 못지 않으나, 아무리 돈을 뿌린다 해도 민심 의 마음을 사야 하는 선거에서는 번번이 고배를 마셨다. 주가 조작 사건의 주범으 로 지목되는 악재까지 터지자, 오랜 스폰서인 명 회장과 특수부 후배 기석에 대해 내심 불만이 가득한데⋯ 솔깃하게 다가오는 은용의 제안을 덥썩 물고 장밋빛 미래 를 꿈꾼다. 그러나 명 회장의 음모로 장미는 핏빛으로 물들었다.

이영진
[남, 41세] _특수부 수석 검사, 기석의 심복

　자타공인 황기석의 오른팔. 동기들 사이에선 '제2의 황 셰프'라 불리지만, 모르고 하는 소리들이다. 그가 옆에서 겪은 황기석 선배는 절대 따라할 수 없는 괴물이다. 주제 파악 확실한 그는 '제2의 황기석'이 아니라, '황기석의 2인자'로 끝까지 남을 생각이다. 그 자리가 훨씬 높다.

김성태
[남, 49세] _자본 시장 건달, 명 회장의 오른팔

　갈 곳 없는 소년원 출신 양아치들을 데려다 세를 불리는 삼류 건달이었으나, 명 회장을 스폰으로 잡아 세를 키웠다. 잔인한 성격 때문인지 멍청함 때문인지 일을 해결하는 방식의 순위는 주먹, 여자, 그리고 마약이다.

박 부장
[박정수 / 남, 43세] _형사5부 부장 검사, 태춘의 직속 상관

　검사의 수사에는 사심, 사리사욕, 사생활. '사' 자가 들어가면 안 된다는 대쪽 같은 형사 부장!…처럼 보이지만, 속으로는 손익의 계산기를 끊임없이 두드리며 그에 따라 행동한다. 다른 이들은 아무도 둘을 라이벌로 생각하지 않으나, 본인만은 황기석을 승진 라이벌이라 생각해 늘 의식하는데… 태춘이 물어 온 사건을 계산기 두드려 본 결과, 답이 나왔다.

손 장관 [손승진 / 남, 55세] _전 중소벤처기업부 장관, 현 야당 정치인

도지사 선거에서 부동의 지지율 1위였으나, 뇌물죄 스캔들에 시달리며 출마를 포기했다. 대학 시절의 동지이자 연인이었던 윤 대표(준경 모)가 무죄를 받았으나 스스로 목숨을 끊는 선택을 했을 땐, 치밀어 오르는 분노를 누르며 그녀의 유언대로 일단 물러섰는데… 그리고 3년. 복수를 설계한 그녀의 딸이 찾아왔다.

PAYBACK

1화

쩐쟁의 시작

몽골 초원에서 유목민들과 어울리며
'하루 동안 말을 달린 거리만큼의 땅'을
사들이는 중인 헤지펀드 대표 은용…
조카 장태춘 검사가 한때 돈장사 스승이었던
명 회장의 주가 조작 수사를 도와주는데….

몽골, 대평야 (석양)

하늘과 땅을 반으로 가르며 끝없이 펼쳐진 지평선에 붉은 해가
떠오르는…

동틀 녘의 몽골 평야를 힘차게 말 달리는 유목민 복장의 수염
덥수룩한, 은용 (남, 43)…

일각의 평야 끝에 다다르면, 깃발대를 바닥에 창처럼 내리꽂고,
말머리를 돌려 다시 달리는!

끝없이 펼쳐진 몽골의 대평야를 말 달리는… 은용의 모습에서.

(장면 전환)

S#2. **몽골, 언덕 위 (낮)**

마지막 깃발을 꽂고 언덕 위로 말 달려 올라온 은용 앞에는 일
군의 말 탄 유목민 무리들이다.

유목민 부족장 사내와 나란히 서서 넓은 평야를 바라보는 은용
인데… (몽골어, 자막 처리)

1화

부족장	(몽) 말을 달려 깃발을 꽂은 저 땅은, 이제 당신의 것입니다.
용	(바람을 맞으며 평야를 내려다보는 눈빛에서…)
/용	(na) 하루 동안 말을 달린 거리만큼의 땅을 샀다.

S#3.   몽골, 어워 앞 (낮) (*어워 : 몽골 유목민식 서낭당)

돌무더기에 치렁하게 푸른 천들이 늘어뜨려 있는… 유목민들이 복을 비는 공간인 어워 앞에는 요란한 복식의 샤먼 노인이 앉아 있는데… 말을 탄 은용이 멈춰 선다.

용	(몽) 강 건너 마을의 땅도 저주 받았다는 예언을 퍼뜨려 주세요. 이번에도 싸게 사면 두 배를 드리죠. (하며 품에서 꺼낸 주머니 하나 던지는)

주머니 열어 보면, 반짝이는 다이아몬드 보석들이!

샤먼 노인(몽)	난 분명히 경고했어. 자네가 산 땅은 버려진 땅이야. 신에게 저주 받은.
용	(몽) 신의 마음은 바꿔 봐야죠.
샤먼 노인(몽)	어떻게?
용	(몽) 돈으로.
샤먼 노인	(가만히 보다가… 씩 웃는)

다시 말을 타고 떠나는 은용의 모습에서…

/용   (na) 돈으로 할 수 있는 일은 많다.

S#4.   **(과거) 소년 교도소. 탈의 공간 (낮)**
          녹슨 쇠창살 너머, 부시게 쏟아지는 여름 햇빛… (자막)_1990년

/용   (na) 가난했던 어린 시절엔 그렇지 않았다.

          쨍한 스테인리스 테이블 위에 사복과 물품들 담긴 바구니 놓이
          면, 들고 가는 소년들의 손…
          찌들었던 소년 죄수복을 벗어던지고 사복으로 갈아입는 십여
          명의 퇴소생들인데… 역광을 받고 선 다부진 체격의 뒷모습 전
          라의 소년 은용(남, 19)의 모습에서.

S#5.   **소년 교도소. 운동장 (낮)**
          담장에는 철책 육중한… '북산 소년 교도소' 현판 보이는…
          뙤약볕 아래, 체육복 소년들은 '야, 이 새끼야. 똑바로 안 해!' 몽
          둥이찜질 섞인 PT 체조 구르는 옆으로.
          나가는 순간까지 '하나 둘' 구령에 발맞춰 걸어가는 사복 차림
          퇴소생 무리 보이는데…

용   신고합니다. 은용 외 십이 명은 퇴소를 명. 받았습니다. 충.효! (경
          례하는)

1화   37

S#6.   소년 교도소, 정문 앞 (낮)

정문을 나오는 퇴소생들… 두셋 정도만 기다리던 가족들과 얼
싸안으며 재회하고, 나머지 대부분은 건들거리는 일각의 성인
건달 무리에게 가서 꾸벅꾸벅 인사한다. 마지막으로 슬렁슬렁
여유 있게 나오는 은용… 그리고 목덜미 칼날 문신의 소년 이진
호(남, 19)…

용   날씨 좋~네. (쨍한 여름 햇빛 보는)

진호   요장, 뭐 좋은 계획 있어? 좋은 데 가면 나도 따라갈래. [*요장 : 소
         년원 학생회장]

용   확실한 건 하나 있어.

진호   ?

용   여긴 다신 안 들어가. 벌레에 곰팡이에, 사람 살 곳이 아냐. (절레
         절레)

진호   저기 형들 따라갈까? 먹고 잘 걱정은 없잖아.

용   (건달 쪽 보면)

퇴소생 한 놈이 은용을 가리키며 뭐라 설명하는가 싶더니, 건달
무리들 다가온다.
꾸벅 인사하는 진호를 지나 은용 앞으로 서는 껄렁한 눈빛의 김
성태(남, 25).

성태   싸움 좀 한다며?

용   그래 봐야 세 명 넘게 덤비면 맞아요.

성태	(픽⋯) 같이 가자, 형이 한 잔 살게.
용	선약 있는데요.
성태	(살짝 표정 굳었지만⋯) 갈 데 없음 찾아와라. (명함 건네는)
용	(명함 받아 슬쩍 보더니 다시 건네는)
성태	(인상 확 그으며) 뭐냐?
용	공일오 팔오칠 공육사팔, 외웠어요. 들고 다님 잃어버려서.

(시간 경과 - 석양)

건달패들을 따라가는 퇴소생들 틈에서 진호가 손 흔들며 떠나면⋯ 홀로 남겨진 은용인데⋯

붉은 석양빛 받으며 소년원 언덕길을 내려가는⋯ 쓸쓸한 은용의 모습에서⋯ [*성인 은용의 나레이션]

/용	(na) 건달 형들 말고는 찾는 곳도 갈 곳도 없었다.

S#7. [몽타주] 병원 (밤)

- 한밤의 병원 응급실. 분주한 풍경 안으로 들어서는 은용⋯
- 응급실 일각, 보호자 대기 공간에 적당하게 의자를 붙이고 편하게 드러눕는⋯

/용	(na) 그놈의 밥, 그놈의 잠자리.

- 날이 밝은⋯ 병원 화장실에서 찌뿌둥한 어깨를 풀고⋯ 세수하

고… 머리도 감는…

/용   (na) 기억도 못 하는 어린 시절, 부모님 두 분이 모두 돌아가신 뒤
         로는 늘 먹는 것과 자는 곳이 문제인 인생이었다.

         - 입원실 복도를 걷는 은용… 자연스레 식사 배달 카트에서 식
         판 하나 슬쩍 빼서 유유히 가는…
         - 출입 제한 표시 보이는 병원 옥상… 도심 전경이 내려다보이
         는 높은 곳 난간에 아슬하게 걸터앉아 밥을 우겨 먹는… 소년
         은용의 묵묵한 눈빛에서…

S#8.   청주, 거리 + 역전다방 앞 [낮]
         '청주역' 앞거리… 커피 오봉 싣고 스쿠터를 달리는, 짧은 치마
         의 은지희(여, 23)…
         코너를 돌아 '역전다방' 입간판 앞으로 스쿠터 세우는데.

/용   (E) 옷이 너무 짧다.

         일각에 길게 기대어 서 있는 소년 은용이다.

지희   (슬쩍 보고 무심하게 내리며) 너 키울 때도 이 옷 입고 키웠어.
용   동생한테 연락도 없이 이사를 가냐.
지희   넌 언제 나한테 연락하고 소년원 갔어?

| 용 | 글킨 하네. (피식 웃고는) 태춘이는? |
| 지희 | 책방. |

S#9.   동네 헌책방 (낮)

비좁게 헌책 꽉 들어찬 서가 아래… 등 기대고 앉아 책 읽고 있
는 어린 태춘(남, 5)인데…

용	(E) 책벌레~
어린 태춘	(!!) 삼촌!! (반색하며 일어서면)
용	(툭툭 치며) 짱태추이~ 책벌레~ 공부벌레~ 잘 있었어? (머리 헝클면)
어린 태춘	원양어선 한국 온 거야?
용	그으럼~ 참치 잔뜩 잡아왔지~
어린 태춘	엄마 아직 퇴근 아닌데.
용	오늘은 일찍 들어온대. 가자, 태춘이 좋아하는 치킨 사 줄게.
어린 태춘	(눈빛 반짝) 돈 많이 벌었어?
용	엄청 많이 벌었지~ 양념, 후라이드 둘 다 먹자.
어린 태춘	치킨 말고 책 사 주라. 집에 두고 밤에도 보게.
용	하~ 우리 책벌레, 책 뭐? 무슨 책이 갖고 싶은데?

브리태니커 백과사전 전집이다.

| 어린 태춘 | 새 거는 160만 원인데, 이건 99만 원이래. |

용	(흠… 아무거나 한 권 꺼내 넘겨 보는데…)
어린 태춘	좀… 비싸지? (눈치 살피면)
용	네가 인마 돈 걱정을 왜 해~ 삼촌 있는데. 새 걸로 사 줄게.
어린 태춘	진짜? 진짜? 오예~ 오예~ (방방 뛰는데)
헌책방 노인	태춘이 오늘 신났네?
어린 태춘	(은용 손 턱 잡으며) 우리 외삼촌이에요. 태평양에서 참다랑어 잡고 왔어요.
헌책방 노인	참다랑어?
어린 태춘	참치 진짜 이름이 참다랑어예요. 농어목 고등어과. (은용 보며) 책 에서 찾아봤어.
용	… (태춘이 꼭 잡은 손을 잠시 보는…)

S#10. 연립빌라, 지희의 반지하 원룸 (밤)

치킨 먹고 누워 잠든 어린 태춘의 옆으로… 소주 마시는 은지희, 은용 남매다.

용	(쓰게 소주 비우고) 핏줄 땡긴다는 게 이런 건가? 손 턱 잡는데 뭐가 찡-해.
지희	맨날 다방 이모들만 보다가 너 보니 좋았나 보네.
용	짜식… (흐뭇하게 잠든 태춘 보는데)
지희	이제 뭐 할 거야? 참치 잡으러는 그만 가.
용	(흠…) 우리가 또 할 수 있는 일이 그렇게 많진 않잖아.
지희	옛날처럼은 못 챙겨 줘. 넌 2등이야. 우리 아들이 1등이고. (잠든

태춘 쓰다듬는)

용   (그런 지희와 태춘 보다가⋯ 잔 비우며 방 둘러보는⋯)

테이프를 발라 때워 놓은 유리 창문⋯ 벽지의 물이 샌 얼룩과
장판 바닥의 곰팡이⋯
일각에 놓인 빨간 돼지 저금통⋯ 붙어 있는 견출지에는 태춘의
글씨로 '백과사전'이라고 적혀 있다.

용   나도 우리 태춘이가 1등. 내가 이놈 아빠한다.

지희   네가 무슨 아빠를 해.

엄마 품의 어린 태춘은 어느 샌가 눈 뜨고 듣고 있는데⋯

용   아빠가 뭐 별건가? 돈 벌어다 주면 아빠지.

지희   (픽⋯ 지친 미소⋯) 그래⋯ 제발 그래라⋯ 나도 누구 덕 좀 보고 살
           게. (쓰게 잔 비우는)

용   (잔 쭉 비우고) 아파트부터 평수 넓은 걸로 하나 사자. 화장실 두 개
           있는 걸루.

/용   (na) 돈을 벌기로 했다. 가능한 많이.

S#11.   당구장 (밤)

담배 연기 자욱한 실내⋯ '탁!' 하고 성태가 공을 치며⋯

성태	올 줄 알았다. ('제각돌리기'로 흰공 다시 오는) 각이 그랬어 각이.

성태가 큐를 내밀면, 진호가 잽싸게 초크질 해 주는데… 옆으로 서 있는 은용이다.

용	돈 많이 법니까.
성태	우리야 성과급이니까. 시킨 일만 잘하면 많이 벌지.
용	(눈빛 빛내는데…)
성태	(당구공 노리며) 삐삐번호는 진짜 한 번 보고 외운 거야?
용	당구장 삼팔육공구사일, 아래 중국집 삼팔사칠이삼구, 지구에서 달까지 거리 삼팔사사공사…

> 당구장 창문에 겹쳐진 전번, 벽에 붙은 중국집 스티커, 헌책방에서 백과사전을 넘기며 봤던 달까지 거리, 컷컷으로 어려서부터 한 번 본 숫자는 머릿속에 와서 그냥 콱 박힙니다.

성태	(보며) 하~ 새끼 신기하네. (하는데 울리는 삐삐… 확인하고) 일 들어왔다, 출근하자.

은용의 긴장된 눈빛에서. (다음 씬의 격렬한 싸움 소리 선행되며)

S#12. 분쟁 중인 지하상가 안 (밤)
서로 다른 용역 조끼를 입은 패거리들 간의 한바탕 격렬한 개싸움!!

'자살 투쟁' 등의 과격한 문구들과 계고장 붙은 폐업 점포들 앞에서 재개발 이권을 둘러싼 용역 깡패들 간의 패싸움인데… 와중에 돋보이는 싸움꾼 소년 은용! 진호와 콤비 플레이도 펼쳐 가며 치고, 맞고, 때리는!! 독기 어린 눈빛의 소년 은용이 활약하는 모습에서!!

S#13.   **연립빌라, 지희의 반지하 원룸 (낮)**
좁은 원룸에 어울리지 않게 자리를 차지하고 있는 30권짜리 백과사전 전집 보인다.
신이 난 어린 태춘은 마른 걸레로 호호 불어 가며 닦고 있고…

지희   (기분 좋게 집 전화로 통화하는) 여보세요? 태춘이 완전 신났어~ 아주 좋아 죽어.

어린 태춘 삼촌? 나 바꿔 줘, 나, 나!! (수화기 뺏어 들고) 삼촌, 울트라 캡숑 짱!! 고맙습니다!!

S#14.   **(교차) 서울 도심 거리, 달리는 용역 버스 안 (낮)**
뒷좌석에 용역 조끼 입고 앉은 은용도 웃으며 커다란 벽돌폰으로 통화 중이다.

용   책벌레 짱태추이~! 이제 돈은 삼촌이 벌어 올라니까, 넌 공부만 열심히 해. 이번 주말엔 잠실에 새로 생긴 놀이동산도 가즈아~!!

버스 안에는 연장 챙기는 진호와 패거리들… 기분 좋게 통화하는 은용의 모습에서… (장면 전환)

S#15.   **(8년 후) 하늘 위의 대형 작업대 + 공사 중단된 건설 현장 (낮)**
아찔한 허공에 안전 난간을 잡고 칼바람을 맞으며 서 있는 성인 은용(27)과 목 문신 진호(27)…
고공 크레인으로 이동 중인 대형 작업대에는 '용역 반장' 완장을 찬 은용과 20여 명의 건장한 용역 조끼들 타고 있는 모습인데…
아래에는 '유치권 행사 중' 커다란 현수막 붙어 있는 공사 중단된 건설 현장 보이고… (자막) _1998년

S#16.   **공사 중단된 건물, 입구 + 하늘 위의 대형 작업대 (낮)**
진입로를 철조망 등으로 바리케이트 막아 놓고… '악덕 사채업자 물러가라!' '생존권 투쟁!' 현수막들 휘날리는… '결사 항전' 머리띠 한 박 사장과 건설 노동자들 모습 보이는데…

노동자   !? 저거 뭐야?! (하늘 가리키면)

박 사장 등, 시선이 일제히 하늘을 향하는데, 고공 크레인에 매달려 옮겨지는 작업대 보인다!

박 사장	!! 옥상으로 온다! 전부 튀어 올라가!!
노동자들	예!! (달려 올라가는데)

입구의 인원이 빠지자, 일각에서 성태가 한 무리의 용역 건달들을 끌고 등장한다!

박 사장	!!
성태	쳐!!

달려드는 성태 패거리들이고!!

S#17.   공사 중단된 건물, 옥상 + 하늘 위의 대형 작업대 (낮)

옥상 문이 '팍!' 열리며 달려 들어오는 건설 노동자들인데…

거의 동시에 옥상 난간을 부수듯 밀고 들어오는 은용 등이 타고 있는 대형 작업대!

가볍게 몸을 날려 제일 먼저 뛰어내린 은용은 달려드는 상대 용역을 때려눕히고!!

뒤따라 내린 진호 등과 함께 정신없이 치고! 때리는! 한바탕 거칠게 싸우는 은용의 모습에서!!…

S#18.   (시간 경과) 공사 중단된 건물 앞 (밤)

곳곳에 드럼통 불 피워져 있고… 이제는 은용 등의 성태 패거리가 장악한 건설 현장이다.

피떡으로 처맞고 무릎 꿇고 앉아 있는 박 사장 앞으로 고급 세
단이 멈춰 서고…

달려간 성태가 차문 열면, 클래식 양복에 중절모 신사, 명 회장
(남, 당시 50대)이 내린다.

일각의 은용이 지켜보는 가운데…

명 회장   이기 뭔 난리고… 보소 박 사장요, 비지니스는 신사답게 하입시
다, 쫌~!

박 사장   (눈에 핏발 선) 야이 도둑노무 새끼야! 이자 며칠 밀렸다고 건물을
통으로 먹겠다는 게 무슨 개 같은 경우야!! (침 '퉤!' 뱉으면)

명 회장   …

성태   이 새끼가 정신 못 차리지! (거칠게 싸대기 날리는!)

맞고 쓰러진 박 사장을 패거리들 일으켜 잡으면.

명 회장   내는 법대로 한다 아입니까? 합의서 사인하고 좋게 마무리하입
시다.

서류를 꺼내든 명 회장이 박 사장의 터진 입술 피를 인주처럼
슥슥 묻혀 지장 날인하는 모습 위로.

/용   (na) 명동 사채 시장의 큰손 명인주 회장, 명동 신사라 불리지만
신사답지 못한 비지니스로 악명이 높다.

명 회장	이 꼴로 집에 가기는 글코, (수표 찔러 주며) 사우나 가가 씻고 가소. 모시드리라.

흐느껴 우는 박 사장을 질질 끌고가는 성태 패거리들…
그 모습 가만히 보고 있는 은용인데…

명 회장	니는 내 쫌 보자.

휘적휘적 걸어가는 명 회장… 물음표 생긴 얼굴로 따라가는 은
용인데… 일각, 드럼통 앞에 서서…

명 회장	니 운전면허는 있나.
용	네.
명 회장	(흠…) 운짱하매 내 따라댕기던 실장 놈이 뒷구녕으로 돈장난을 치가… (손목 그어 보이며) 고마 내가 짤라 뿟다. 글마 인자 한 손으로 운전해야 될 끼야. (킬킬거리며 웃는 얼굴, 이글거리는 모닥불빛에 섬뜩한데)
용	…
명 회장	성태 절마 말로는 니가 숫자도 잘 외우고, 일 처리도 배짱 좋게 빠릿하다 카든데… 성태캉 주먹잽이 할래, 아이믄 돈장사하는 내 따라댕길래?

뱀 같은 눈빛의 명 회장과 그를 보는 은용의 굳은 눈빛 위로. [*화
면 still 걸리며]

/용   (na) 큰돈을 벌 기회가 왔다.

용   회장님 밑에서 일하고 싶습니다. (고개 숙인, 눈빛 빛내는 얼굴에서)

S#19.   **[다른 날] 초등학교 앞 거리 [낮]**

            친구들과 하교하는 초등생 태춘(13)인데… 빵빵~ 소리에 돌아보면.

            옆으로 멈춰 서는 늘씬하게 빠진 오토바이… 헬멧을 '탁!' 올리면, 은용이다!

용   짱태추이~

초등 태춘   삼촌!

S#20.   **[몽타주] 짱태추이**

            - 질주하는 은용의 오토바이… 헬멧 쓰고 뒤에 탄 초등 태춘의 모습 위로. [*성인 태춘의 나레이션]

/태춘   (na) 늘 바쁜 용이 삼촌이 찾아오는 날은 마냥 신나고 좋았다.

            - 새 아파트 앞에 멈춰 선 은용의 오토바이… 초등 태춘은 은용과 함께 내리는…

/태춘   (na) 놀이동산에 가자는 약속은 한 번도 지키지 않았던 용이 삼

촌이지만.

- 새 아파트에 초등 태춘이 은용과 함께 들어서면… 반겨 맞는 지희다.

/태춘	(na) 화장실 두 개짜리 아파트는 진짜로 사 왔다.
초등 태춘	우와~ 진짜 여기 우리 집이야?
용	어때? 맘에 들어?
지희	어머, 용아… 나 눈물날 거 같아. (감격하는 모습 위로)
/태춘	(na) 삼촌이 돈을 잘 벌기 시작하면서 엄마는 다방 종업원을 그만두고 가게를 차렸다.

- 신도시 상가 건물에 '양주 Bar 물망초' 입간판 보이고…
- 출근하는 지희… 진한 화장을 하고 중년 남자들과 하하호호 술 마시는…

/태춘	(na) 역전다방 은 양에서 물망초 은 마담이 된 엄마는… 여전히 진한 화장을 하고 밤에 출근했고… 술에 취해 아침에 퇴근했다.

- (시간 경과) 등교하려는 교복 태춘이 현관에 쓰러져 자고 있는 지희를 발견한다.
일으켜 방으로 부축해 눕히는 모습 위로.

/태춘	(na) 고등학생이 된 나의 목표는 법대에 가서 검사가 되는 것이

법전

었는데…

[*이하, 카메라 돌아가며 시간이 점프하는 원테이크 느낌의 콘티]
- 돼지 저금통에 '법대' 붙어 있고… 교복 태춘이 열공하는 모습
보이는…

/태춘   (na) 머리가 좋은 편이 아니었던 나는 지방에 있는 법대에 간신
히 합격했고…

- (시간 경과) 돼지 저금통에는 '사법고시' 붙어 있는… '월간고시'
잡지를 펼쳐 보는 대학생 태춘인데… (시간 경과) 창밖으로 낮과
밤, 계절이 바뀌어도 엉덩이 무겁게 공부하는 태춘의 독한 눈빛!

/태춘   (na) 입학식도 하기 전부터 고시 공부를 시작했다. 죽어라 공부
했다. 사법고시는 머리보단 인내와 끈기, 그리고 목표를 향한 집
념의 테스트다.

- (시간 경과) 빛바랜 '사법고시' 돼지 저금통 옆으로… 검사 선서
하는 태춘의 사진 액자 놓이고…

/태춘   (na) 누구보다 간절히… 출세하고 싶었다. 거악을 처단하는 검사
로, 기깔 나게.

- 거울 앞에 서서 넥타이 고쳐 매는, 양복 입은 성인 태춘(29)의

모습에서…

S#21. **검찰청, 입구 계단에서 로비 [낮]**

씩씩한 발걸음으로 통화하며 출근하는 태춘이다. (자막)_2014년

태춘   (통화) 이번 인사 발표, 선배가 실력이 없어서 밀린 게 아니라니
            까요. 한 부장 그 새끼, 총장하고 같은 교회라 줄 탄 거잖아요. (통
            화하다 폰 보면)

            통화 중 대기로 '한석원 (30기 / 서부 / 부부장)' 뜨는…

태춘   네, 선배 힘내시고, 월말 지나 봬요. (끊고, 대기 통화 받더니) 충성 충
            성! 부부장 떼고. 한 부장님~! 기도 응답 아멘입니다, 아멘!!… 아,
            우리 부장님 승진 축하 자린데 월말 이런 게 뭣이 중합니까!~ 무
            조건 참석해야죠~! (신분증 찍고 들어가고…)

S#22. **검찰청, 엘리베이터 앞 / 안 [낮]**

태춘은 통화를 마무리하며 도착한 엘베에 오른다.

태춘   그럼, 목요일에 뵙겠습니다. 한 부장님, 사랑합니다~

            전화 끊고 엘베에 타는데… 뒤이어 타는 댄디하고 세련된 수트

법전

차림의 특수 부장 황기석(남, 43)…

태춘	(옷매무새 다듬더니) 부장님, 안녕하십니까~!
기석	누구…?
태춘	40기 형사5부 장태춘입니다. 지난 달 술자리에서 인사드렸던.
기석	그래? 동문회에서 봤던가? 몇 학번이었지?
태춘	아, 저는 서울대 아니고 광진대 05학번입니다. 술자리는 간담회 끝나고(O.L)
기석	광진대? 그런대가 있어? (픽…)
태춘	(웃으며) 특수부에서 수사하신 한강해운 분식회계 공소장, 감명 깊게 일독했습니다.
기석	(건성) 어어… 그래. 고마워.
태춘	열심히 해서 저도 꼭 특수부에서 존경하는 선배님 모시고(O.L)
기석	야. 너 이름이 뭐라고 했지?
태춘	장태춘입니다.
기석	내가 왜 네 선배야? 웃기는 새끼네? (정색)
태춘	… 죄송합니다.
기석	(픽…) 죄송할 일까진 아니고. (땅- 엘베 문 열리면) 열심히 해. (어깨 툭 툭 치고 내리는)
태춘	들어가십쇼.

뒷모습에 꾸벅 인사하는 태춘… 문이 닫힐 때까지 내리지 않는… 주먹을 꽉 쥔 모습에서…

S#23.   **검찰청, 형사5부 부장검사실 (낮)**

카트에 높게 쌓인 사건 기록 보이는데… 부장 검사 박정수(남, 43) 앞에 선 태춘이다.

박부장   최 검사 병가 내서 경찰 송치 사건들은 네가 좀 맡아 줘야겠다.

태춘   (…) 잡범들 똥덩어리 사건들은 또 저한테 오네요…

박부장   마! 당사자들에겐 전부 절박하고 중요한 사건들이야.

태춘   (!!) 넵, 믿고 맡겨 주신 사건들, 월말 미제 없이 확실히 끝내겠습니다…!

박부장   그래 인마. 검사가 사건 가리는 거 아냐.

태춘   그런 의미로다가 백인수 의원 아들 건도 결재를 좀… (넉살 웃음으로 보고서 들이밀며) 흙수저 청년들한테 절실한 사건입니다.

'B의원 아들 채용 비리 수사 보고서 - 검사 장태춘'

박부장   (마뜩잖게 넘겨 보며) 공기업 채용 과정에 특혜가 있었다?

태춘   영장 결재만 해 주시면 확실히 파서 우리 형사부도 뉴스에 날만한 큰 건을(O.L)

박부장   큰 건 하나 해서 특수부가 그렇게 가고 싶냐? 검사는 '사'가 껴서 수사하믄 안 돼…! 사심, 사리사욕, 사생활!

태춘   사명감도 안 됩니까? 이 사건, 전형적인 권력형 비리로(O.L)

박부장   이걸론 증거가 부족해. (툭 던지는)

태춘   증거 부족이니까 수사를 해서(O.L)

박부장   네가 인마 함부로 건드릴 사건 아니야. 내가 검토 좀 해 볼게.

태춘	… 수사 자료 보강해서 다시 올리겠(O.L)
박부장	내가 검토한다고. 일단 홀드 하라고. 너 내 말 못 알아듣지?
태춘	… 네.

고개 숙여 인사한 태춘… 카트 끌고 나가려는데.

박부장	끌고 가는 지게 짐 속에 뉴스에 나온 사건 하나 있다. 매스컴 시
	끄럽지 않게 조용히 처리해.
태춘	!?

S#24. **(몽타주) 연예뉴스: 여의도 람보, 광란의 질주**

- (CCTV) 가로수를 들이받고 반파된 슈퍼카에서 비틀비틀 나오
는 양복 차림의 누군가…

/MC	(E) 지난 밤, 광란의 질주 끝에 가로수를 들이받은 슈퍼카 음주
	운전자는…

- 여의도 람보(남, 45)가 SNS에 자랑한 스포츠카, 수영장 저택, 아
이돌 여친 자료 사진 등 나오며…

/MC	(E) 슈퍼개미, 주식부자로 유명한 여의도 람보, 이창민 씨로 밝혀
	졌는데요…

- 주식 유튜브 '여의도 람보의 백억 투자'를 진행하는 람보의 자료 화면에서.

/람보   나, 람보. 내 실력은? 내 돈이 보증하잖아~ 회원님들~ 람보 믿고, 실탄 발사~!!

> 방송 화면 일각에 람보 캐릭이 등장해 돈다발을 난사하는!!
- '슈퍼카 수리비는 얼마?' '검색어 1위: 람보차 수리비' 자막과 함께 연예뉴스 진행자 보이는…

MC   네티즌들 사이에선 사고로 파손된 슈퍼카, 일명 람보 차의 수리비가 얼마냐를 두고 갑론을박이 이어졌다고 하죠?

+ 보험사가 과연 과실비율을 어떻게 처리할지 궁금하다는 의견입니다. 보험사가 5대5, 8대2부터 지르고 시작하는 건 유명한 얘기 아닙니까? 물론 네티즌들은 아무리 그래도 경찰차를 들이받았는데 과실을 그렇게 처리하겠냐는 반응입니다. 저도 예전에 교통사고가 난 적이 있는데…

S#25.   **태춘의 검사실 [낮]**
짜증난 표정으로 화면을 보고 있는 태춘과 옆으로 수사 계장1이다.

계장1   뉴스는 뉴슨데… 연예뉴스에 나온 사건이네요. (눈치 보면)
태춘   (짜증… 화면 끄고) 벌금 최고로 때려서 약식 기소로 넘기세요. 백의원 계좌 추적은 어떻게 됐어요?

계장1	그건 부장님 결재를 받아 오셔야…
태춘	(또 짜증… 박차고 일어서며) 밥 먹고 옵니다. 식사들 하세요.

S#26. 검찰청 앞, 도로 (낮)

삼삼오오 점심 먹으러 나가는 무리들… 그 속에 혼자 걸어 나가
는 태춘인데…
이때, 태춘의 앞으로 서는 퀵서비스 오토바이…

퀵	장태춘 검사님?
태춘	(⁉) 네?
퀵	퀵입니다. (서류 하나 건네고 붕~ 떠나는)

받아 든 서류 봉투에는 '장태춘 검사'라고 적혀 있다⁉
주변을 두리번 살펴보는 태춘인데… 무심하게 지나는 사람들뿐
이다.
태춘은 봉투 안에 든 서류를 꺼내 보는데…‼⁉
심각해진 표정으로 출입증 목에 걸며 다시 급하게 검찰청 안으
로 들어가는데…
일각에서 지켜보던 군복 차림의 누군가(준경)… 서류 전달을 확
인하고 돌아서 가는 뒷모습에서…

S#27. 태춘의 검사실 (낮)

바쁘게 들어와 자기 책상에 앉아 클릭하는 태춘이다. 나가려던 계장과 실무관인데.

계장1   어? 식사하러 가신 거 아니에요?
태춘   (대꾸 없이 클릭클릭)

연예뉴스에 나왔던 람보의 유튜브 영상, 'VVIP 시크릿 추천 종목: 쏠라바이오'에서 pause 잡는데…
멈춘 화면 옆으로 제보 서류 들어 보이면, 화면과 서류 제목에 함께 보이는 '쏠라바이오'…

태춘   (계장1에게 제보 서류 보이며) 이거 뭔지 아시겠어요?
계장1   (긁적) 글쎄요… 뭐 주식 관련 서류 같아 보이긴 하는데…
태춘   (흠… 제보 서류 노려보는 굳은 눈빛에서…)

S#28.   **검찰청 일각, 흡연 벤치 [낮]**
담배 꺼내 무는 베테랑 수사관 남 계장(남, 55)인데… 불쑥 들이미는 커피 잔…

태춘   남상일 계장님이시죠? 형사5부 장태춘 검삽니다. (커피 잔 건네면)
남 계장   (떨떠름하게 받으면)
태춘   이것 좀 봐주시겠습니까? (이번엔 서류 들이미는)
남 계장   초면인 검사님이 뭐가 되게 급하시네. (느릿하게 받아서 서류 보는데)

태춘	특수부에 오래 계셨고 금융 범죄 관련해서 청 내에서 제일 베테랑이시라고(O.L)
남계장	쏠라바이오 내부 문건이네요. 이거 람보가 만졌던 회산데?
태춘	여의도 람보, 잘 아십니까?
남계장	특수부 있을 때 인지 수사 아이템으로 올렸어서 좀 알죠. 양아치 새끼, 그놈은 잡아 처넣었어야 되는데…
태춘	특수부 수사 때는 뭐 나온 거 있습니까?
남계장	수사 개시도 못 했어요. 검사님이 다른 사건 하자 그래서.
태춘	사건 덮은 담당 검사가 누구였는데요?
남계장	특수부 황기석 부장이요.
태춘	!! (표정 굳으면)
남계장	(흠…) 대충 감은 잡으신 모양이네. 쓸데없는 헛고생 하지 마세요.
태춘	… (미간 찌푸린 얼굴인데…)

S#29.　대검, 검찰총장실 (낮)

총장과 독대로 차 마시는 기석이다.

총장	야, 황 부장, 민정 수석이 보자는데?
기석	이번 인사 발표 때문이겠죠.
총장	청와대에서 엄청 깨진 모양이야. 지들 라인 안 챙겼다고.
기석	그 말씀 하실 것 같았습니다. (서류 건네며) 용인 땅 20필지가 340억에 차명 거래된 기록입니다.
총장	누구 땅인데? (서류의 이름 보더니, 픽) 민정 수석 이 자식 내 앞에

서 땅땅거릴 만했네~ (으허허허 웃는)

기석   김 수석님 전해 드리면 청와대는 알아서 정리하실 겁니다.

총장   야 기석아. 배치를 좀 바꿔 봤는데… 여기 총장실에서 책상은 저 위치가 딱 좋아.

기석   아… 그렇습니까?

총장   나중에 너도 이 방 쓸 거잖아? 참고로 알아두라고. 하하하하하.

기석   (하하… 미소 짓는 얼굴에서)

S#30.   태춘의 검사실 (밤)

기록들 잔뜩 쌓여 있는 책상에서… 밤이 늦도록 야근하는 태춘은 람보의 주식 유튜브 보고 있다.

/람보   쏠라바이오 이거요, 물량이 없어서 일반인들은 구경도 못 하는 귀한 주식입니다.

> 럭셔리한 자신의 저택을 배경으로 찍은 영상… VVIP 시크릿 추천 종목: 쏠라바이오!!

/람보   우리 VVIP 회원님들 드리려고 왕형님께 무릎 꿇고 어렵게 받은 5프롭니다. H기업 회장도 따귀 때린 분입니다, 이 형님이.

> 화면 일각, 중절모 실루엣으로만 표현된 왕형님 캐릭… 돈으로 둘러싸여 있다.

/태춘	⒩ 왕형님? 특수 부장 황기석이 덮을 정도라면 분명히 무언가 있는데…
/람보	왕형님의 쏠라바이오, 갑니다~! 람보 믿고 쏘세요!! 크루즈 타고 세계 일주 가즈아!!

> 중절모 실루엣 왕형님 캐릭 옆으로 나온 람보 캐릭이 돈다발 난사하는…

제보 받은 쏠라바이오 내부 문건을 보며 생각에 잠기는 태춘의 얼굴에서.

S#31.　[플래시백 / 28씬. 남 계장과의 대화에 이어.]

남 계장	그리고 어차피 이걸로는 수사가 어려워요.
태춘	?!
남 계장	여기 보시면, 전환 사채 발행한 내역 같은데, 숫자들이 이상해.
태춘	(유심히 보면)

난수표처럼 비정상적으로 길게 적힌 서류상의 숫자들 보이고…

/남 계장	옛날 사채업자들은 보안을 위해서 장부 숫자를 암호처럼 썼어요. 이것도 그렇게 작성된 문서고.
태춘	(흠…)

| 남계장 | 이런 거 알 만한 사채꾼 노인네가 하나 있는데, 얼마 전에 빵에서 나오고 돌아가셔서… |

S#32.   **[다시, 현재] 태춘의 검사실 [밤]**
제보 서류의 복잡한 숫자들을 노려보는 태춘의 반짝하는 눈빛 위로.

| /태춘 | (na) 알 만한 사람이 떠올랐다. |

S#33.   **[과거] 맞춤 양복집 [낮]**
[*태춘 고등학교 2학년 나이… 은용이 피시방 작전 후, 외국으로 떠나기 전의 시점…]
가봉용 양복을 입고 대형 거울 앞에 팔 벌리고 서 있는 태춘…
재단사가 치수를 재고 있는…

| 태춘 | 진짜? 엄마 이제 밤에 출근 안 해도 된다고? |

거울 속, 태춘의 뒤편에서 흐뭇하게 보고 있는 은용이다.

| 용 | 그래 인마. 삼촌 이번에 투자한 거 대박 났어. 너도 대학, 유학, 뭐든 돈 걱정하지 말고 하고 싶은 거 다 해. |
| 태춘 | 난 법대 가서 고시 볼 거라니까. (기분 좋은 표정으로 거울 보며) 근데 |

	갑자기 웬 양복이야?
용	성인 되면 원래 부모님이 양복 맞춰 주고 그러는 거야. 법대 입학 때도 입고 가고.
태춘	나 이제 고3 올라가는데?
용	시간 금방 가. 나 없는 동안엔 네가 가장이니까 누나 잘 챙기고.
태춘	? 삼촌 어디 가?
용	이제 진짜 큰돈 벌어야지. 다음 주에 출국하면 한동안 못 들어올 거야.
태춘	나 졸업식 때도?
용	그땐 잠깐이라도 들어올게. 가족사진은 한 방 남겨야 되지 않겠어~
태춘	… 지키지도 못할 약속은 됐어. 난 괜찮은데, 엄마는 삼촌 걱정 많이 하는 거 알지? 아무리 바빠도 엄마한텐 연락 자주 하고.
용	그래. 그럴게. 이제 진짜 다 컸네, 짱태추이~ (하며 태춘 머리 헝클며 쓰다듬으면)
태춘	아 쫌~! (손 탁치며 인상 쓰는)
용	(대견한 눈빛으로 보는…) 이쁘다.
태춘	… (섭섭함 누르고… 담담히 보는 얼굴에서… / 장면 전환)

S#34. 몽골, 대평야 (낮)

말을 타고 끝없이 펼쳐진 몽골의 대평야를 달리는 은용의 모습에서…

/태춘 (na) 사채 바닥과 주식 판에서 돈장사로 꽤나 많은 돈을 벌었던 용이 삼촌은… 넓은 세상에서 진짜 큰돈을 벌겠다며 한국을 떠났다.

몽골 대평야의 멋진 풍광에서. (장면 전환)

S#35. 태춘의 오피스텔 (밤)

몽골 평야가 그려진 엽서… 들고 보던 태춘이 책상에 엽서 던져 놓고, 어딘가 구석을 뒤진다.
엽서 뒷면에는, '당분간 이메일도 안 된다. Fax) 976 0345 0159549 - 용' 짧은 메시지 적혀 있고…
태춘은 구석을 뒤져 돼지 저금통을 찾았다. 잠시 보더니… 커터 칼을 '드르륵' 뽑아 들고 배를 가르는!

/태춘 (na) 나는 삼촌에게 받을 빚이 있다.

돼지 저금통의 배를 털어 꺼내면… 동전과 돈들, 그리고 딱지처럼 접힌 종이들이 우수수 떨어진다.
딱지 접힌 종이 한 장을 펴서 보는… 태춘의 얼굴에서…

S#36. (몽골) 국립공원 관광 안내소, 전경 (석양)

대평원 일각에 자리한 현대식 관공서 건물, 전경 보이고…

S#37.   (몽골) 관광 안내소, 사무실 (밤)

사무실 팩스에서 '지징-지징-' 전송된 종이들 나오는데…

현지 직원   (나오는 팩스들 보며) 타미르~!! (누군가 부르는)

S#38.   (몽골) 초원 지대, 외딴 게르 (밤)

밤하늘에는 쏟아질 듯한 별무리들…

어둠이 내린 대평원 일각의 불빛 새어 나오는 외딴 게르(유목민

텐트) 한 동 보이는데…

몽골 유목민 꼬마, 타미르가 탄 말이 달려와 앞으로 멈춰 선다.

타미르   헤이, 미스터!!

게르 문을 열고 나오는, 유목민 차림의 수염 덥수룩한 은용이다.

타미르   (팩스 뭉치 건네는)
용   바야라. (몽골어로 '고맙다'라며 돈 건네는)
타미르   땡큐, 미스터!!

S#39.   (몽골) 은용의 게르 안 (밤)

안으로 들어온 은용이 중앙의 연통 난로에 장작을 좀 더 집어넣

고… 불을 쬐며 팩스를 살펴본다.

'숫자들이 적힌 익명의 제보 서류'들… 그리고 태춘이 함께 보
낸 종이를 본 은용이 '픽…' 웃는다.
종이에는 '차용증' 적혀 있는데…

/용   (na) 차용증. 을, 외삼촌 은용은 6월 12일 일요일에는 반드시…

S#40.   **(과거) 지희의 아파트 (낮)**
치킨 뜯는 초등 태춘… 옆에서 차용증을 읽고 있는 은용이다.

용   갑, 장태춘을 놀이동산에 데려간다. 못 지키면, 을은 갑의 어떤
        소원이든 들어준다. 1999년 6월 8일. (흠… 태춘 보고) 소원이 뭔
        데?

태춘   (치킨 뜯으며) 비밀. 거기 사인해.

용   백지 차용증…? (흠…) 무서운데… (하다가 씩 웃으며) 그래, 삼촌이
        이번엔 약속 꼭 지킨다~ (시원하게 사인해서 건네면)

태춘   그럼 좋고. (쿨하게 받아 딱지 접고) 아님 소원 하나 저금. (돼지 저금통
        에 넣는)

용   (귀엽게 보며) 짱태추이~ 다음 주말엔 꼭 놀이동산 가즈아~!! (하는
        데 전화 받는) 네, 박 회장님. 대출이에요, 주담이에요? 아~ 증자?
        재료는?

        치킨 한 조각 집어 물고 다시 바쁘게 나가는 그 시절 은용의 모
        습에서…

/용   (na) 돈 버느라 정신없던 시절이었다.

S#41.   **[과거] 명 회장의 사채 사무실 [낮]**

통화하며 들어오는 은용, 장부 보는 명 회장과 목례하고 바쁘게
회의실로 들어가는…

용   만기 석달짜리면 4.5까지 드릴게요. 네, 내일 봬요. (전화 끊고, 쩐주
            줌마들에게) 선진테크 주담, 열 개.

이/박/최   두 개. / 나도 두 개. / 난 세 개.

용   그럼 우리 김 여사님 세 개 넣어서 시마이 치죠?

김 여사   아우~ 우리 은 실장이 달래면 내가 빤쓰까지 벗어 줘야지~

여사들   (경박하게 깔깔 웃는)

/명 회장   (E) 은 실장아, 오동물산 어음대장 좀 가온나~ (부르는 소리 들리면)

다시 바쁘게 장부 보는 명 회장의 책상 앞으로 가서.

용   오동 거면 13, 5, 0927… 13프로 할인으로 만기 5개월, 날짜는
            9월 27일입니다.

명 회장   맞나… (장부에 숫자 적더니) 딱지어음이 돈다카이, 숫자 좀 맞춰 보
            래이. (장부 건네면)

용   예, 알겠습니다!

자리로 가서 어음뭉치 꺼내 장부와 맞춰 보는 은용의 모습 위로.

법전

/용   (na) 그 시절 명동의 사채꾼들은 숫자를 암호처럼 적었다.

장부의 숫자들을 거꾸로 짚어 가며 읽는…

/용   (na) 뒤에서부터 거꾸로 쓴다거나, 훌짝 바꾸기, 날짜 더하기 등
등 방식은 다양했다.

S#42.   [다시, 현재] 은용의 게르 안 [밤]
은용은 난로 앞에 앉아 이리저리 숫자들을 조합해서 적어 본다.

/용   (na) 옛 기억을 떠올리며 태춘이가 보낸 차용증의 빚을 갚았다.

S#43.   [교차 몽타주] 몽골의 은용 + 검사실의 태춘
게르에서 숫자 암호를 푸는 은용과 검사실에서 야근하는 태춘
이 교차 몽타주로 보인다.
은용이 찾아내는 숫자들을… 태춘이 입력해 DART(전자공시 사이
트)에 입력해 찾는…

/태춘   (na) 삼촌이 밤을 새워 숫자 암호를 찾는 동안, 나는 쏠라바이오
와 관련된 정보를 수집했다.

서로 다른 공간에 있지만, 삼촌과 조카가 함께 작업하는 느낌으

1화   73

로 보이다가…

/태춘   (na) 그리고 동이 틀 무렵, 삼촌에게서 한 통의 팩스가 왔다.

몽골과 서초동에서 함께 기지개를 켜며 아침 해를 맞는 은용과
태춘의 모습 위로.

/태춘   익명의 제보 서류에 적혀 있는 숫자 암호를 푸는 열쇠는.

S#44.   **형사부 부장검사실 (낮)**
         밤을 꼴딱 샌 태춘이 글라스보드 앞에서 브리핑하고… 듣고 있
         는 박 부장이다.

태춘   2.5.7.8.0. 제보 서류에 적힌 이 어마어마한 숫자들 중에서 찾아
         낸, 25780.

         > 보드판에는 0134 **2** 26, 46 **5** 4896 **7**, 1983 **8** 0332 **0**

태춘   이 다섯 숫자가 바로, 쏠라바이오가 발행한 CB, 원본 대조용 전
         환 사채 번홉니다. 이렇게 하나씩 노가다로 찾은 번호들이 부장
         님 앞에 놓인 전환 사채 리스틉니다.
박부장   그래서? 음주 사건 조용히 처리하랬더니 세상 시끄러운 주가 조
         작을 들고 왔어? (마뜩잖은 표정인데)

태춘	전환 사채 추적한 결과, 주가 조작 수익금이 흘러간 두 개 회사 이름을 찾았습니다.

> 보드판에는 주가 조작 수익금 흐름도… '뷰티스파클'과 'GMi뱅크' 두 개의 회사로 연결된다.

태춘	람보 여자 친구가 대표로 있는 뷰티스파클, 그리고 GMi뱅크… 두 회사 모두 람보가 방송에서 왕형님이라고 소개한 쩐주, (명 회장 사진을 '탁!' 보드에 붙이며) 명인주 회장이 대주줍니다. 내부 거래 혐의, 확실합니다.
박부장	너 근데 사채 왕 명 회장이 누군지는 알아?
태춘	네. 주가 조작 배후이자, 쩐주 사기꾼이요.
박부장	(보면)
태춘	특수부 황기석 부장 장인이기도 하죠. 부장님 라이벌. (가만히 보는)
박부장	(잠시 빤히 보다가) 영장 쳐.
태춘	!!

S#45. **(뉴스 화면) 검찰청 앞 (낮)**

몰려든 기자들 앞으로 검사 태춘과 수사관들에게 연행되어 가는 람보의 모습 보이고…

/리포터	(E) 현재 검찰청 앞에서 이창민 씨, 일명 여의도 람보가 주가 조작 혐의로 긴급 체포 후 연행 중입니다. 담당 검사인 형사부 장

태춘 검사는…

+ 잠시 후 검찰청 기자실에서 브리핑을 통해 정확한 사건 개요를 발표할 예정이
라고 밝혔습니다.

태춘   (na) 특수 부장 황기석과 그의 장인 명 회장의 주가 조작 혐의를
밝히기 위한 본격적인 수사가 시작됐다.

S#46.   **검찰청, 기자실 (낮)**

브리핑하는 태춘… 스크린에는 '주가 조작 수익금 흐름도' PPT
화면이 떠 있다.

태춘   주가 조작의 수익금이 흘러들어 간 뷰티스파클과 GMi뱅크, 두
곳 중 뷰티스파클은 이 씨의 여자 친구가 대표 이사로, 사실상
이 씨가 차명 보유한 회사로 파악되었습니다.

'파바바밧…' 플래시 세례 받는 태춘의 시선으로… 뒤편에 들어
와 서는 기석이 보인다.

/기자1   (E) 람보의 왕형님, 그러니까 사채 왕 명 회장이 배후 쩐주라는
찌라시가 도는데 명 회장까지 수사하시는 겁니까!
/기자2   이 사건을 수사하게 된 최초의 동기가 어떻게 되시죠?
/기자3   그럼 나머지 한 회사 GMi뱅크는 이 사건과 어떤 관련이 있습니
까?

태춘을 노려보는 기석… 그런 기석의 시선을 피하지 않는 태춘이다.

/태춘   (na) 특수부 검사 잡고, 특수부로 간다.

태춘   (여유 있는 태도로 답하는…) 수사 중인 내용에 대해서는 말씀드릴 수 없습니다.

노려보던 기석, 나가고… 플래시 세례를 받는 태춘의 야심만만한 눈빛 위로.

S#47.   **(몽골) 대평원 (낮)**
한바탕 대평원을 말 달리는 은용의 모습 보이다가…

S#48.   **(몽골) 관광 안내소, 전경 (낮)**
말들이 매어 있는 관광 안내소 전경 보이고…

S#49.   **(몽골) 관광 안내소, 사무실 /**
    (한국) 체인지 인베스트먼트 파트너스, 한나의 오피스 (낮)
꼬마 타미르와 보드게임하며 사무실 전화로 통화하는 은용이다.

/한나   (F) 대표님, 이번 분기 보고서 팩스는 확인하셨냐고요…!

1화

용	어어. 숫자 좋던데? (타미르와 보드게임에 더 집중한…)

/체인지 인베스트먼트 파트너스… 근사한 명패와 통유리 너머 분주한 트레이더들 모습 보이는… 공동 대표 명패 너머, 트레이딩 멀티 모니터 앞에서 통화하는 홍한나(여, 43)의 표정이 날카롭다.

/한나	너 솔직히 말해. 팩스 보낸 거 안 봤지?

보드게임하며 통화하는 은용의 옆으로 방치된 팩스 더미 보이고…

용	네 목소리만 들어도 숫자 좋은 거 딱 알겠는데 뭐.
/한나	그래서 넌 언제까지 거기 처박혀 있을 건데? 우리의 큰손 투자자들께서 대표님 얼굴을 몹시 보고 싶어 하십니다?
타미르	(보드게임 한 수 두고 씩- 웃는)
용	!… (꿍… 크게 한 방 먹은 듯… 인상 쓰는 표정으로) 내 얼굴 봐서 뭐 해. 그 시간에 땅 한 뼘이라도 더 사는 게 서로한테 이득이지. (어렵다는 표정으로 보드게임 다음 수 두며) 알아봐 달란 건?
/한나	거 봐. 팩스를 안 본 게 딱 맞거든. 장 검사가 수사 중이라는 숫자들, 네 예상대로 명 회장과 관련 있어.
용	!!? 잠깐만…

은용이 옆에 놓인 팩스 뭉치 뒤적여 보면, '여의도 람보 주가 조

법전

작' 관련 기사들이다.

용	… (굳은 표정으로 보며) 회장님 여전하시네. 돈 많고, 욕심 많고.
/한나	명 회장, 너한테는 돈장사 사부님쯤 되는 거 아냐?
용	인연보단 악연이지. 하나만 더 부탁하자. (굳은 눈빛에서…)

S#50. 골프 연습장 (밤)

명 회장, '탁!' 하고 날리면 시원스레 뻗어 나가는 공…

명 회장	나이스 샷! 오늘따라 공이 쭉쭉 뻗어 가네~ (자화자찬하는)

옆에는 깝깝한 표정의 기석이다.

기석	진짜 문제없는 거죠?
명 회장	하모. 꼬맹이 검사 하나가 뭘 한다고. 내한테는 이래 든든한 특수부 사우가 있는데.
기석	제 일은 제가 알아서 합니다. 아버님은 아버님 쪽에서 이런 문제가 안 나오게(O.L)
명 회장	내캉 원투데이가? 걱정하지 마라. 내는 깨끗하다.
기석	(짜증 누르며) 그렇게 깨끗하신데, 이번에 또 이러십니까.
명 회장	느그 아부지 건물은 안 무너지고 잘 있제? 트럭 몰던 양반이 건물주 되고 부터 살이 너무 쪄. 운동 좀 하시야겠더라. ('탁!' 하고 공 날리는)

기석	···
명 회장	여의도 람보는 너무 걱정 마라. 글마 입에는 자물쇠 단디 잠가 났다. (보면)

일각 떨어져 서 있는 건달 김성태(남, 49)가 기석에게 건들거리는 어깨 인사한다.

기석	··· (마뜩잖은 눈빛인데)
명 회장	(싸늘하게 보며) 내는 깨끗하다. 아무 문제없고. 잘 알제?
기석	··· 네.
명 회장	(씩 웃으며) 우리 사우도 운동 좀 하고. 차에 골프백 하나 실어 뒀 다. 일 보면서 필요한데 쓰라.
기석	··· (굳은 얼굴로 인사하고 가는)

가는 모습 보며 다시 싸늘해진 얼굴의 명 회장이다. 일각의 성태 가 다가와 선다.

명 회장	람보 이 양아치 호로자슥, 검찰에 들어간 서류는 우찌 되기고?
성태	음주 운전으로 사고친 날, 클럽에서 가방을 잃어버렸답니다.
명 회장	클럽?
성태	업장에 애들 보내 확인 중입니다.
명 회장	이눔 시키들··· 뭐가 꼬롬한데··· (싸늘한 눈빛에서)

S#51.　　　**클럽, 뒷문에서 보안실 (밤)**
덩치 문지기들의 인사를 받으며 클럽 뒷문으로 들어가는 성
태…
쿵쿵거리는 음악 소리 들리는 좁은 복도를 지나 보안실로 들어
가고…

성태　　　찾았다고?
진호　　　예, 형님. 틀어 봐.

(CCTV 화면) 람보 자리에서 가방을 슬쩍 들고 나가는 누군가…의
모습…

성태　　　스탑, 쟤 좀 땡겨 봐 봐. (모니터 보며) 람보 서류 가방 훔쳐다 제보
한 게 얘야? 이쁘네~

확대하면 보이는 클럽 스타일 사복을 입은 화장 진한 준경의 얼
굴에서. (장면 전환)

S#52.　　　**(다음 날) 군사법원, 복도 (낮)**
일각에서 핸드폰으로 '여의도 람보 긴급 체포' 관련 뉴스를 보
고 있는 군복 누군가(준경)인데…

/군수사관I　　(E) 소령님, 재판 시작합니다.

1화　　　　　　　　　　　　　　　　　　　　　　　　　　　　81

법정으로 향하는 법무 장교(준경)의 뒷모습에서…

S#53.   **형사부 복도 + 태춘의 검사실 [낮]**

한 손에 다육이 화분을 안고… 나머지 한 손으로는 미니 다육이 들을 잔뜩 실린 카트를 밀며…

씩씩거리며 복도를 걸어오는 남 계장인데… 태춘이 달려와 환하고 해맑은 미소로 맞는다.

태춘   계장님, 환영합니다~! (다육이들 보며) 우와~ 말년 계장님답게 화분이 엄청 많으시네요? 얘들아 반가워~ (하며) 주세요. (카트로 손 내미는데)

남 계장   아 됐고요! 그러니까 우리 다육이들과 함께 평화로운 말년 계장인 내가! 왜 갑자기 장 검사님 방으로 인사 발령 난 겁니까!

태춘   그야 당연히 제가 부장님께 특별히 부탁드린 거죠~ (화분 뺏어 들고 잽싸게 검사실 안으로 들어가면)

남 계장   ('빡!' 따라 들어가며) 아니 오해가 있으신가 본데, 내가 야근 많고 골아픈 수사 싫어서 특수부도 그만둔 사람입니다!

검사실로 들어간 태춘은 마련된 남 계장 자리에 화분을 놓으며…

태춘   이 책상 쓰세요. 여기가 이 방에서 별도 제일 잘 들고, 뷰도 좋~습니다. 제 얼굴이 잘 보여요. (배시시 웃으며 보면)

법전

남 계장	… (정색하고 노려보는)
태춘	(흠… 장난기 빼고…) 계장님도 여의도 람보 잡는 수사, 하고 싶으셨 잖아요?
남 계장	이런 거 파다 보면 무슨 이름이 나올지 몰라요. 형사부 말석 검 사가 감당이 되겠습니까?
태춘	계장님.
남 계장	…
태춘	우리 엄마요… 열일곱에 미혼모로 저 낳고 파출부, 식당 잡일, 뭐든 닥치는 대로 해서 저 키우셨습니다. 그런 엄마 소원이 뉴스 나오는 검사 되는 건데…
남 계장	…
태춘	부탁드립니다. (고개 숙이며) 한 번만 도와주십쇼.
남 계장	… 엄마 빽이 아주 대단하시네. (후… 한숨 푹 쉬는…)
태춘	(가만히 보는 얼굴 위로)
/태춘	(na) 미혼모 엄마의 파출부 스토리는 늘 효과가 좋다.
남 계장	야근은 안 합니다. 특수부 관두면서 마누라랑 약속한 거라.
태춘	정년퇴직까지 정시 퇴근 절대 보장! 필요하시면 안 쓰신 출산 휴가도 가능합니다~!!
남 계장	(픽…)
태춘	(빙긋 웃으며, 서류 보이는) 압색 영장은 제가 결재 '빡!~' 올려놨습니 다. 이제 뷰티스파클, GMi뱅크 둘 다 압수 수색 화끈하게 털어 주면(O.L)
남 계장	(!!) 이 영장, 이대로 결재 올렸습니까?!
태춘	아침에 '빡~!' 올려놨다니까요~

남 계장	(인상 찌푸린 채로) 영장에 써 있는 GMi 대표, 누군지 모르십니까?
태춘	누군데요?
남 계장	오창현 대표, 특수통으로 서울지검장까지 한 전관입니다. 저도 모셨었고.
태춘	!?

S#54. 한정식집 (낮)

노회한 인상의 오창현(남, 60대)··· [*아래 자막_오창현 GMi 대표, 前 서울 지검장]

맞은편에는 묵묵하게 밥 먹는 박 부장이다.

오 대표	야 박 프로, 그 뭐냐 요즘 만지는 GMi뱅크 수사 말이야(O.L)
박 부장	저희야 원칙대로 수사할 뿐입니다.
오 대표	(픽···) 그런 놈이 수사 대상인 회사 대표를 만나?
박 부장	그야 선배님이시니까. 정 불편하시면 일어나겠습니다.
오 대표	(흠···) 지금 내가 앉은 자리가 나중에는 네 자린데··· 적당히 하자 ~ 그릇에 있는 밥은 덜어 먹어도 그릇은 깨지 말아야지. (젓가락으로 밥그릇 톡톡 치는)
박 부장	(물끄러미 밥그릇 보는데)

이때, 황기석이 들어온다.

기석	제가 좀 늦었습니다. 대검 들어갔다 오느라.

오대표	우리도 이제 막 왔어.
기석	정수야, 오랜만이다. (자리에 앉아 보면)
박부장	… (가만히 보는데)
오대표	대검엔 무슨 일로?
기석	부산지검에 차장 검사 자리가 하나 비었는데, 그거 좀 얘기하느라고요. (하더니) 정수 네가 고향이 부산이지?
박부장	…

S#55.   검찰청, 구내식당 (낮)

마주 앉아 밥 먹는 태춘과 남 계장인데…

태춘	계장님 걱정은 알겠는데요, 이 수사, 박 부장님 하명으로 시작한 겁니다? (주변 살피며 귀엣말) 아니, 막말로 명 회장까지 가야, 황 부장 치는 거 아닙니까~
남계장	(픽…) 뭘 그런 얘길 귓속말로 해요. 그 소문 제주지검까지 퍼진 게 백만 년이구면. 박 부장이 진짜 황 부장하고 한 판 붙는 게 목적이라 생각하세요?
태춘	그럼요?
남계장	검사가 진짜 권력을 쥘 때는 수사를 할 때가 아니라, 수사를 안 할 때에요.
태춘	!!
남계장	그렇다고 예전처럼 수사를 완전히 덮을 수는 없고, 반만 하는 거죠.

태춘	반만?

이때, 태춘의 폰 울리는… 폰 보면 표정 굳는 태춘인데…

남 계장	박 부장이죠?
태춘	(흠… 굳은 표정인데)

S#56.   형사부 부장검사실 [낮]
박 부장 앞에 선 태춘이다.

박 부장	수고 많았어. 뷰티스파클 압색하고, 수사 마무리 해.
태춘	왜 결재를 반만 해주십니까? GMi뱅크를 쳐야 사채 왕 명 회장까지 엮어서(O.L)
박 부장	스파클만 쳐도 람보 기소할 증거는 충분하잖아? GMi뱅크는 서면 조사 받고 끝내.
태춘	GMi 오 대표가 전관이어서 그런 겁니까?
박 부장	(잠시 보고) 선배님 예우는 해 드려야지. 너 지금까지 한 걸로 충분히 잘했어. 매스컴도 탔고, 이번 수사로 인사 평가 A뿔뿔이야. 다음 인사 때 좋은 소식 있을 거야.
태춘	(!?) 그럼 저… 특수부 갈 수 있습니까?
박 부장	(픽…) 이 자식이… 너 카메라 마사지 좀 받더니 꿈이 너무 큰 거 아냐?
태춘	…

박부장	(서류 정리하며) 너, 학교 광진대랬지? 그쪽 지역으로 임지 배정 손
	써 볼게. 용꼬리 돼서 뭐 하냐, 연고 있는 데서 기반 닦는 게 훨
	낫지. 서울은 변호사 개업해도 경쟁 치열하다?
태춘	부장님(O.L)
박부장	(겉옷 입으며) 장 검사 저녁에 약속 있나?
태춘	아뇨. 특별한 일 없습니다.
박부장	(끄덕끄덕…) 잘 됐네. 최 검사가 나하고 대학 은사님 회갑연 가야
	하니까 오늘 당직은 장 검사가 좀 서자?
태춘	(!?) 네?
박부장	람보 건, 진짜 수고 많았어. (오만 원 꺼내 주며) 밤에 뭐 비싼 거 시
	켜 먹어.

박 부장 나가고… 덩그러니 남은 태춘이다. 오만 원 보는 허탈한
표정에서…

S#57. 한강 다리 야경 + 다리 아래, 강변 일각 (밤)
한강 다리 야경 보이다가…
다리 아래로 카메라 내려가면, 경찰차들과 시체 인양하는 잠수
부들 보이고…

/태춘	(na) 판사, 검사, 변호사 중에 출신 학연과 상관없이 실력으로 뒤
	집을 수 있는 조직이 검찰이라고 들어서 검사를 선택했다.

법전

태춘이 현장으로 내려오면, 다가와 가볍게 경례하는 경찰1이다.

경찰1   당직 검사님이시죠?

태춘   네. (다가가 변사체 검시하는…)

경찰1   고3학생인데, 남긴 유서를 보니 성적 비관 자살로 보입니다.

자살한 교복 학생의 사체를 물끄러미 보는 태춘인데…

태춘   확인했습니다.

경찰1   여기 사인해 주시면 됩니다.

실려 나가는 시신을 보는 태춘의 모습 위로…

/태춘   (na) 검사는 실력? 아닌 것 같다. 노오오오력을 해도 안 되는 일
은 안 되는 걸까.

S#58.   태춘의 검사실 (밤)

불어 터진 컵라면을 먹으며 보드판에 붙은 '여의도 람보 수사
도'를 물끄러미 본다.

/태춘   (na) 박 부장은 만족할지 몰라도, 나는 아직 배고프다.

답답한 표정의 태춘인데…

S#59. **(다음 날 아침) 군부대 연병장(혹은, 군사법원) (낮)**

연병장 일각을 걸어가는 법무 장교 박준경(여, 41)의 단정한 얼굴로…

마주 오는 병사의 경례를 받으며 걸어가는 준경은 누군가(손 장관)와 통화 중이다.

/누군가	(F) GMi뱅크는 영장에서 빠졌어. 오 대표는 서면 조사로 퉁칠 거 같고.
준경	검찰 하는 짓은 변함없네요.
/누군가	(F) 이쯤에서 또 덮일 거 같은데?
준경	(굳은 눈빛으로 걸어가는 모습에서…)

S#60. **북콘서트장 (낮)**

'서울지검장 출신 GMi뱅크 오창현 대표의 진솔한 검찰 이야기 <나는 검사다>'

오 대표의 사진 크게 들어간 대형 플랜카드 보이는 북콘서트장…

/사회자	(E / 약력 소개 보이며) 서울지검장을 지내시고, 구국의 일념으로 국회의원에 출마… 두 번의 아까운 낙선 뒤에 새로운 도전으로 국내 1위 인터넷 결제 솔루션 업체인 Good Money investment 뱅크의 대표로 취임, 코스닥 상장사 대표로 제3의 인생을 시작하신… 검사, 기업인, 그리고 이제 작가님이네요? 오창현 대표

님을 소개합니다~

무대에는 박수를 받으며 등장하는 오 대표고…
VIP 객석에 앉아 있는 명 회장인데… 다가와 옆자리에 앉는 성
태가 귀엣말한다.

성태   클럽에서 확보한 CCTV, 황 부장님께 넘겼습니다.
명 회장   (끄덕끄덕하는데)

사회자의 소개가 이어지는 동안, 잘 차려입은 양복 관객들 틈으
로 들어와 앉는 등산복 중년남… 백팩에서 주섬주섬 생수통 꺼
내는데…

오 대표   (연단에 서서) 하~ 이거 우리 사회자님이 너무 정직하셔서 낙선한
          것까지 다 말씀을 해 주시고… 하하하… 하긴 뭐 낙선은 당선의
          어머니 아니겠습니까? (하더니) 오늘 참석해 주신 여러분, 사랑합
          니다~ (하는데)
/중년남   주가 조작 사기꾼 오창현을 즉각 구속하라!!
오 대표   !!

명 회장과 성태도 놀라 돌아보는데, 객석에서 일어서 외치는 중
년 남은 백팩에서 꺼낸 생수통의 휘발유를 들이붓는!!
기름 냄새에 아수라장이 되는 객석이고!!

1화   91

중년남	피해 가족 다 죽는다! 검찰은 쏠라바이오 주가 조작, 끝까지 수사하라!!

라이터 당겨 불을 붙이는!!

S#61.   검찰청 복도 + 형사부 부장검사실 (낮)

바쁜 걸음, 심각한 표정으로 걷는 태춘이 부장검사실로 들어가면…
굳은 표정으로 앉아 인터넷에 뜬 분신자 뉴스 속보를 보는 박부장이다.

박부장	분신자 상태는?
태춘	전신 화상 입었지만, 다행히 생명에는 지장이 없다고 합니다.
박부장	(짜증) 전에 올린 영장, 결재해 줄 테니까 지금 바로 GMi뱅크 압색 쳐.
태춘	네?!
박부장	뭠마~! 포털 메인에 속보 떠서 세상 다 아는 사건 됐는데, 그럼 뭐 어떡해? 압색하는 배경으로 너 좋아하는 매스컴에 사진 찍히고 와. 검찰 박스 큰 걸로 들고.
태춘	!!

S#62.   GMi뱅크 사무실이 있는 빌딩 앞 / 로비 (낮)

GMi뱅크 간판 보이는 빌딩 앞. 멈춰 서는 검찰 수사 차량들…
태춘과 압색 상자 든 수사관들 내린다.
모여 있던 기자들이 달려와 태춘 앞에서 플래시 터뜨리고, 질문
공세 퍼붓는…

기자   GMi뱅크 오 대표도 소환 조사하는 겁니까!
기자2   전직 검사장이라 봐주기 수사했다는데 사실입니까!
태춘   … 수사 중인 내용에 대해선 말씀드릴 수 없습니다. 하지만… 우
         리 검찰은 의혹이 있다면 성역 없이, 물러섬 없이 수사할 것을
         약속드립니다.

         '파바바밧!!' 터지는 플래시 세례를 받으며, 빌딩 안으로 들어가
         는 태춘과 수사관들인데…
         삼엄한 표정으로 앞장서 걷는 태춘과 남 계장…

태춘   쓸 만한 게 있을까 모르겠어요. 타이밍 놓친 압색이라.
남 계장   빈 상자에 공기만 담아 가도 의미 있죠. 오 대표를 수사 대상에
         올렸으니까.
태춘   (흠… 굳은 눈빛으로 걷는 모습 위로)
/한나   (F) 장 검사가 수사하는 GMi뱅크가…

S#63.   **가톨릭 성당, 수목장 (낮)**
         마리아 성모상 보이는… 넓게 펼쳐진 수목장…

1화   93

장교복 준경이 서 있는 앞으로… '윤혜린' 묘비에는 환하게 웃
고 있는 어머니 윤 대표의 사진 보이는…

/한나   (F) 원래는 윤혜린 대표의 블루넷이란 회사였는데…

S#64.   [몽골] 관광 안내소, 사무실 / [한국] 한나의 오피스 [낮]
         굳은 표정으로 한나와 통화하며 팩스자료들 보는 은용이다. /
         한나의 모니터엔 팩스 원본 뉴스들…

/한나   (F) 명 회장에게 작업 당한 건 맞는 거 같아. 자세한 내용은 좀 더
          조사 중이야.

          > '올해의 기업인 블루넷 윤혜린 대표'… 인터뷰 기사… 윤 대표
          가 딸 준경과 함께 찍은 인터뷰 사진 보이고…
          > '블루넷 윤혜린 대표, 뇌물 공여 혐의로 검찰에 긴급 체포'…
          포토 라인에 선 윤 대표 사진…
          > 상장사 대표 윤모 씨가 운전하던 차량, 절벽으로 떨어져 사
          망… 경찰은 우울증에 의한 자살로 추정…

          흑백의 팩스 서류들을 노려보는 은용의 슬픈 눈빛 위로…

/용   (na) 아줌마가 돌아가셨다.

S#65.   **가톨릭 성당, 수목장 (낮)**
            묘비를 바라보는 준경인데… 이때, 앞으로 다가와 서는 건장한
            사내 둘…

수사관1   박준경 씨. (신분증 보이며) 서울지검 특수1부에서 나왔습니다. 조
            사할 것이 있는데 같이 가주시겠습니까?
준경   …

S#66.   **(몽골) 대평야 (낮)**
            거칠게 말 달리는 은용의 매서운 눈빛 위로…

S#67.   **(몽골) 은용의 게르 (낮)**
            거울 앞에 선 은용… 꺼칠한 수염이 자란 거울 속 은용의 눈빛
            은 매섭게 빛나는…

/용   (na) 태춘이가 보낸 암호 장부의 제보자는 준경이가 분명하다.

S#68.   **가톨릭 성당, 수목장 (낮)**
            특수부 수사관들과 걸어가는 준경의 모습에서…

1화   95

S#69.   **몽골 공항, 활주로 (석양)**

길게 뻗은 활주로를 맹렬히 질주하는 은색 슈퍼카… 일각에 세
워진 전용기 앞에 멈춰 서는…

/용   (na) 준경이가 태춘이에게 보낸 제보는 나에게 보내는 메시지다.

건장한 흑인 정복 기장의 경례를 받는 이는, 깔끔하게 면도한 검
은 슈트 차림의 은용이다!

/용   (na) 돌아와 함께 싸워 달라는.

기장의 경례를 받으며 전용기에 오르는… 은용의 굳센 눈빛에
서…

1화 엔딩

법이 아닌 돈으로

한때 '우리 편'이었던 준경이 시작한
싸움의 소식에 한국으로 돌아온 은용…
윤 대표(준경 모)의 억울한 죽음의 배후에
명 회장과 그의 사위 황기석 검사가
연관되었음을 알게 된다. 복수를 다짐하는
은용은 빗속에서 준경과 재회한다.

S#1.　　[과거] 달리는 기차 [낮]

맹렬한 빗줄기를 뚫고 달리는 기차 보이고… (아래, 자막) _1990년

S#2.　　[과거] 달리는 기차 안 [낮]

비 내리는 창문 옆으로… 은용은 벼룩시장 등등의 생활정보지
잔뜩 놓고 구인구직 체크 중인데…!?
"왜 이러세요~" "같이 한 잔 하자니까~" 객차 앞쪽이 소란스러
워 보면, 앞칸에서 넘어온 홍익회 여자 판매원을 쫓아와 추근대
는 술 취한 건달1과 덩치 똘마니1이다.

판매원	(꺅~!) 아 진짜 왜 이러세요~ 이러시면 안 되고요~
건달1	우리가 뭐 어쨌다 그래~ 이거 다 우리가 사 줄게. 얼마면 되니?
	(하며 손목 잡는)
판매원	이거 놓으시고요~ (뿌리치기 힘겨운… 주변 도움 청하는 눈빛이지만)
건달1	(손목 틀어쥔 채로) 뭘 봐? 눈깔 안 깔아?! 확 씨!!

시선 피하는 승객들… 그 틈에 노려보는 소년 은용(19) 보인다.

/용 ㈜ 소년수로 나온 지 이틀 만에 다시 사고를 칠 순 없었다.

슬쩍 몸을 돌려 눈을 감고 잠든 척, 외면하는 것을 택한 은용인
데…

준경 ㈎ 이 우산, 저한테 파세요.

용 !? (한쪽 눈 뜨고 보면)

은용에게 만 원 한 장 찔러 놓고, 옆에 놓인 장우산을 집어 들고
가는 누군가…
돌아보면, 장우산으로 검도 자세 잡고 선, 교복 준경(17)이다!

준경 그 손 놓고 자리로 돌아가시죠?

건달1 하~ 이 아가씨는 뭐니?

덩치1 기집애가 돌았나. 뒈질라고 환장했어?

준경 (흔들림 없이 우산 겨누고) 맞으면 아픕니다.

'오호…' 이제는 두 눈 다 뜨고 흥미롭게 지켜보는 은용인데… 객
차 뒤편 문 열리는 소리에 돌아보면, 일행으로 보이는 덩치 똘마
니들 서넛이 준경을 노려보며 들어온다! 뒤에서 덮칠 기세인데!

용 (순간 일어서 덩치 놈들 앞을 막는!!)

덩치2	(인상 확 그으며) 뭐냐?
용	(빙긋) 화장실 좀 가려고요.
준경	!!?

뒤편의 소란에 돌아본 준경, 은용과 시선이 부딪친다!
위기 상황에서 처음 만난 두 사람… 잠시 서로를 바라보는데…

덩치2	(은용에게) 빨리 비켜!
준경	(건달 일행이 뒤에 더 있음을 보고) !! (어금니 꽉 무는데)
용	교복, 쳐! (하며 덩치2에게 선빵 날리고 밟는!!)
준경	(덩치1을 장우산으로 '타닥!' 치고 찌르는!!)

/맹렬한 속도로 달리는 기차!!
객실 창문 너머로, 등을 맞댄 십대 은용과 준경이 때리고!! 맞고!!
한판 신나게 싸우는 모습에서.

S#3.　　**[과거] 경찰서. 사무실 / 임시 유치장 [밤]**
부어터진 얼굴의 건달1과 덩치들, 문신 보이게 웃짱 까고 일렬
로 머그샷 찍는데…

| 건달1 | 쟤들이 먼저 때렸어요~ (찰칵. 익숙하게 돌아서 포즈) 우린 피해자라 |
| | 니까요~ |

/일각 유치장 안에는 바닥에 팔베개하고 누운… 얼굴에 상처 좀 있는 은용이다.

| 용 | 처맞은 게 자랑이야? 몸뚱아리 잉어들한테 안 쪽팔리냐? |

몸을 일으켜 앉으면, 옆에는 역시 상처 있는 얼굴로 바깥 상황 노려보는 준경인데…

용	야 교복. 쌍방 갈 거 같지?
준경	? (물음표 생긴 얼굴로 보면)
용	너 초범이야? 쌍방 몰라? 쌍방 폭행?
준경	이게 왜 쌍방이야. 잘못은 쟤들이 먼저 했잖아.
용	(음…) 근데 네가 너무 세게 때렸어. (보면)

머그샷 찍는 건달패거리들 중, 각각 팔목과 목에 깁스한 덩치들 보이는데…

| 윤 대표 | 박준경, 너 거기서 뭐해? |
| 준경 | !! |

유치장 쇠창살 앞으로 세련된 정장 차림의 준경 모, 윤 대표(여, 40)가 등장한다.
은용은 굳은 표정의 윤 대표와 잠시 눈빛을 부딪치는데…

형사	어떻게 오셨어요?
윤 대표	(명함 건네며) 박준경 보호자예요.
형사	아~ 블루넷 윤혜린 대표님? 연락 받았습니다. 이쪽으로 오시죠.

(시간 경과)

형사1은 윤 대표와 준경이 지장 찍은 서류를 챙긴다.

형사	피해자와 승객들 진술도 일치하고, 맞은 놈들 전과도 잡다해서 큰 문젠 없을 겁니다.
윤 대표	(형사1이 떠드는 동안, 책상에 놓인 '은용의 신상 기록' 유심히 보는데) 이 아이가 우리 준경이하고 같은 편으로 싸운 아이인가요? (신상 기록 사진 가리키면)
형사	아, 예… 이놈은 소년원 전과도 있고, 보호자도 없어서 좀 더 조사를 해야 됩니다.
윤 대표	(흠…) 그럼 이 사건은 조사가 아직 끝난 게 아니네요?
형사	준경 학생은 가도 됩니다.
윤 대표	준경아, 넌 다시 들어가 있고. 이 아이, 나와서 조사 받으라고 해.
준경	!?
형사	네?!
윤 대표	같은 편으로 싸운 아이인데, 제가 보호자로 조사 받을게요. (유치장의 은용 쪽 보며) 얘, 너 이름이… (서류 한 번 보고 다시) 은용아, 너 이리 나와. 이제 네 차례래.
/용	?!
형사	!! 아니 저기 어머님, 그게요(O.L)

| 윤 대표 | (준경 보며) 뭐 해, 너 들어가 있고, 우리 편 오라고 해. |
| 형사 | 아니, 저 녀석은 저희가 알아서… (하는데) |

곰곰하던 준경이 일어서 유치장 쪽으로 가는…

| 형사 | 얌마, 넌 어딜 가?! |

/바깥의 소란을 유치장 창살에 붙어 지켜보던 은용의 앞으로 준경이 다가와 선다.

용	야, 뭐 하는 거야?
준경	(옆의 의경 보고) 문 좀 열어 주세요.
용	네가 여길 왜 또 들어와?

지키던 의경이 유치장 문 열어 주면, 준경은 들어가 은용 옆에 털썩 앉는다.
황당한 은용이 형사 책상 쪽 보면, 환장하겠는 형사1과 태연하게 받아치는 윤 대표다.

형사	이러시면 곤란합니다. 시간도 늦었고.
윤 대표	야근은 익숙해요. 제가 보호자로 조사 끝까지 받을게요.
형사	(깝깝한) 그것이 아니라…
윤 대표	제가 우리 편 보호자도 한다니까요? 뭐가 문젠 거죠?
형사	저희 입장도 좀 생각을 해 주시죠. 박준경 학생은 조사 끝났으니

따님과 귀가하시고···

윤 대표   아니죠. 같은 편 아이까지 조사가 끝나야 끝난 거죠. 조서 보니까 미성년자는 보호자 서명이 여기저기 필요하던데, 그거 제가 하겠다고요.

형사1과 실랑이하는 윤 대표를 보는··· 유치장의 준경··· 그리고 은용의 모습에서···

S#4.   **(과거) 준경의 집. 주방 식탁 (밤)**
추리닝 준경이 노려보는··· 맞은편에는 파자마 잠옷 차림이 어색한 은용인데···

윤 대표   (두부 잔뜩 담아내 오며) 이거 먹어. 이런 거 먹어야 다신 안 들어간대. 애 아빠가 입던 건데 대충 맞네?

준경   (여전히 은용을 노려보는)

용   (슬쩍 시선 피하며) 아줌마, 저요··· 소년원에서 엊그제 나온 전과자에요. 이렇게 막 데려와서 이래도 돼요? 내가 누군지도 모르면서(O.L)

윤 대표   너 우리 편이잖아?

용   !··· (순간 말문 막힌···)

윤 대표   아줌마 너 보호자로 사인했어. 서재 빈방에 보일러 넣어 놨으니까 오늘은 거기서 자. 내가 정리 좀 해 줄게.

준경   아냐 둬. 내가 할게.

윤대표	그럴래?
준경	(묵묵히 두부 먹는)
용	… (그런 준경을 슬몃 보는데)

S#5. (과거) 준경의 집, 서재 (밤)

파자마 잠옷 입은 은용이 책들로 가득한 서재를 둘러보는데…
공학도였던 준경 부(父)의 빛바랜 전공 서적들…
결혼사진… 작은 사무실에서 시작한 기술벤처 '블루넷' 설립 기
념사진… 어린 준경과의 가족사진…
그리고 초등학교 때부터 준경이 받은 우등상장들과 경시대회
메달, 검도대회 트로피들인데…
어린 태춘이 사고 싶어 했던 백과사전 전집 보인다.

용	공부하는 애들은 이런 게 다 하나씩 있네…
/준경	손대지 말고 자라.

이부자리 들고 들어와 소파에 적당히 자리를 까는 준경이다.
그런 준경을 물끄러미 지켜보는 은용인데…?!
준경은 장식되어 있던 진검을 받침대 째로 들고 와 책상에 놓더
니, 책상에 앉아 문제집 펼친다.

용	여기서 공부하게?
준경	널 뭘 믿고 혼자 둬? 혹시라도 허튼짓하면 죽는다.

진검을 들어 검날을 보이고는 '탁!' 하고 다시 내려놓는 준경이
다!

용	벌써 죽을 생각은 없고. 근데 아버지는?
준경	…
용	난 엄마 아빠 다 없어.
준경	… (보는데)
용	(흠…) 어머니 든든하시겠네. 남편 없어도 쌈 잘 하는 딸 있어서.
준경	! (노려보면)
용	잔다~ 나야 여럿이 자는 거 익숙하니까. (소파에 눕는…)
준경	(시선 거두고 다시 문제집 푸는데…)

이내, '드르렁…' 잠이 든 은용이다.
책상에서 고개를 슬쩍 내밀어 잠든 은용을 가만히 보던 준경은
일어서 서재 방 불을 끄고…
돌아와 책상 스탠드 불빛에 앉아 다시 공부에 집중한다.
잠이 든 은용과 공부하는 준경의 모습에서…

S#6.   **[과거] 준경의 집, 서재 [아침]**

느지막한 아침 햇살을 받으며… 부스스 잠에서 일어난 십대 은
용이다.

| /용 | (na) 난생 처음이었다. 편안했던 잠자리. 드라마에서나 보던 잠 |

옷. 깨어났을 땐 모든 것이 잠시 천국처럼 낯설었다.

둘러보면, 준경은 없는…
일어서서 백과사전 쪽으로 간 은용인데, 앞에 놓인 경시대회 금메
달을 목에 걸고 깨물어 보는데…
방문 벌컥 열리며.

윤 대표	일어났네? 아침 먹자~ (활기찬)
용	!! (목에 건 금메달이 뻘쭘한…)

S#7.   [과거] 준경의 집, 주방 식탁 [낮]
아침 밥상 자리에 마주 보고 앉은 윤 대표와 잠옷 입은 은용이다.

윤 대표	대충 차렸어. 준경인 학교 갔고, 아줌마도 출근해야 돼. 어서 먹자. (숟가락 들면)
용	(밥 먹으며) 아줌마 딸은 보니까 전교 1등에 모범생 같던데. 싸운 건 안 혼내요?
윤 대표	좋은 일 하려고 싸운 건데 왜 혼내?
용	(흠…)
윤 대표	넌 소년원은 왜 간 거야?
용	은행 털었어요. 한 십억쯤 됐나?
윤 대표	그래? 은행 강도 아침밥 차려 줄 줄은 몰랐네. (하다가) 어머, 찌개! 내 정신 좀 봐.

용	… ('이 아줌마 뭐지?' 보는데)
윤 대표	(자글자글 끓는 찌개 가져오고) 쪼끔 짜겠다, 그냥 먹자.
용	(한술 떠 보고 살짝 인상 쓰는데)
윤 대표	너… 나쁜 짓 하는 이유가 먹고 자는 문제 때문이면, 그것 때문에는 하지 마. (명함 건네며) 아줌마 회사 사장이야. 일하고 싶으면, 공장에 일자리 알아봐 줄게.
용	(흠…) 돈 많이 줘요?
윤 대표	일한 만큼.
용	(잠시 명함 보다가) 이 명함… 가져도 되요?
윤 대표	(픽…) 야, 명함 가지라고 주는 거지, 줬다 뺐을라고 줄까.
용	(챙겨 넣는)
윤 대표	(찌개 한술 뜨는)
용	(보는데)
윤 대표	(먹더니 살짝 인상 쓴다)
용	(씩 웃으며) 짜죠?
윤 대표	(대수롭지 않게) 찌개는 좀 짜야지. (한술 더 뜨더니 슥슥 밥 비벼 먹으며) 자주 보자.
용	(흠…)
/용	(na) 아줌마는 나를 처음으로 사람으로 대해 준 어른이었다.

윤 대표를 가만히 보는 은용에서… (장면 전환)

S#8. 　[현재] 하늘을 나는 전용기의 모습 보이고. [밤]

S#9. **(교차) 전용기 안 / 한나의 오피스 (밤)**

전용기 한 편에도 위성인터넷으로 연결된 트레이딩 모니터룸
세팅되어 있는데…
슬픈 눈빛으로 모니터1을 보는 은용… 구속되는 윤 대표 사진
과 뉴스 기사 보이는데…
> '블루넷 윤혜린 대표, 뇌물 공여 혐의로 검찰에 긴급 체포'…
포토 라인에 선 윤 대표 사진… 2010년 3월 10일…

용   (뭔가 생각난 듯…)

주가 그래프 떠 있는 모니터2에 메일함 띄우더니, 2010년 3월
로 날짜 검색하면…
그 기간, 수많은 업무 관련 메일들 속에 묻혀 있는 '읽지않음' 표
시된…

[2010년 3월 10일, 보낸 이: 박준경 / 제목: 메일 확인하면 연락 부탁해]

용   (굳은 눈빛으로 클릭하면…)
[준경 메일   (E) 엄마한테 일이 생겼어. 보는 대로 빨리 전화 부탁해.]
용   …

이때, 모니터3에 뜨는 영상 통화… 받으면. / 오피스의 한나다.

한나   밤 비행인데 날씬 어때?
용   (마른 목소리) 괜찮아.

한나	네 예상대로 박준경 소령이 익명의 제보자 맞는 거 같아.
용	(보면)
한나	관련해서 검찰 특수부에서 조사 중이래. 그래서 지금은 연락이 안 되는 거고.
용	특수부에서?
한나	자세한 건 도착하면 브리핑할게. 일단 눈 좀 붙여. 급하게 출발해 피곤할 텐데.
용	아니. 이미 너무 늦었어.
한나	…
용	윤 대표님 구속도 특수부 사건이던데. 명 회장과 무슨 연결이 있는 거야?
한나	(흠…) 블루넷 윤혜린 대표가 긴급 체포된 건. (장면 전환)

S#10. (과거) 특수부 조사실 / 거울 방 (낮)

수첩 복사본을 쓱 들이미는… (아래, 자막) _2010년

굳은 표정의 윤 대표 앞에는 특수부 수석 검사 이영진(남, 당시 38세)…

이검사	손 장관 보좌관의 수첩 복사본입니다. 블루넷 윤, 5천. 적힌 거 보이시죠?
윤대표	네, 근데 이게 뭐예요?
이검사	본인이 더 잘 아시잖아요.
윤대표	아니, 전 이런 거래를 해 본 적이 없어요.

이검사	현 시간부로 참고인에서 피의자로 전환합니다.
/한나	⒠ 대학 친구였던 손승진 장관에게 5만 불 상당의 뇌물을 줬다는 혐의였는데…

조사실에서 수사관에게 긴급 체포되어 수갑을 차는 당황한 윤 대표의 모습…
그리고 이 모습을 이중 거울 너머에서 지켜보는 댄디한 양복 차림의 기석… 그의 서늘한 눈빛 위로.

/한나	⒠ 당시 특수부 수사 팀장이 황기석. 명 회장의 사위야.

S#11.   [다시, 현재] 전용기 안 [밤]

모니터에는 당시 뉴스 기사에 황기석 사진 보이는…

> '검찰 특수부, 손 장관 뇌물수수 혐의로 상장사 대표 긴급 체포…' 사건 브리핑하는 수사 팀장 황기석 사진…

용	(기석 사진 노려보며) 명 회장 사위?
/한나	어떤 재료를 갖다 줘도 입맛에 맞게 요리하는 능력이 탁월해 검찰 내에선 황 셰프라 불려. 엘리트 코스 착착 밟는 차세대 검찰 총장 후보쯤 되는 인물이고.
용	진짜 노렸던 건 손 장관이었겠네.
/한나	맞아. 셰프님이 만들려던 요리는 성공했지.

> '지지율 1위 손 장관, 도지사 출마 않겠다… 뇌물죄 혐의는 모두 부인…'

/한나   도지사 후보 지지율 1위였던 손 장관은 뇌물죄 스캔들로 출마 포기했으니까.

용   윤 대표님 재판은 1심에서 결국 무죄 났잖아?

/한나   손 장관 사퇴하니까 수사가 흐지부지 된 거지.

용   그런데 왜? 스스로 목숨을 끊으신 게 확실해?

/한나   동영상 보냈어. 확인해 봐.

용   (클릭해서 영상 플레이 하면)

> 도로 CCTV와 블박 영상 분할 화면으로 동시간 편집되어 플레이 되는…

비 내리는 산복도로 한복판에 멈춰 서 있는 윤 대표의 세단…
차량들 통행은 없는…
서서히 출발한 윤 대표의 세단은 그대로 절벽으로 돌진해 난간을 뚫고 떨어진다!!

용   !!

/한나   자살 외의 다른 가능성은 없어 보여.

> 상장사 대표 윤모 씨가 운전하던 차량, 절벽으로 떨어져 사망… 경찰은 우울증에 의한 자살로 추정…

2화

/한나	경찰은 구속 수감에 대한 우울증 자살로 종결했어.
용	아니… 그런 선택하실 분이 아니야.

먹먹하게 굳은 눈빛의 은용에서… (장면 전환)

S#12. (과거) 시장 거리 (낮)
한 손에 붕대 감은 십대 은용이 껄렁대는 진호와 거리를 걸어간다.

진호	역시 우리 요장이 싸움은 이찌방 먹을 줄 알았어. 성태 형 밑에 쫌만 있다가 스폰 잡아서 우리도 조직 하나 하자. 요장이 보스하고, 내가 부보스하고.
용	(픽) 부보스가 뭐냐 부보스가.
진호	가다마이 이태리째로 맞춰 입고, 라이방 딱 쓰고, 커피도 호텔 커피 마시면서, 어? 싫어?
용	(헤드락 걸며) 생각 좀 해 보고, 새꺄~

티격태격 장난치던 둘이 멈춰 선 곳은, 꽃가게 앞…

진호	(??) 여긴 왜? 요장 니 깔치 생겼나?
용	(대꾸 않고, 진열된 꽃들을 유심히 보는 얼굴에서…)

S#13. (과거) 준경의 집, 대문 앞 (낮)

법전

맑고 푸른 하늘. 대문 앞에 서 있는 윤 대표다.

윤 대표   웬 꽃?

십대 은용이 붕대 감은 손으로 빨간 카네이션 꽃다발을 한아름
건넨다.

용   그냥… 싸게 팔아서.
윤 대표   카네이션이네?
용   한 번도 사 본 적이 없어서… 많이 샀어요.
윤 대표   자주 사 와. 양도 이만큼씩. (환하게 웃는 모습에서)

S#14.   [과거 / 몽타주]
            - 공사 중인 건물. 철거 용역 복장으로 성태 패거리들 앞장서 한
            바탕 부수고 싸우는 십대 은용…

/용   (na) 용역 깡패를 하던 시절에도…

            - 준경의 집. 피자를 먹으며 웃고 떠드는 윤 대표와 십대 은용…
            (장면 전환) 성인 은용이 촛불 꽂힌 생일 케이크 들고 오는…
            생일을 맞은 윤 대표에게 성인 준경과 함께 노래를 불러 주고
            폭죽을 터뜨리는…
            - 사채 사무실. 바쁘게 움직이며 고객과 상담하고, 장부를 적는

은용…

/용   (na) 사채 사무실에서 일하던 시절에도…

- 준경의 집. 윤 대표와 은용, 준경이 DDR패드 위에서 신나게
춤을 추는…

/용   (na) 약육강식의 정글 속에서 살던 나에게 유일하게 맑은 하늘이
었다.

S#15.   **(다시, 현재) 가톨릭 성당, 수목장 (낮)**
맑고 파란 하늘… 석조묘비의 환하게 웃고 있는 윤 대표 사진
앞으로 놓이는 카네이션 한 다발…
슈트 차림의 은용이 물끄러미 보는… 조금 뒤편에 서 있는 한나
다.

용   아줌마를 좋아했어. 처음으로 나를… 사람으로 대해 준 어른이
셨으니까.
한나   좋은 분이셨네.
용   이해가 안 돼. 이런 선택하실 분이 아니야.
한나   이유를 알면? 어떡할 건데? 복수?
용   (보면)
한나   그런다고 이제와 시간을 되돌릴 수도 없잖아?

용	…
한나	황기석을 사위로 들이면서, 명 회장, 이젠 그냥 돈만 많은 사채꾼 아니라고. 따져 보면, 복수란 거. 예상되는 리스크에 비해 기대 수익은 형편없는 싸움이야.
용	빚진 게 있다면 갚아 줘야지. 손익 따지지 말고, 사람의 도리로.
한나	(보면)
용	아줌마는 나한테 그래주셨으니까…
한나	…

묘비를 바라보는 은용의 슬픈… 그러나 단단한 눈빛에서…

S#16.　　한적한 외길 도로, 달리는 세단 안 (낮)

산 밑으로 난 외길 도로를 달리는 고급 세단… 풍광이 예쁜 숲 길을 가로지른다.

뒷좌석에는 인상 잔뜩 쓰고 종이신문들 몇 종류 신경질적으로 넘겨 보는 오 대표다.

'쏠라바이오 피해 주주, 전직 검사장의 출판 기념회에서 분신 기도…'

'쏠라바이오 주가 조작, 검찰은 무엇을 덮으려 했나?'

'여의도 람보의 배후는 GMi뱅크? 명동 사채 왕과 전직 검사장 연루설'

/달리는 세단은 '길 없음' 도로 표지판이 있는 이면 도로로 꺾어

들어가고…

S#17.   산속, 명 회장의 별장 전경 (낮)

산길을 오르는 고급 세단…

마치 요새처럼 숲으로 둘러싸인 산속, 명 회장의 고급 별장 보이

다가…

S#18.   명 회장의 별장 안 (낮)

거실은 고급 룸싸롱을 그대로 옮겨 놓은 듯한 묘한 분위기…

싸늘한 눈빛으로 각자 생각에 잠긴 기석과 명 회장… 양주 홀짝

이는 성태인데…

오 대표	(씩씩거리며 종이신문 집어던지며) 야이 씨ㅂ… 이거 어떡할 거야? 누가 책임질 거야!!
명 회장	고마 검사장님~ 마 머할라 이런 빨갱이 신문 보고 썽 내십니까~
오 대표	세상 바뀐 게 언젠데 빨갱이 타령이야~!! (성태 쪼인트 까며) 김 전무 야이 개새끼야, 넌 인마 람보 그 양아치 하나 단속 못 해서 일을 이렇게 만들어!!
성태	죄송합니다. (건달식으로 고개 숙이면)
오 대표	하~ 그래 맞다, 너도 같은 양아치지. 야, 황기석이 잘 들어. 나 포토라인 서면, 혼자는 안 죽어?
기석	… (살짝 미간 찌푸리며 보면)

법전

오대표	(발끈) 너 이 새끼 지금 그 표정 뭐야? 이게 어디 선배 앞에서… (하는데) !!

일어선 기석이 성태의 머리를 '꽝!!' 대리석 테이블에 처박는!!

기석	김 전무 이 양아치가 여의도 람보하고 붙어먹었더라고요. 대표님도 모르게.
성태	(고개 들면 코 깨져 피범벅인 얼굴인데)
오대표	!! (놀란!)
명회장	(픽… 일각 양주 진열대로 가는)
기석	전무님, 지은 죄 인정하시죠? (손에 묻은 피 슥슥 성태 양복에 닦는)
성태	(쿨럭…) 네…
기석	김성태 전무의 횡령, 배임으로 사건 마무리하겠습니다. (보면)
오대표	… (누그러졌지만) 이 새끼가 아무리 그래도 선배 앞에서…
기석	심려 끼쳐드려 죄송합니다. (고개 숙이는)
오대표	(으흠…)
명회장	에헤이~ 고마 내캉 원투데이도 아이고, (술잔 건네며) 술이나 한 잔 쭉 하이소.
오대표	술맛도 없어. (하지만 잔 비우는)
명회장	안주 바로 준비할게요. (한 잔 더 따라 주는)
오대표	북콘서트에서 이게 무슨 개망신이야? 당대표님까지 모셨는데. 기자들 계속 전화 와~
기석	매스컴은 카메라 다른 데로 돌려놨습니다.

2화

S#19. **(뉴스 화면)**

국회 복도를 걸어 나오는 백 의원… 기다리던 기자들이 보좌관들과 몸싸움하며 질문 공세 던지는…

/리포터 ⒠ 오늘 오후, 서울지검 특수1부는 백인수 의원 사무실을 전격 압수 수색 했습니다.

(뉴스 전광판) '검찰 특수부, 백인수 의원실 압수 수색… 아들 채용 비리 의혹' 커다란 자막과 화면.

/리포터 ⒠ 아들의 채용 과정에서 특혜를 받았다는 의혹에 대해 수사 중인 검찰 특수부는…

S#20. **검찰청, 엘리베이터에서 복도 (낮)**

엘베 문이 열리며 내리는 기석을 인사하며 맞는 이 검사다. 함께 걸어가는…

이검사 백 의원에겐 소환장 날렸습니다.
기석 그래, 네가 고생한다.
이검사 아닙니다.
기석 (끄덕끄덕) 형사부 박 부장한테 받았는데, 수사에 참고해. (기록 하나 건네는)

기석이 건네는 보고서는 'B의원 아들 채용 비리 수사 보고서 - 검사 장태춘'…

이검사 (보고) 장태춘 검사면…

기석 맞아, 람보 터뜨린 그놈인데, 보고서가 쓸 만해.

이검사 이 친구 이거 좀 특이하던데요. 무슨 지방대 출신 아닙니까?

기석 그러니까. 지잡대 출신이라 그런지 금수저 특혜 비리를 사심 넣고 터프하게 팠어.

이검사 그런데 백 의원이 이빨 빠진 호랑이라곤 해도 4선 중진의 국회의원인데(O.L)

기석 진보 쪽 스피커들도 뜯어 먹을 건 던져 줘야지. 제보자는?

이검사 네. 근데 그놈이… (신상 서류 건네면)

기석 왜? (서류 보고, 멈추는!) 박준경? (굳은 눈빛에서)

S#21.   **특수부, 조사실 / 거울 방 (낮)**
조사실에는 신문하는 특수부 수사관1과 마주 앉은… 굳은 표정의 준경 보이는…

/이검사 (E) 윤 대표 사망 후에 군 입대해서 계급은 소령, 지금은 16사단 법무참몹니다.

/거울 방. 이 검사와 나란히 선 기석은 가만히 노려보는데…

수사관1	7월 11일, 청담동 클럽 가신 거, 맞죠?
준경	독신 장교가 휴일에 클럽 가는 게 군법 위반은 아니죠.
수사관1	그럼 클럽 CCTV에 찍힌 장면은 어떻게 설명하실 겁니까? (모니터 보이면)

(CCTV 화면) 클럽 복장 차림의 준경이 가방을 들고 나오는 모습 보이는…

/수사관1	(E) 들고 나오는 가방이… 술 취한 여의도 람보, 이창민 씨 거 아닙니까? 이거 기본적으로 절도죄에 해당하는 건 아시죠?
준경	…
수사관1	기업 내부 자료 유출은 영업 비밀 침해로 볼 수 있고요.

/거울 방. 서늘한 눈빛으로 지켜보는 기석… 뭔가 생각하는…

수사관1	법무관이라 잘 아시잖아요? 증거 명백한데 무조건 묵비권 쓰면 좋을 거 없습니다?
준경	…

여전히 입을 다문 준경인데…

/거울 방.

기석	쏠라바이오가 특허 신약 다루는 회사 아닌가?

이검사	실적은 없지만, 람보가 주가 조작 재료로 쓰기는 했죠.
기석	공소장에 특허법까지 추가해서 확실히 엮어.
이검사	네, 알겠습니다.
기석	… (비릿한 미소로 보는데) !??
이검사	뭐야 저거?!

/조사실로 헌병 둘과 함께 군검찰 수사관이 들어온다.

군수사관	4035부대 군검찰 수사관입니다. 저희 쪽에서 신병인도 하겠습니다.
수사관1	아니, 본인 동의하에 조사 중인데(O.L)
준경	군사법원법 44조, 군인의 수사권은 군 수사 기관에 있습니다. (자리에서 일어서는)
수사관1	!! (난처해져 이중 거울 쪽 보는데)

일어선 준경이 조사실의 이중 거울 앞으로 가서 선다.

/거울 방에서는 노려보는 기석!!
이중 거울을 사이에 두고 부딪치는 두 사람의 눈빛인데!!

준경	(입가에 서늘한 미소가 스치는가 싶더니…) 가시죠. (군수사관 등과 나가는)

/거울 방.

이검사	어떡하죠?
기석	(눌러 참으며) 뭐 그냥. 김성태는?
이검사	방금 장 검사 방으로 자진 출두했습니다.
기석	… (열 받은 얼굴에서…)

S#22. 태춘의 검사실 (낮)

부어터진 코에 깁스 감은 성태가 건들거리며 앉아 있고… 잔뜩 인상 쓴 태춘이다.

태춘	백억 넘는 사채 거래를 대표도 모르게 하셨다?
성태	오 대표님은 외부 일 보시고, 안살림은 전무 이사인 제가 했다니까요?
태춘	(빤히 보며) 코는 왜 그래요?
성태	(생각하니 순간 열 받아) 어떤 씹!! 뼈다구리 같은 놈이… 밀어서 넘어졌어요.
태춘	(끄덕끄덕 기록 넘기며) 폭행, 공갈, 사기에 마약까지… 전과 화려하신데 살림을 주먹으로 하셨습니까?
성태	우리 검사님 편견 있으시네. 사업하는 사람 중에 전과 없는 사람 있어요? 제 빵동기들 중에 재벌 회장만 몇 명인데.
태춘	(흠…) 대신 징역 살면 얼마나 줘요? 강남에 아파트 하나 살 돈은 줍니까?
성태	(픽…) 나 아파트 몇~ 개 있어요. 종부세를 내가 얼마를 내는데? 돈 몇 푼에 빵 대신 가고 그런 크라스 아닙니다?

태춘	그래요. 어디 지금부터 하나하나 따져 봅시다. 내가 머리는 별룬데 은근과 끈기로 검사된 사람이라.
성태	그럽시다. (끄덕끄덕하더니 실무관1 보며) 아가씨, 짜장면 곱배기로 하나. 자금성 말고 서초반점으로. 검사님은 뭐 하실래요?
태춘	지금 뭐 합니까?
성태	조사 길 텐데 한 그릇 합시다, 쫌. 서초반점이 서울지검 맛집 맞죠?
태춘	(어이없는데…)

이때, 내선 전화 울리는…

태춘	장태춘 검삽니다. … 아, 네… 지금 올라가겠습니다. (끊으면)
성태	위에서 찾아요? 다녀오세요. 난 한 그릇 하고 있을라니까. (비릿하게 보면)
태춘	계장님, 이 양반 구속 절차 밟아서 구치소 보내 주세요. 옷 갈아입고 내일 봅시다.
성태	(픽…)
태춘	7층 다녀올게요.

'흠…' 나가는 태춘을 물끄러미 보는 남 계장의 얼굴에서…

S#23.   특수부, 복도 (낮)
엘베에서 내린 태춘… 특수부 보안 출입문 앞에 선다.

/태춘   (na) 서울지검 7층 특수부. 내 신분증으론 출입문도 열 수 없다.

            "장태춘 검사님이시죠?" 출입문이 열리며 마중 나온 실무관1을
            따라 특수부 복도를 걷는…

/태춘   (na) 황기석 부장은 왜 날 부른 걸까. 압력일까. 회유일까.

S#24.   **특수부, 기석의 부장검사실 (낮)**
            실무관의 안내를 받은 태춘이 들어서면… 책상에서 서류 검토
            중이던 기석이 맞는다.

태춘   안녕하십니까.

기석   어, 장 검사. 왔어? 앉아, 앉아. (기록 들고 응접 소파로 앉는)

태춘   (인사하고 자리에 앉으면)

기석   큰 사건 맡아 하려니 정신없지? 처음인데 기자들 앞에선 제법이
            던데? 무대 체질인가 봐.

태춘   사건 얘기로 부르신 거면 드릴 말씀 없습니다.

기석   내가 장 검사 사건을 뭐 하러. 공사 구분은 해야지.

태춘   ??

기석   백 의원 수사 보고서. 잘 봤어. (보던 기록 '툭!' 던져 놓는)

            'B의원 아들 특혜 비리 수사 보고서 - 검사 장태춘' 기록철 보이
            고…

법전

기석	수사가 아직 거칠긴 한데, 뭐 괜찮아. 좋아. 특수부 오고 싶어 한다며?
태춘	!? 네?
기석	박 부장 말로는 큰 수사 욕심 많은 친구라던데. 아닌가?
태춘	…
기석	배짱 좋게 밀어붙였으니까, 마무리까지 센스 있게 한번 해 봐. 좀 정리되면 내가 한 잔 살게.
태춘	!?
기석	특수통으로 키울 만한 인재가 등장했는데, 선배가 한잔 사야지.
/태춘	(na) 선배?
기석	대검 반부패 선배들하고는 자리한 적 없지?
/태춘	(na) 선배라…
태춘	네…
기석	날 한번 잡자. 큰 수사 경험 많은 선배들이라 알아두면 도움 많이 될 거야.
태춘	네…
기석	그 전에, 공소장 정리되면 가져와 봐. 고생한 수산데, 내가 한번 봐줄게. 뭐 어디까지나 법전은 이상이고, 여긴 현실이니까. (의미 확실하게 담아 보면)
태춘	… (고민스런 표정인데)
기석	아 잠깐만. 바쁠 텐데 가 봐. 전화 들어왔다. (걸려 온 폰 들어 보이는)
태춘	수고하십시오. (굳은 표정으로 인사하고 나가는)

선선한 표정으로 지켜보던 기석은 태춘이 나가자 인상 확 구기

며 전화를 받는다.

기석	(짜증 섞인) 네.
/명 회장	하이고, 우리 사우~ 전화 받는데 이리 오래 걸리는 거 보이 나랏 일에 억쑤 욕본다~ 밥은 무웃나?
기석	용건 말씀하세요.

S#25. **(교차) 명 회장의 별장 / 기석의 부장검사실 (낮)**

한바탕 술판이 벌어졌던 거실에서 짜장, 국물 컵라면 두 개 먹으며 기석과 통화하는 명 회장이다.

명 회장	장 뭐라카는 꼬맹이 검사 글마는 우예 됐노? 말귀는 통하는 놈이가?
/기석	보고서라도 올려 드릴까요? 제 일은 제가 알아서 하는 게 좋을 거 같은데. (퉁명)
명 회장	(짜증… 참으며) 본 용건은 그기 아이고, GMi뱅크는 고마 정리할까 싶어서.
/기석	알아서 하세요.
명 회장	에헤이~ 우리 사우 말 또 정 없게 하구로. 이기 다 패밀리 비지니스 아이가? 애 엄마 이름으로 있는 지분 20프로는 내가 알아서 옮기믄 되겠나?
/기석	잠시만요, 그럼 검사장님들 지분은요?
명 회장	영감님들 지분은 오 대표 통해가 정리할끼다. 고마 걱정 마라.

/기석	오 대표는 좀 어때요?

명 회장이 슬쩍 문을 열어 본 손님용 침실에 반라의 젊은 여성과 낮술 먹고 잠든 오 대표 보인다.

명 회장	아무 문제 없데이~ (썩소 배이는 얼굴에서…)

S#26. 체인지 인베스트먼트 파트너스, 한나의 오피스 (낮)

한나는 책상에서, 은용은 응접 테이블에서 고급 샐러드 도시락 먹으며 이야기한다.

한나	뭘 그렇게 보는데? 뉴욕 증시는 장 마감했잖아?
용	GMi뱅크, 명 회장이 상폐 작업 시작한 거 같아.
한나	상장 폐지?
용	일종의 증거 인멸이지. 뺑소니 친 놈이 폐차시키는 것처럼.
한나	회사 법인을 폐지시켜 주가 조작 증거도 없애 버리겠다?
용	뒤 봐주는 검찰 쪽도 편하지. 수사할 대상 자체가 없어지는 거니까.
한나	어떡해서든 오창현 대표는 보호하려고 할 거야. 알아보니까 명 회장의 검찰 인맥은 검사장 전관인 오 대표 통해 관리하는 거 같아.
용	그럼 오 대표부터 쳐야 한단 얘긴데… (!!) 여기 풀 말고 딴 건 안 들었어? (샐러드 뒤적이며) 치킨이라든가 양념치킨이라든가.
한나	(고개 저으면)

용	(후…) 냉정하네… (한숨 푹 쉬더니, 다시 태블릿 보며) GMi뱅크 전환 사
	채 중에 4월에 동대문에서 현금 깡을 한 게 있어.
한나	그걸 구할 수 있겠어? 명 회장 라인 쩐주들인데.
용	그래서 나도 잘 아는 사람들이야.

샐러드를 씹으며 생각에 잠기는 은용의 얼굴에서. (장면 전환)

S#27. [과거] 동대문 의류 시장 (낮)

과거의 분주한 동대문 시장 풍경 보이고… (아래, 자막) _2003년
김 여사가 덩치 건달 데리고 상인들에게 일수 수금하는 모습 보
이는…

| /용 | (na) 동대문 쩐주들은 의류 시장을 기준으로 동서남북, 네 개의 |
| | 구역을 나누어 시장 상인들에게 일수를 놓는 여사님들이다. |

(인서트 플래시백 / 1화 41씬) 명 회장 사무실에 모여 앉아 하하호호
웃는 쩐주 아줌마들 중 김 여사…

| /용 | (na) 그중 서편 시장 김 여사가 가장 욕심이 많았다. |

S#28. [과거] 동대문, 김 여사 사무실 (낮)

허름한 일수 사무실… 빨대 꽂은 야쿠르트를 두고, 마주 앉은 은

용과 김 여사다.

김 여사	은 실장 독립하는 거, 회장님하곤 얘기 확실히 된 거지?
용	그럼요~ 여사님 만나는 것도 알고 계세요.
김 여사	그래? (흠…) 거래처도 좀 밀어주신데?
용	그럴 분은 아니죠.
김 여사	할튼 간에 욕심 많은 영감탱이. 나야 우리 은 실장 팍팍 밀어줄 수 있는데… 괜찮은 거래처 잡기가 쉽진 않을 거야.
용	있어요, 첫 손님. 탄탄하고 믿을 만한.
김 여사	어딘데? 몇 개짜리?
용	30개 정도? 근데, 일단은 보안 유지해 주셔야 돼요.
김 여사	아유~ 명동 바닥 원투데이야? 그거야 당근이지~
/용	(na) 명 회장으로부터 독립을 준비할 즈음…

S#29. **[과거] 준경의 집, 마당 일각 티테이블 [낮]**
은용과 윤 대표가 마주 앉아 차 마신다.

/용	(na) 아줌마의 블루넷은 칩셋 기술특허에 모든 걸 쏟아붓고 있었다.
윤 대표	네가 그 정도 자금이 있어?
용	1년 전부터 준비해 왔어요. 전주 여사님들도 어느 정도 섭외 됐고.
윤 대표	… 근데 왜 독립하려는 거야?
용	명 회장님… 욕심이 너무 많아요. (쓴 웃음…)

윤 대표	… (가만히 보다가) 원래 쓰던 데가 있어서. 그쪽에 조건 나오면 비교 좀 해 보고 결정할게. 비지니스니까. 괜찮지?
용	그쪽 쓰시는 금리에 무조건 마이너스 1%.
윤 대표	아는 아줌마라?
용	개발 중인 칩셋이 특허만 따내면 전 이 회사 대박이라고 봐요. 저도 다 알아보고 이자 빼 드리는 겁니다. 비지니스니까.
윤 대표	(흠… 가만히 보다가) 오케이. 잘 부탁드립니다, 은 사장님.
용	(예쓰~ 주먹 불끈 쥐며) 첫 거래, 감사합니다! 저, 뭔가 잘 될 것 같은 데요?
윤 대표	(픽…) 그럼 접대 좀 해 봐. (V자로 손 내밀면)
용	(아~ 담배 꺼내 건네는)
윤 대표	(담뱃불 붙이며) 사무실 내면 개업 선물은 내가 딱 생각해 둔 게 있어.
용	금두꺼비?
윤 대표	(담배 피며) 달마대사 이런 거 말고 아줌마 사진 걸어 놔. 내가 재물복은 타고난 사람이라… (하는데)
/준경	뭐 하냐.

무섭게 보고 있는 준경이다. 재떨이에 걸쳐 있던 담배를 은용이 슬쩍 집어 들고.

용	어이~ 서울 법대! (어색한)
준경	엄마 또 담배 폈지?
윤 대표	(입 꾹 다문 채 고개 흔드는)

용	아냐~ 담배 이거 내가 핀 건데? (담배 든 손 보이면)
준경	오빠, 내가 담배 갖고 오지 말랬지?
용	끊을게.
윤 대표	우리 딸 배고프지? 밥 먹자~

윤 대표가 은용과 준경을 양팔에 어깨동무 끼고 집으로 들어가는…

준경이 끌려가며 은용을 노려보면… 은용이 손 모아 빌며 애교 눈빛 날리는 모습에서. (장면 전환)

S#30. (다시, 현재) 동대문 의류상가 건물 옥상 (밤)

일각에 서서 '후…' 담배를 피우는 은용이다.

세월이 흘러 이제는 많이 달라진 동대문 시장 보이는데… 이때, 한나가 다가온다.

한나	(일수 수첩 몇 개 건네며) 대표님 지시하신 일수 장부는 몇 개 사왔습니다요~
용	고맙다. 글로벌 헤지펀드 파트너한테 별 걸 다 부탁하네.
한나	알아주니 다행이다. 그래도 간만에 재밌었어. M&A 협상이나, 시장 바닥 흥정이나 싸게 사면 짜릿하잖아?
용	싸게 샀으니 비싸게 팔아야지. 오 대표는 이걸로 잡는다. (일수 수첩 들어 보이고) 저녁 먹자. 내가 근사한데서 살게.
한나	난 온 김에 쇼핑이나 하다 갈라니까, 넌 내 차로 움직여.

용	? 내가 지금 어딜 가야 돼?
한나	박준경 소령, 군인 신분이라 검찰 조사에선 빠져나왔대.
용	!…

S#31.　**달리는 리무진 세단 안 (밤)**

뒷좌석에 앉은 은용… 굳은 표정으로 생각에 잠겨 있는데…

차창 밖으로 '후둑… 후둑…' 빗방울 떨어지며… (장면 전환)

/용　(na) 준경이가 싸움을 선택한 명 회장은 한때, 내 돈장사 스승이

었다.

S#32.　**(과거) 달리는 은용의 오토바이 (밤)**

어두운 도로를 오토바이 타고 달리는 은용의 모습 위로… (자

막)_2003년

/용　(na) 그런 명 회장과의 악연은 독립하기 전, 명 회장의 마지막 심

부름을 받던 그날 밤에 시작되었다.

S#33.　**(과거) 고가 도로 아래, 일각 (밤)**

빗줄기 속에 오토바이에서 내리며 전화 거는 은용이다.

| 용 | 네, 회장님. 말씀하신 곳에 도착했는데… 아직 아무도 안 왔는데요? (두리번 보는데) |

일각에서 라이트 '탁!' 켜지며 달려드는 봉고차!!
놀란 은용이 피할 새도 없이 '쿵!!' 받아 버리고!! 붕- 떴다 바닥에 나뒹굴면!
어둠 속에서 나타나 덤벼드는 건달들!!
이를 악물고 일어선 은용은 악으로 깡으로 몇 합 버티지만, 결국 역부족이다.
퍼붓는 빗줄기 속에서 처참하게 얻어맞고…
끝내 진흙탕 바닥에 쓰러진 은용… 부어터진 눈으로 보면, 검은 우산을 쓰고 건들건들 다가오는 성태… 그리고 명 회장이다!

용	회장님… (쿨럭… 피 토하고) 왜… 왜 저한테…
명 회장	우리 은 실장이 똘똘하이 일 참 잘 했데이. 수익률도 억수로 좋았고. 하~ 근데 짜슥아… 황금알 낳는 거위가 독립하겠다카믄, 글마 주인은 우째야겠노?
용	(신음하며 보면)
명 회장	배때지 갈라가 마지막 황금알이라도 챙기는 기 최선 아이겠나? 고기는 끓이 묵고.
용	!!

성태가 은용의 손을 꺾어 들면, 명 회장은 은용의 피를 슥슥 묻혀 가져온 서류에 지장 찍는…

명 회장	블루넷 윤 대표 주담 건은 내가 잘 마무리하께. (서류 하나는 은용에게 쑤셔 넣으며) 그리고, 내 단디 말하는데, 명동 사채 바닥서 1원 1쩐이라도 돈 굴렸단 소리 들리믄, 느그 누나 간 쓸개는 내 꺼데이.
용	… (고통 속에 신음하며 노려보면)
명 회장	일마 마이 아픈갑따. 술 한 잔 먹이주라 고마.

명 회장은 어둠 속으로 사라지고… 성태가 건들거리며 다가오는데… 옆으로 진호 보인다.

용	!… (분노 섞여 진호를 보면)
진호	(시선 피하는데)
성태	아파요? 마이 아파요? 그럼 한 짝대기 해야지? (손 내밀면)
진호	(갖고 있던 손가방에서 주사기 꺼내 건네는)
용	!!
성태	(탁탁 주사기 털며) 쫌만 참아~ 한 뿡 하믄 안 아파~ (주사 놓으려는데)

쓰러져 신음하던 은용이 순간 성태의 손 잡아 꺾어 주사기를 성태 허벅지에 찌르며 일어서는!!
'악!' 외마디 비명을 지르며 나뒹구는 성태를 뒤로하고 도망쳐 달리기 시작하는!!

성태	저 새끼 잡아!!

도망치는 은용을 뒤쫓는 진호와 건달들!!

기둥 사다리를 타고 고가 도로 위로 올라가는 은용!! 바짝 뒤쫓는 진호인데!!

가까스로 올라온 은용이 휘청~하며 나뒹구는데… 쫓아 올라온 진호가 그런 은용과 시선 부딪치자…

진호   … (잠시 멈춰 서 있는)

은용은 그 틈에 다시 몸을 일으켜 반대편 차선으로 건너가고!

뒤이어 올라온 건달패들과 진호는 다시 은용을 쫓아 길을 건너는데!

결국 잡힐 뻔한 찰나, 순간 몸을 날려 지나가는 트럭 속도에 맞춰 뛰어내리는!!

고가 위의 진호와 건달패들 멀어지는… 달리는 트럭 위에서 헉헉거리는 은용 얼굴 위로.

S#34.   (과거 / 몽타주) 정글의 법칙

신호 대기에 멈춰 선 트럭 위에서 가까스로 뛰어내린 은용은 비틀거리며 스산한 밤거리를 걷는…

/용   (na) 세상은 언제나 정글이었다. 출생이라는 제비뽑기에서 꽝패를 뽑은 나에겐 그랬다.

물망초 양주 까페… 손님들 쫓아내며 한바탕 행패 부리는 성태와 건달패에게 시달리는 지희 보이는…

일각에서 노려보던 은용은 꼭 쥔 주먹, 분루를 삼키며 어두운 골목으로 사라지는…

/용   (na) 약육강식과 승자독식, 유전무죄의 정글에서…

밤거리를 걷는 은용의 옆으로 지나가는 경찰차의 사이렌 불빛…

/용   (na) 법과 정의는 한 번도 내 편이었던 적이 없었다.

소독약과 붕대들… 허름한 여인숙 방에서 다친 곳을 치료하는 은용은 쓰린 상처에 이를 악무는…

/용   (na) 빼앗긴 것을 되찾는 방법은…

CRT모니터들 보이는… 어둑한 PC방 일각의 은용은 '블루넷' 주가 그래프와 관련 기사들 보는…

/용   (na) 오직 스스로의 힘으로 싸워 이기는 것뿐이다.

S#35.   (과거) 준경의 집 (낮)

얼굴에 상처가 아직 남은 은용… 윤 대표는 은용의 피로 지장

찍힌 서류를 보고 있다.

윤 대표	대출 담보로 맡긴 회사 주식이 명 회장에게 넘어갔다고? (미간에 주름…) 어쩐지… 요즘 주가가 너무 빠진다 했어.
용	죄송합니다.
윤 대표	다친 덴 괜찮아? 병원은 가 봤어?
용	명 회장은 뒷선으로 공매도 걸어 놓고, 주가 패대기쳐서 회사 날릴 겁니다.
윤 대표	그건 내가 알아서 해. 넌 몸부터 더 추스르고… (하는데)
용	역작전 걸 수 있습니다. 명 회장 공매도 전략과 타이밍은 제가 빠삭하게 알아요. (계획서 건네는데)
윤 대표	(받아서 보더니) !! 아니 너, 주가 조작하겠다는 거야?
용	네. 아줌마만 허락해 주시면 (O.L)
윤 대표	안 돼. 회사 문제는 변호사 통해서 해결할 거야.
용	아뇨, 더러운 싸움판에서 깨끗하게 이길 수 있는 방법은 없습니다.
윤 대표	…
용	법과 원칙으론 명 회장 상대 못 해요. (매섭게 빛나는 눈빛에서)

S#36. **(과거 / 몽타주) PC방 작전**
- 붉은 현수막 '유치권 행사 중' 붙어 있는 변두리의 경매 건물…
PC방 간판 보이는…

/용	(na) 변두리의 폐업한 PC방 하나를 통으로 임대했고…

- 압류 딱지 붙은 거실에서 중년 부부와 대화하는 은용이고…

/용   (na) 명 회장에게 당했던 피해자들을 선수로 섭외했다.

- 중년 부부를 비롯해, 나이/성별/직업이 제각각인 선수들이
PC방 안으로 들어가며…
- 당시의 핸드폰(피처폰)을 은용에게 맡기는…

/용   (na) 작전은 보안이 생명이다.

- 폐업한 PC방 안… 번호가 써진 컴퓨터 앞에 앉는 20여 명의
선수들 보이는데…

용   이번 작전은, 저희가 하나가 되어야만 성공할 수 있는 작전입니
다. (굳은 눈빛에서…)

- 각기 다른 증권사 계정 창을 띄워 둔 선수들 컴퓨터 사이를 오
가며 거래를 지시하는 은용이다.

/용   (na) 외부와의 출입을 통제하고 2주간 펼쳐진 작전…
용   12번 대영증권, 2,800원에 500개 매도… 그리고 3번하고 7번
이 2,000개 때리시고. 오케이. 3,200 스탠바이.

은용은 마치 오케스트라를 지휘하듯, 자연스러운 흐름으로 매

수, 매도를 지시하면서 블루넷의 주가를 리드미컬하게 끌어올린다.

[*배경음악은 은용의 지휘에 맞춰 '알레그로 모데라토' 조금 빠르게 시작해서, '안단테' '안단테' 느리게 느리게⋯ 그러다가 다시 '비바체' '프레스토' 빠르고 활발하게, 매우 빠르게⋯]

거래의 템포와 물량의 강약을 이끌어 가는 그의 지휘는 깔끔하고 우아하다.

/용   (na) PC방에 모여 이런 식으로 작전을 한다는 건⋯ 실시간 IP 추적이 가능한 요즘에는 어림없는 일이지만⋯ 이때는 가능한 시절이었다.

용   4번 신흥증권 6,200원에 5,000주 매도. 12번 대영증권 2,000개 오케이? 그리고 4번하고 7번, 1,000개요. 10번부터 4,900 갑시다!

cut to/

올라가고 있습니다, 좋아요. 올라가고 있습니다, 좋아요!

S#37.   **사채 사무실 / 남산증권 (낮)**
            - 사채 사무실⋯ 모니터 그래프 보며 잔뜩 인상 쓰고 통화 중인 명 회장⋯

명 회장   이기 주가가 와 이럽니까?

상무1	작전 세력이 붙은 것 같습니다.
명 회장	하이고… 그리 태평하이 있을 때가 아이고… 물량을 더 때리가 막든, 기자들 동원해가 악재라도 뿌리야 되지 않습니까?

- 남산증권. 상무1이 심각한 표정으로 지시하고… 젊은 브로커는 단말기에 물량을 쏟아 내는…
- [*화면 위로, CG] '블루넷'에 대한 부정적인 전망의 증권사 리포트와 경제신문 기사 제목들…

/용	(na) 명 회장의 공매도 세력은 부정적인 리포트와 확보해 둔 물량을 쏟아부으며 대응했지만…

- PC방의 은용.

용	자, 지금부터는 저쪽에서 푸는 물량들 나올 때마다 바로 바로 받아요. 이제 속도 좀 올립니다. 11번 11,000원, 4번 11,500, 7,8,9번 12,000으로 바로 때리세요.

- [*화면 위로, CG] 주식 커뮤니티 게시판에서 '블루넷'에 대한 '가즈아~' 전망들 속속 올라오면서…

/용	(na) 인터넷의 시대가 시작되며 등장한 온라인 개미군단들이 따라 붙으며…

법전

- 보합세였던 그래프가 버텨 내며 오르더니… 더욱 치솟는!

/용   (na) 승부는 결정됐다.

S#38.   (과거 / 앞 씬에 이어지는 플래시백) 준경의 집 (낮)

매서운 표정의 은용이 윤 대표에게 작전을 설명하는 대사가 이어진다.

용   주가가 떨어지는 것에 배팅하는 공매도 전략의 경우, 성공 수익은 한계가 있어요.

윤 대표   완전히 폭락해도 주가가 '0원' 이하로는 떨어질 순 없으니까.

용   하지만, 반대로 주가가 올라 공매도가 손해를 보는 경우, 손실은 무제한이에요.

윤 대표   오르는 주가는 이론적으로 한계가 없지.

용   손실 극대화의 공포로 압박하면, 공매도 세력, 충분히 이길 수 있습니다.

윤 대표   주가를 끌어올리는 게… 내가 가진 대주주 지분으로 어느 정도까진 가능해도 상대는 대형 증권사와 결탁해 있어. 버틸 수 있겠어?

용   이젠 인터넷 시대잖아요. 왜곡된 정보가 아니라, 제대로 된 정보만 전달해 주면, 개미군단은 분명히 우리 편이 되어 줄 겁니다.

윤 대표   어떻게 확신하지?

용   아줌마 회사의 미래 가치는 진짜니까. 절 믿어 주셨듯, 저는 믿어요. 블루넷 윤 대표님은 진짜란 걸.

2화

윤 대표를 보는 은용의 굳센 눈빛에서…

S#39.   **(과거) 명 회장의 사채 사무실 / 남산증권 임원실 (낮)**
TV 뉴스를 보고 있는 굳은 표정의 명 회장인데…
(뉴스 화면1) 윤 대표, 임원들과 나란히 서서 미국 특허증서 펼쳐
보이며 활짝 웃는 포즈 취하는…

/리포터   (E) 블루넷이 칩셋 기술 개발에 성공해 미국에 특허등록을 마쳤
다는 소식입니다.
+ 4개의 부속 시스템을 통합적으로 활용하는 혁신적인 시스템으로 평가 받는
칩셋 개발에 성공한 블루넷의 윤혜린 대표는 이에 만족하지 않고 세계 표준 기
술을 만들겠다는 포부를 밝혔습니다.

(뉴스 화면2) 인터뷰하는 윤 대표의 모습 보이는…

/윤 대표   대한민국 기업의 이름으로 세계 기술 표준을 만들 때까지 우리
의 도전은 계속됩니다.

(뉴스 화면3) 주식 객장… 상한가를 친 블루넷 주가 그래프 보이
며…

/리포터   (E) 글로벌 호재에 힘입어 블루넷의 주가는 오늘도 상한가를 기
록하여…

+ 상승세를 이어 갔습니다. 오늘의 코스피 지수는 전 거래일 대비 1.13% 상승했는데, 주로 IT 관련주들이 상승을 이끈 것으로 분석됩니다.

TV를 끄며 걸려 온 전화를 받는 명 회장이다.

/상무	(사무적인) 오늘 공매도 만기일인데, 3시까지 손실금 87억 입금해 주셔야 됩니다.
명 회장	묵을 때는 노나 묵고, 손실은 싹 다 내 몫이라 이 말이가?
/상무	그럼 뭐 법대로 하고 같이 깜빵 갈까? (낮고 싸늘한 반말 날리더니) 86억 8천 7백 5십만원… 끝전까지 맞춰서 늦지 않게 송금해 줘요. 알았어요? (끊는)

명 회장 (수화기를 내려놓으며… 잔뜩 인상을 쓴 일그러진 얼굴에서)

S#40.　(과거) PC방 (낮)

굳은 표정으로 앉아 있는 선수들 앞으로… 은용이 커다란 가방을 '턱!' 하고 올려놓는다.

용	사실상 추적이 안 되는 십만 원권 자기앞 수표로 준비했습니다.
선수들	(저마다 사연을 떠올리며 붉어진 눈시울로 조용히 보는데…)
용	약속했던 금액의 200%로 지급하겠습니다.
선수들	우와!!!!!!

떠나갈 듯한 함성과 함께 박수 치고!! 감격의 눈물 흘리고 얼싸
안으며 기뻐하는 선수들!!
박수 치며 사람들 내보내고… '후…' 한숨 내쉬고 눈빛 다잡는
은용의 모습 위로.

/용   (na) 작전은 성공했다. 이제 마지막 마무리가 남았다.

S#41.   [과거] 일식집, 룸 안 (밤)
          비릿한 눈빛으로 떠드는 명 회장…
          맞은편에는 (당시는 검은 머리) 젊은 검사 수동이 쩝쩝대며 사시미
          를 집어 먹고 있다.

명 회장   주가 조작이라 카는기, 건전한 자본주의적인 시장 경제 질서를
          좀 먹는 실로 중차대한 범죄 아이겠습니까? 검사님도 그래 생각
          하시지요?
수동   그래서, 은 실장 그놈이 했다는 증거가 있어요? (쩝쩝 먹으며 빈 잔
          흘깃 보면)
명 회장   (바로 따르며) 고마 검사님도 잘 아시믄서. 일단 검찰에 잡아 여놓
          고 탈탈 털믄, 증거야 뭐든 나오는 거 아이겠습니까?
수동   (흠… 잔 들어 마시려다 '갸웃?' 하며…) 그래도 영장 치려면 뭐 건수가
          있어야죠.
명 회장   글마 누나가 물망초라꼬 양주집 합니데이. 술장사라 카는기(O.L)
수동   거기 건드리면 뭐 나오긴 하겠네. (끄덕끄덕 잔 비우는)

명 회장	하모예. 역시 우리 이 검사님, '탁!' 하면, 척인기라~ (케이크 상자 올려놓으며) 디저트는 집에 가져가시구로 준비했습니데이. (안에 든 현찰 슬쩍 보이는데)

이때, '똑똑…' 미닫이 문 밖에서 들리는 여종업원의 목소리…
"손님 오셨습니다."

명 회장	아가야, 이 방 아니데이.
수동	아, 제가 불렀어요. (하더니) 들어오시라고 해.
명 회장	??

의아한 명 회장인데… 들어온 이는, 은용이다!

명 회장	!! 이게 누고?
용	회장님, 오랜만에 뵙습니다. (맞은편으로 앉고)
명 회장	… (노려보는데)
수동	(은용에게 잔 건네고 따라 주며) 아니, 은 실장이 숫자 기억하는 재주가 신기하시더만. 회장님 차명 계좌 몇 개를 적어 줬는데 그거 따 보니까 문제가 좀 많아요?
용	(잔 비우는…)
명 회장	… (분위기 파악하고 픽… 어이없어 웃는데)
수동	(케이크 상자 밀어 놓으며) 이건 됐어요. 단 거 먹으면 살쪄서. (하더니) 같이 일하시던 사이끼리 사연 생기신 거 같은데, 두 분이서 대화로 좋게 좋게 해결 보세요. (우물우물 입 헹구며 일어서 나가는)

수동이 나가고… 은용과 명 회장 둘만 남았는데…

용　　　(케이크 상자 보며) 이런 걸로 되겠습니까? 전 지분으로 10프로 드렸는데.

명 회장　짜슥이요. 혓바닥 싱싱하네? 있어 봐라, 고마 사시미 쳐 뿔라니까.

용　　　지난 번 폭행 건은 이번에 챙긴 돈으로 합의 봐드릴게요.

명 회장　일마야… 이 검사 위로 부장 있고, 차장 있고, 검사장 있는 건 모르나?

용　　　알죠. 그분들 용돈 받는 차명 계좌가 (자신 머리 가리키며) 여기 다 들어 있는데 모를 리가 있겠습니까? 그것까지 적어 볼까요?

명 회장　… (노려보면)

용　　　(빙긋) 좋게 해결 보시죠? 일주일 내로 주변 정리하고 한국 뜨겠습니다. 명동 사채 바닥은 하던 대로 회장님 혼자 다 드세요. (술 따라 주는)

명 회장　와? 기왕 뽑은 칼인데 끝까지 함 승부 보지?

용　　　돈으로만 싸우면 그럴까도 싶었는데, 회장님은 진짜 칼도 쓰시잖아요?

명 회장　… (가만히 보면)

용　　　가족은 건드리지 마세요. 제 조건은 그거 하납니다.

굳은 눈빛의 명 회장을… 매섭게 노려보는 은용의 차가운 눈빛에서…

S#42. **(다시, 현재) 달리는 리무진 세단 안 (밤)**

굵은 빗줄기 쏟아지는… 뒷좌석 창가에 앉아 생각에 잠긴 은
용…

/용   (na) 명 회장은… 가족은 건드리지 말았어야 했다.

매섭게 서늘한 은용의 눈빛에서…

S#43. **거리, 허름한 상가건물 앞 (밤)**

쏟아지는 장대비에 우산을 쓰고 바쁘게 걷는 사람들…
장교복 준경은 내리는 비를 그대로 맞으며 묵묵히 걸어간다.
이때, 걸어가는 준경의 옆을 스쳐가는 고급 세단인데…
무심한 시선으로 준경이 보면, 조금 앞으로 멈춰 선 고급 세단…
운전석에서 내린 기사가 우산을 펼쳐 들고 뒷문을 여는…

준경   !!!

뒷좌석에서 내린 은용이 커다란 우산을 받아 들고 준경을 향해
다가온다!

준경   …

용   … (다가와 준경 앞에 서서 우산 씌워 주고) 우산 안 갖고 다니는 건 여
전하네?

2화   159

준경   !!

용   …

장대비 쏟아지는 우산 속…

가만히 보는 준경과… 그런 준경을 보는 은용에서…

2화 엔딩

너
이
제
내
손
잡
아

황기석 검사는 장인 명 회장을
수사하는 장태춘에게 세련된 방식으로
회유의 손길을 내미는데…
자신만의 방식으로
영리한 복수전을 준비하는 은용은….

S#1.   [다시, 현재 / 2화 43씬] 허름한 상가건물 앞 (밤)

빗속에 서 있는 군복 준경이 놀라 보는…

멈춰 선 리무진 세단 뒷좌석에서 내린 은용이 커다란 우산을 받아 들고 준경을 향해 다가온다!

준경   …

용   … (다가와 준경 앞에 서서 우산 씌워 주고) 우산 안 갖고 다니는 건 여전하네?

준경   !!

용   …

장대비 쏟아지는 우산 속…

가만히 보는 준경과… 그런 준경을 보는 은용에서… [*2화 엔딩에 이어.]

용   네가 보낸 이메일을 내가 제때 확인 못 했어.

3화   171

준경	그런 거 같더라. 바빴겠지.
용	미안하다. 내가 너무 늦었다.
준경	… (가만히 보는 얼굴에서)

S#2.   (과거) 포장마차 (밤)

달빛 받은 가로수 아래의 외진 포장마차… (아래, 자막) _2003년
선물로 건넨 만년필 보이고… 칼국수 시켜 놓고 나란히 앉은 은
용과 준경이다.

용	(소주병 들어 자작하면)
준경	(쌓여 있는 잔 하나 들며) 나도 줘.
용	(따라 주며) 비싼 거 사 준다니까 진짜.
준경	(크… 쓰게 비우고) 난 이거 맛있어. (칼국수 먹는)
용	좋은 거 먹이고 싶은 거지, 오빠는. 또 언제 이렇게 밥 살지 모르 잖아.
준경	근데 진짜 한국 뜨는 거야?
용	(끄덕)
준경	돈 버는 데 꼭 외국까지 나가야 돼?
용	교도소 담장을 아슬아슬 걸어야 돈 벌 수 있는 나라엔 미련 없다. 여기선 권력하고 붙어먹는 기생충 아니고선 큰돈 벌기 힘들어.
준경	…
용	검사 임관식은 못 보고 떠나네. 그건 아쉽다… 미리 선물. (상자 건네면)

준경	뭐야 이게?

준경이 보면, 만년필이다.

용	꼭 그걸로 나쁜 놈들 잡는 서류에 사인 많이 해. (준경 잔 따라 주는)
준경	… 안 가면 안 돼?
용	(자기 잔에도 따르려다) 어?
준경	오빠 있어서 좋았는데. 엄마는 자주 웃고, 집 안은 시끌시끌하고.
용	… (가만히 보는데)
준경	안 가면 안 돼? (똑바로 보며 다시 한 번 물으면)
용	(가만히 보며) 어딜 가든 인터넷 다 되는데 뭐. 뭔 일 생기면 이메일 남겨. 좋은 일은 연락 안 해도 되는데, 혹시 나쁜 일 있으면 바로 연락하고. 알았지?

담담히 보며 할 말을 마친 은용이 잔을 들어 마시려 하면, 준경이 잔 부딪혀 건배하며…

준경	그래. 어디가든 건강해라. 돈 많이 벌면 그만 벌고 돌아오고. (쭉 마시는)
용	… (그 모습 잠시 보다가) 그래, 그러자. (잔 비우는)

달빛 고즈넉한 포장마차 아래… 나란히 앉은 두 사람의 모습에서… (장면 전환)

3화   173

S#3.   **(다시, 현재) 준경의 집, 거실 (밤)**
준경을 따라 은용이 들어선 거실의 가구들은 하얀 천으로 덮여
있고··· 잔뜩 쌓여 있는 기록 박스들···

준경   혼자 지내다 보니까. 좀 어수선해.
용   ···
준경   잠깐 있어.

주방으로 향한 준경이 찻물을 끓이는 사이.
둘러보던 은용은 열린 문으로 보이는 서재로 들어가는데···

S#4.   **준경의 집, 서재 (밤)**
벽에는 온통 과거 사건 스크랩들로 가득하다. 굳은 표정으로 둘
러보는 은용인데··· 서재에도 곳곳에 쌓여 있는 사건 관련 기록
들··· 책상 옆에 놓인 야전 침대에서 생활하는 듯 보인다. 원래
있던 자리에서 치워져 구석 박스에 아무렇게나 담겨 있는 준경
의 상장과 가족사진 액자들··· 하나를 꺼내 들어 보면, 검사 임
관식에서 윤 대표와 함께 만년필을 들고 환하게 웃고 있는 사진
속 준경···

용   ··· (굳어진 눈빛으로 보는데)
/준경   차 마셔.

3화   175

김이 모락모락 나는 머그잔을 건네는 준경이다.

용	계속 이렇게 지낸 거야?
준경	(끄덕이는)
용	왜?
준경	혼자 지내기엔 집이 너무 넓잖아.
용	침대 두고 저건 뭔데? (야전 침대 가리키면)
준경	… 몸이 편하면 마음도 약해지니까.
용	하~ 이 모범생 새끼…
준경	…
용	너 혼자 싸울 싸움 아니야. 아줌마는 나한테도 가족이고, 너하고 나, 같은 편이잖아.
준경	안 변했네. 난 많이 변했는데.
용	…
준경	그런데 오빠가 알아야 할 게 하나 있어.
용	아줌마 돌아가신, 진짜 이유?
준경	(끄덕이는… 담담한 눈빛에서…)

벽면 가득한 스크랩들 중, 윤 대표 구속 관련 기사 보이며… (장면 전환)

S#5. **(과거) 준경의 집, 서재 (아침)**
카메라가 진열대를 비추면, 검사 임관식에서 윤 대표와 찍은 사진에는 준경이 만년필 들고 있는 모습이고, 옆으로 은용이 월 스트리트 황소 동상 앞에서 찍어 보낸 사진도 놓여 있다. (아래, 자막) _2010년

어둑한 실내에서 '촤락-' 윤 대표가 암막 커튼을 걷으면, 밝게 쏟아져 들어오는 아침 햇살.

밤을 새우다 소파에서 잠든 준경이 부스스 일어나 앉고…

윤 대표   밤에 이런 거 보면 안 무서워?

밤샘한 것으로 보이는 책상 위에는 혈흔 낭자한 살인 사건 현장 사진들 보인다.

준경   (앉았지만 눈 감은 채로) 그런 거 보라고 세금으로 월급 받잖아. 몇 시야?

윤 대표   일곱 시 반. (녹즙 건네며) 쭉 마셔.

준경   (끄앙~ 기지개) 아침엔 커피나 달라니까. (투덜대지만 마시는)

윤 대표   몸에 좋은 거 먹여도 야단이야. 오전에 너네 회사 가니까 점심 같이 하자.

준경   검찰청엔 왜? (책상으로 가서 사건 기록들 챙기는)

윤 대표   기술보증기금 참고인 조사. 정 변호사 말론 금방 끝날 거래.

준경   전화해 봐. 바쁘면 못 받을 수도 있어요. (만년필까지 챙겨 넣고, 씻으러 나가는)

윤 대표   야, 아무리 바빠도 엄마하고 밥 한 끼 못 먹니? (따라 나가는데)

카메라가 책상 위를 비추면, 잉크병과 만년필 리필 용구들 아래에 깔린 종이신문… '검찰 수사에도 지지율 1위, 손승진 장관' 사진과 기사 위로 잉크 얼룩 번진 모습 보이고…

S#6.　　**(과거) 검찰청, 형사부 엘베 앞 / 안 (낮)**

만년필로 새도복싱 하듯 찌르고, 베는 시늉 해 보며 걷는… 법복 입고 보따리 든 준경이다.

준경　　어깨 자상, 옆구리 절상… (갸웃?) 아무래도 순서가 이상한데…

엘베 앞에 멈춰 섰지만, 골똘히 생각에 잠겨 다시 만년필 내리찍는데, '띵-' 하고 엘베 문 열리면.

/명 회장　　옴마~ 뭐고 이기!

엘베에 타고 있다가 깜짝 놀라는 중절모 신사, 명 회장!
만년필 겨눈 채로 역시 놀라 굳은 포즈의 준경! 잠시 정적 흐르다가.

준경　　(급히 손 내리며) 죄송합니다! (고개 숙이며 엘베에 타는)

엘베 문 닫히면, 어색하게 선 명 회장과 준경인데…

명 회장	(법복 보고 인상 풀며) 하이고~ 우리 아가씨 검사님이 펜을 칼처럼 쓰시네.
준경	놀라셨죠? 정말 죄송합니다. (연신 고개 숙이는)
명 회장	아입니다, 아입니다. 그래 칼질한 놈 잡아가 꼭 엄벌에 처해 주이소.

'띵-' 하고 7층에 도착한 엘리베이터… '허허…' 사람 좋게 웃어 보이고 내리는 명 회장이다.

| 준경 | 올라가는 거였네. (다시, 1층 누르는데) |

준경의 시선으로 명 회장을 마중나와 깍듯하게 인사하는 기석의 모습 보이는…
닫히는 엘베 문 사이로 무심하게 서 있는 법복 준경의 모습에서… (장면 전환)

S#7.   준경의 집, 서재 (밤)
군은 눈빛으로 은용에게 이야기를 이어 가는 준경…

| 준경 | 참고인 조사 받으러 검찰에 온 엄마가 긴급 체포 됐단 소식 듣고… |

S#8. **(과거) 검찰청, 계단 (낮)**

황망한 표정으로 정신없이 계단을 달려 올라가는 법복 준경 보이고…

/준경   나는 바로 특수부로 달려갔어.

S#9. **(과거) 특수부 거울 방 / 조사실 (낮)**

이중 거울 앞에서 서늘하게 조사실을 지켜보는 기석인데…
이때, 거울 방 문을 박차고 들어오는 준경이다! 거울 너머 조사실의 수갑 찬 윤 대표 확인하고.

준경   !! 선배! 이게 무슨 일입니까!
수사관   여기 이렇게 들어오시면 안 됩니다! (막아서 내보내려는데)
기석   두세요. 박 검사도 우리 식구잖아요.
수사관   (물러서면)
준경   기술보증 관련 참고인 조사라고 들었는데, 갑자기 뇌물죄로 구속이라뇨!
기석   영장 떨어졌어.
준경   그 영장 저도 봤는데 제시된 증거가 전부 정황들뿐이잖습니까!
기석   오케이, 알았어. (특검사들에게) 우리 얘기 좀 할게.

특수부 인원들이 자리 피해 나가고… 기석은 준경에게 옆에 놓인 파일철을 건넨다.

기석	후배라고 수사 자료 보여 주면 안 되는데, 봐라 그냥.
준경	(보는데)
기석	어머님이 대학 시절 손 장관하고 유명한 운동권 커플이셨던데. 너도 알고 있었어?
	수사 보고서에는 대학 시절 윤 대표와 손 장관의 다정한 커플 사진들…
준경	!! 이게 사건하고 무슨 관련이 있는 거죠?
기석	없지, 법적으론.
준경	네?!
기석	근데 이 사진 나가면 기자들도 국민들도 하루 종일 이것만 떠들 걸?
준경	… (노려보며) 도지사 출마한 손 장관 때문입니까?
기석	죽이겠다고 칼 뽑아 놓고 못 죽이면 우리가 죽잖아.
준경	우리? 그 우리가 대체 누굽니까!
기석	말꼬리 잡지 말고. (손가락으로 위 가리키며) 민정 수석 통해 직접 꽂은 오더라 결론 날 때까지 갈 거야.
준경	이런 표적 수사는 명백하게 위법입니다!
기석	그래, 표적 수사 알겠는데(O.L)
준경	그걸 알면서 이러는 건(O.L)
기석	(버럭!) 야 박준경!! 너 인마 알 만한 놈이 왜 자꾸 생떼를 써! 지금부터 각 잡고 우리 특수부가 털면 어머니, 어머니 회사 무사할 거 같아!

준경	!!
기석	머리 좋은 놈이니까 잘 알잖아? 이런 사건, 방법이 없진 않다는 거. (차가운)
준경	(노려보면)
기석	(다가가 귀엣말) 어머니 살릴 사람, 너 밖에 없다. 잘 하자. (나가면)

거울 너머 조사실에는 수갑을 찬 윤 대표. 바라보는 준경의 흔들리는 눈빛에서…

S#10. (다시, 현재) 준경의 집, 서재 (밤)
창밖으로 빗소리 들리는…

준경	특수부 검사는 거악에 맞서는 싸움꾼이라고 하는데… 황기석은 아니야. 장사꾼이야. 검사가 가진 권력으로 거절할 수 없는 거래를 하는.
용	…
준경	나도 했어, 그 거래… 엄마잖아. (꾹 누르는 눈시울, 붉은)
용	…

S#11. (과거) 블루넷 윤 대표의 방 (밤)
어둑한… '대표 이사 윤혜린' 명패 너머로… 열려 있는 금고 보이는…

엄마 책상에 앉은 준경은 작업한 문서를 출력하고… 대표 인감 직인을 찍는… 건조한 눈빛…

/준경 황기석이 원하는 대로 증거 서류를 조작해 만들었고…

S#12.   **(과거) 도심 거리. 대형 뉴스 전광판 (낮)**
기자 회견하는 손 장관 영상… '지지율 1위 후보 손승진 장관, 도지사 출마 않겠다'

손 장관 지방 선거는 도지사 후보가 총사령관의 역할을 하며 당의 승리를 이끌어야 하는데, 오히려 제가 걸림돌이 될 수 있다는 생각에 밤잠을 이룰 수 없었습니다. 고민에 고민을 거듭한 결과, 저는 공천 신청을 하지 않기로 결정했습니다.

S#13.   **(과거) 기석의 타워팰리스 (낮)**
손 장관 기사를 읽는 기석이고…

/준경 결국 손 장관은 출마를 포기했지.

S#14.   **(과거) 법정 (낮)**
피고석에는 수의를 입고 서 있는 윤 대표 보이고…

뒤편 한산한 방청석에는 참담한 표정으로 앉아 있는 준경인데…

판사   피고인이 뇌물을 주었다는 점에 대한 검사의 입증이 충분히 이루어지지 않았습니다. 이에 피고인에게 무죄를 선고합니다.

변호인단과 회사 관계자들은 박수를 치며 좋아하고…
준경은 수갑에서 풀려난 윤 대표와 울컥한 눈빛을 부딪치는…

/준경   황기석은 약속을 지켰는데…

그런데, 준경을 보던 윤 대표의 시선이 누군가를 발견하고 단단해진다.

준경   ?! (돌아보면)

법정 입구에 보좌관들과 서 있는 손 장관이다.

S#15.   **(과거) 법원 앞 (낮)**
몰려든 기자들 앞에 서 있는… 사복 정장으로 갈아입은 윤 대표가 손 장관과 나란히 서 있다.

손 장관   오늘 사법부의 무죄 판결은 새로운 싸움의 시작입니다. 이제 검

찰의 표적 수사에 대한 진실을 밝히기 위해 저는 우리 윤 동지
와 함께 끝까지 싸우겠습니다!

/준경   풀려난 엄마는 손 장관과 진실을 밝히려 했어.

S#16.   [다시, 현재] 준경의 집, 서재 [밤]

준경   억울한 옥살이였으니까.

용   그래. 아줌마는 그럴 분이지.

준경   그런데… 황기석이 한 발 먼저 움직였어.

용   ??

S#17.   [과거] 준경의 검사실 [낮]

검사실에 홀로 앉아 물끄러미 만년필을 보는 준경… 생각에 잠
긴 모습 위로.

/용   꼭 그걸로 나쁜 놈들 잡는 서류에 사인 많이 해.

준경은 은용에게 받은 만년필은 챙겨 넣고, 다른 펜을 꺼낸다.
'사직서 - 검사 박준경… 상기 본인은 일신상의 이유로…' 사직
서를 적는 준경인데…
이때, 들이닥치는 검찰 수사관1,2…

3화

수사관1	박준경 검사. (신분증 보이며) 대검 감찰에서 나왔습니다.
준경	?!

S#18. (과거) 감찰반 조사실 / 거울 방 (밤)

수사관1에게 조사 받는 준경이다.

수사관1	사문서 위조, 모해 증거 위조, 공무 집행 방해 등의 혐의로 조사를 시작합니다. (서류 들어 보이며) 특수부에 전달한 이 서류, 본인이 조작한 게 맞습니까?
준경	… (굳은 표정으로 거울 쪽 노려보는데)

/거울 방.

서늘하게 지켜보는 기석… 옆으로 서 있는 윤 대표다.

기석	따님은 어머니 위해 뭐든 다 했는데… 그 덕에 박 검사 인생은 날아가게 생겼습니다?
윤 대표	!! (기석을 노려보는)
기석	(거울 너머를 서늘하게 보는)

거울 너머를 노려보는 준경과 거울 반사로 보이는 윤 대표의 무너진 표정이 투샷으로 보이는 위로…

/용	아줌마가 그런 선택을 하신 이유가…

186

S#19.   [다시, 현재] 준경의 집, 서재 [밤]

굳은 표정의 은용은 차마 다음 말을 하지 못하는데…

준경   (담담히 말하는) 나 때문이야.

용   그게 왜 너 때문이야!

준경   그래. 그놈들 죄가 더 크지.

용   …

준경   엄마가 손 장관 아저씨한테 남긴 마지막 메시지야.

녹음된 파일 재생한 폰을 테이블에 올려놓으면… 빗소리 섞여
들리는…

/윤 대표   (F) 손 장관… 아니… 승진아. 나야.

용   !! (윤 대표의 육성에 울컥한데)

(인서트) -1. 비 내리는 도로… 일각에 서 있는 윤 대표의 차량 보
이는…

/윤 대표   (F) 비 오니까… 데모 끝나고 학사 주점에서 먹던 싸구려 막걸리
생각난다.

(인서트) -2. 운전석에 먹먹한 눈빛으로 앉아 있는 윤 대표…

/윤 대표   그땐 우리가 세상을 바꿀 수 있을 줄 알았는데… 세월이 흐르

니… 세상이 우릴 바꿨네… 뇌물죄 서류 조작한 거… 그거 내가 그랬어. 옛정을 생각해서… 한 번만 봐주라.

(인서트) -3. '빵!' 하고 트럭이 스쳐 가면… 서서히 출발하는 윤 대표의 세단…

/윤 대표   (F) 미안하다.

(인서트) -4. 그대로 절벽으로 돌진해 난간을 뚫고 떨어지는!!

/윤 대표   (F) 내가 전부 안고 갈게.

녹음 파일 끝나면… 눈시울 붉은 은용…

용   (씹어뱉는) 개새끼들…
준경   …
용   개 같은 새끼들, 개 같이 상대하는 건 나한테 맡겨. 시궁창 바닥으로 처박아 줄게.
준경   … 장태춘 검사가 하던 수사는 김성태로 꼬리 자르고 덮으려는 거 같아.
용   오 대표, 명 회장까지 엮는 건 준비해 둔 카드가 있어. 나한테 맡겨. 어차피 법으로 상대할 놈들 아니야.
준경   오빠.
용   (보면)

| 준경 | 이 싸움, 어떤 희생이 있어도 나, 끝까지 갈 거야. 황기석 편에 서면 모두 적이야. 그게 장 검사, 오빠 가족이라도. |
| 용 | … |

굳은 눈빛으로 생각에 잠긴 은용의 모습에서…

S#20.   형사부 거울 방 / 조사실 (밤)

태춘이 거울 방으로 들어와 보면, 조사실을 노려보며 서 있는 남 계장이다.

| 태춘 | 아직 퇴근 안 하셨어요? |
| 남 계장 | 저 인간(수동) 누군지 아십니까. |

/조사실에는 죄수복 람보… 옆으로 은발의 변호사 이수동(남, 48)이 뭔가 귀엣말 속닥이는…

태춘	추가 선임된 람보 변호사요? 검사 전관이란 얘긴 들었는데.
남 계장	자본 시장에선 은갈치로 불리는데, 설거지꾼으로 유명해요.
태춘	설거지꾼이면 문제 생긴 회사, 자산 빼돌리고 상장 폐지 시키는 놈들이잖아요?
남 계장	명 회장이 은갈치 보냈다?… 마무리 각 나왔다는 건데…
태춘	… (답답한 표정에서…)

S#21.   (교차) 명인 홀딩스, 명 회장의 집무실 / 검찰청, 일각 (밤)

커다란 태극기와 라이언스 클럽 깃발 보이는… 마호가니풍 럭
셔리 가구들로 꾸며진 회장실.

돋보기 쓰고 모니터 보는 명 회장인데… 걸려 온 전화 받으면.

/ 검찰청 일각의 수동이다.

/수동   람보하고 지분 정리는 끝냈어요.

명 회장   글마 밸 말 없드나?

/수동   오늘 살고 말 건가. 제깟 놈이 별 수 있어요? 왕형님 분부대로 따
          르겠답니다.

명 회장   욕봤다. 내일 아침에 골프장서 보자.

/수동   예, 예. 근데 람보 말론 담당 검사가 엄청 빡빡하다든데. 황 셰프
          하고 얘기 된 거 맞죠? 젊은 검사 애들 곤조는 또 예측 불허라.

명 회장   꼬맹이 검사는 우리 사우가 알아서 단디 할 끼다.

S#22.   검찰청 일각, 흡연 벤치 (밤)

비가 그친… 한산한 흡연 벤치에 나란히 앉은 태춘과 남 계장이다.

남 계장   담배도 안 피는 양반이 여긴 뭐하게요. (담배 꺼내 무는데)

태춘   저도 하나 주세요.

남 계장   됐고. (개무시하며 자신만 불붙이고, 담뱃갑 집어넣는)

태춘   (흠…) 계장님 보시기에 람보하고 김성태 중에 누굴 집중해서 뚜
          까패야 더 가능성 있을까요?

남 계장	두 놈 다 명 회장은 절대 배신 안 할 겁니다.
태춘	양아치에 건달인데 그런 의리가 있다고요?
남 계장	의리까지는 아니고. 통장 잔고가 큰형님이니까.
태춘	(흠… 고민스런 표정인데)
남 계장	아까 낮에 7층 간 거, 황 부장이 부른 거죠?
태춘	네.
남 계장	좋은 얘기 듣고 오셨겠네.
태춘	…
남 계장	고민되면 팁 하나 드릴까요?
태춘	(보면)
남 계장	황 부장, 절대 허튼소리 안 합니다. 이런 약속은 칼같이 지켜요.
태춘	… 계장님 생각엔(O.L)
남 계장	내 생각 같은 건 묻지 마시고. 어차피 선택은 검사님이 하는 겁니다.
태춘	…
남 계장	오늘 영업은 끝난 거 같은데, 저는 이만 퇴근합니다~ (가고)

생각에 잠긴 태춘인데… 이때, 걸려오는 전화.

태춘	!? (물음표 생긴 얼굴에서)

S#23.　**검찰청, 특수부 복도 [밤]**
엘베에서 내린 태춘이 보안 출입문 앞에 서는데…

3화　　　　　　　　　　　　　　　　　　　　　191

문을 열어 주는 특수 부장 실무관이다.

태춘   수고하십니다.
실무관   (임시 출입증 건네며) 한 달짜리 임시 출입증이에요. 앞으론 그걸로
              열고 오심 돼요.
태춘   아, 네.

받아 든 '임시 출입증'을 보며 걷는 태춘인데…

S#24.   **기석의 부장검사실 (밤)**
         거울 앞의 기석은 넥타이를 풀러 고쳐 매는 중이다. TV에서는
         백 의원 기자 회견 중계 장면 나온다.

백 의원   여기 기자 분들 모이신 앞에서, 제 아들에 대한 검찰 수사는 부
              당한 음해이며, 정치 공작이라는 것을 분명히 밝히는 바입니다!!

              (인서트 / 뉴스 채널 중계 화면) 국회 기자 회견장
              20여 명의 여당 의원들이 '보복 수사 중단하라!' '공작 수사
              OUT' 손 팻말을 들고 선 앞으로…
              단상에서 기자 회견하는 백 의원이다.

/백 의원   지난 인사 청문회에서 저는, 현 검찰총장 처가의 농지법 위반 혐
              의에 대해 강력한 의혹을 제기한 바 있습니다. 이번 제 아들에

대한 수사는, 총장 라인의 특수부가 마치 조폭처럼 움직인! 부당한! 보복 수사라 아니할 수 없습니다!

미간 찌푸린 표정으로 뉴스를 보는 기석인데… 이때, '똑똑.' 문 열리고 들어오는 태춘이다.

태춘	찾으셨습니까.
기석	어 장 검사. 백 의원 기자 회견 봤어?
태춘	네. (TV 보면)

(인서트 / 뉴스 화면)

백 의원	정치판이 비정하고 피도 눈물도 없다고 하지만, 제 아들이라는 이유만으로 죄를 뒤집어씌우는 검찰의 행태에 피를 토하는 심정입니다.
기석	(TV 끄더니) 장 검사 보긴 어때?
태춘	물타기하려나 본데… 좀 지겹네요. 정치인들 저런 쇼.
기석	구태스럽지. 우린 좀 젊게 가자.
태춘	네?

S#25.   **특수부 복도에서 엘베 안 (밤)**
특수부 출입문을 빠져나와 엘베에 오르는 기석… 뒤따라 오르는 태춘인데… 엘베 문 닫히면.

태춘	어디 가시는 겁니까?
기석	1층. 나 좀 봐 봐.
태춘	네?
기석	(태춘 넥타이 매무새 잡아 주며) 저녁 뉴스는 백 의원이 가져갔지만, 내일자 조간신문 헤드라인은 우리가 가져와야지? 가자.
태춘	?? (여전히 물음표 가득한 얼굴인데…)

'띵-' 하고 엘베 문 열리자, '파바바밧!!' 플래시 불빛 터지는!!

태춘	!!!! (예상치 못한 불빛 세례에 눈이 부신!!)
기석	내 옆에 바짝 붙어 서 있어.

순간 놀랐던 태춘이지만, 이내 추스르고…
터지는 플래시 불빛을 향해 기석과 함께 나가는 태춘인데!!

S#26. 검찰청, 1층 엘베 앞 로비 (밤)

내린 기석과 태춘에게 몰려들어 플래시 터뜨리며 질문 퍼붓는
기자들이다.

/기자1	여당 인사들이 검찰의 정치 개입에 대한 의혹을 주장했는데요!
/기자2	백 의원이 주장한 검찰총장의 의혹 제기에 대해 어떻게 생각하십니까?
/기자3	백 의원은 아들 채용 비리를 보복 수사라고 주장하는데요!

3화

기자4   특수부 입장을 말씀해 주시죠!

          얼떨떨했지만, 이내 분위기 파악하고 기석의 옆에 포즈 잡고 선
          태춘인데…

기석   기자님들, 죄송합니다. 수사 중인 내용에 대해서는 말씀드릴 수
          없습니다.

태춘   ?! (슬몃 기석을 보는데)

기자   검찰총장 의혹 제기에 대한 보복 수사라는 주장에 대해서도 노
          코멘트 하시는 겁니까?

기석   보복 수사라고 하셨습니까? 좋습니다. 사실 관계에 대해서 말씀
          드리죠. 존경하는 백인수 의원님의 채용 비리를 처음 인지 수사
          한 건, 대검도 아니고 특수부도 아닙니다. 여기 있는 형사부 장
          태춘 검사입니다.

태춘   !…

          '파바바바밧!' 플래시 세례가 태춘을 향하고…

기석   형사부에서 한 달에 2백 건 넘는 사건을 처리하며 매일 야근하
          는 틈틈이. 오로지 사명감 하나로 묵묵히 수사한 청년 검사의 노
          력을, 보복 수사라 주장하는 것. 그게 진짜 정치 공작 아닙니까!!
          아무리 정치라도 정도껏 하셔야지…

          마지막에 진정성 있게 느껴지는 분노를 터뜨린 기석에게 플래

시 세례 쏟아지고!

그런 기석을 가만히 보는 태춘인데…

기석   (다시, 차분히) 이 사건을 수사하게 된 이유에 대해서는 수사한 검
             사가 국민 여러분께 직접 말씀 올리겠습니다.

태춘   !? (기석을 보면)

기석   (하라는 눈짓… 슬쩍 물러서 주는)

기자들 앞에 선 태춘이 차분하지만 단단한 눈빛으로 말한다.

태춘   부모가 스펙인 세상은 정의롭지 않습니다. 채용 비리는 흙수저 취
             준생들의 꿈을 짓밟는, 청년 세대에 대한 테러입니다. 공정한 룰
             이 지켜지는 사회를 만들기 위해 최선을 다해 수사하겠습니다.

기석과 나란히 서서… 플래시 세례를 받는 의젓한 태춘의 모습
에서…

S#27.   **도심 거리, 버스 정류장 (밤)**

            버스를 타려고 기다리는 태춘이다. 앞으로 도착하는 버스… 오
            르려다, 어딘가를 보고 멈칫…

태춘   죄송합니다, 먼저 타세요.

3화   197

순서를 양보하고 물러선 시선이 향한 곳엔, 높은 빌딩의 대형 뉴스 전광판.

'미리 보는 내일자 조간신문: 백 의원 아들 채용 비리, 청년 검사의 노력으로 일군 성과… 특수부, 보복 수사 의혹 제기 일축.' 헤드카피와 함께 기석과 나란히 플래시 세례 받는 태춘의 사진 보이는…

폰을 꺼낸 태춘은 전광판에 나온 자신의 모습을 찰칵. 사진 찍는데…

이때, 걸려오는 '용이 삼촌' 전화…

태춘   ! (놀란 눈빛에서… / 장면 전환)

S#28.   (과거) 고등학교, 교실 (낮)

쉬는 시간. 떠들고 노는 아이들… 그 틈에 앉아 공부에 열중한 태춘인데… (아래, 자막) _2002년

/학생1   야 장태춘! 담탱이가 찾아.

태춘   …

S#29.   (과거) 고등학교, 교무실 (낮)

건장한 체구의 담임(남, 30대 중반) 앞에 선 교복 태춘이다.

담임	반장 선거 나간다고?
태춘	친구들이 뽑아 주면 열심히 하겠습니다.
담임	(흠…) 관례상 반장 어머니가 학부모회 회장 맡게 되는데… 니네 엄마 술장사 하신다며?
태춘	!…
담임	젊고 예쁜 어머니가 학부모회 맡으면 나야 좋지만… 다른 엄마들보다 나이도 한참 어린데, 감당이 되겠냐? 술장사하는 거 알면 난리들 칠 거라…
태춘	… 반장 선거, 안 나갈게요.
담임	(흠…) 잘 생각했어. 엄마가 밤일하며 술 팔고, 웃음 팔아 너 뒷바라지 하는 거잖아? 마담 아들 소리 안 나오게 공부 더 열심히 하고… 근데 네 엄마 가게 이름이 뭐냐?
태춘	!! (인상 팍 쓰고 노려보면)
담임	가정 방문 차원이야. 네 진로 상담도 좀 하고, 어머니 고생하시는데 술도 한 잔 팔아 드리고 겸사겸사해서, (하다가) !?
태춘	(주먹 꽉 쥐고 잡아먹을 듯 노려보는)
담임	뭐냐? 눈까리 안 깔아?
태춘	(계속 노려보면)
담임	이 새끼가 처돌았나… (멱살 잡고 싸대기 연타로 날리는) 하여간! 근본 없이 자란! 너 같은 새끼들은! 처맞아야… (하는데)
태춘	(맞다가 순간 선생의 손을 잡는!)
담임	하~ 이 새끼가 죽을라고. (하면서, 태춘을 발로 걷어차 넘어뜨리는!)

담임은 태춘을 발로 밟고! 선생들 와서 말리는 아수라장 교무

실!! 맞다가 벌떡 일어선 태춘이 담임을 밀쳐 넘어뜨리고!! 의자
를 번쩍 들어 내리찍는 태춘의 일그러진 얼굴에서!

S#30. **[과거] 유치장 면회실 [밤]**

맞아 터진 얼굴의 태춘이 들어와 보면, 창살 너머엔 굳은 표정의
엄마 지희다.

태춘	… (자리에 앉으면)
지희	괜찮아?
태춘	… 어. (고개 숙인)
지희	엄마가…
태춘	(숙인 채 듣고 있는데… 한동안 지희가 말이 없자 고개 들어 보면)
지희	(입술 깨물고 소리 안 내며 흐느껴 우는)
태춘	…

말없이 울기만 하는 엄마 지희… 그런 지희를 슬프게 보는 태춘
의 모습에서…

S#31. **[과거] 경찰서 유치장 [밤]**

깊은 밤의 유치장…
코 고는 잡범들 보이는 일각… 구석에 앉아 멍하게 생각에 잠긴
태춘인데…

3화

/형사	장태춘, 나와.
태춘	!?

S#32. [과거] 경찰서, 일각 [밤]

형사1을 따라 가는 태춘이 묻는다.

태춘	이제 진짜 깜빵 가는 겁니까?
형사	여기 있는 동안 뭐 문제 있었던 거 없지?
태춘	네.
형사	나가서 괜한 소리 하지 마라. 우리도 힘들다.
태춘	!…

보면, 기다리며 서 있는 (명 회장 밑에서 일하던 시절의) 은용과 진호다.
은용과 태춘은 말없이 서로를 보고 있고…

진호	아이고, 수고하십니다.
형사	데려가시면 됩니다. 위에는 말 좀 잘 해 주세요.
진호	아, 그럼요. (봉투 찔러 넣어 주며) 이거 얼마 안 되는데… 야식 뭐라도 좀 드세요.
형사	아이 참… (봉투 챙기는데)
진호	들어가십쇼~

진호에게 봉투 챙긴 형사가 돌아가고…

진호	하~ 우리 짱태추이, 소년원 후배 될 뻔 했네?
태춘	삼촌 돈 많이 썼어?
용	… (가만히 보면)
진호	많이 썼지~ 너 임마 30평 아파트 하나 해먹었어.
태춘	갚을게.
용	이자까지 쳐서 갚아. 이 새끼야.
태춘	…

S#33. [과거] 은용의 옥탑방 [밤]

옥탑 마당, 평상에 앉아 두부 안주에 소주잔 기울이는 은용과 진호, 태춘이다.

태춘	(진호가 따라 준 소주 잔 쭉 비우는데)
용	얌마, 의자로 찍으면 무기 든 거라 특수 폭행으로 가중 처벌 받아~ 아무리 그래도 선생님을 그렇게 패면(O.L)
태춘	그게 무슨 선생이야. 쓰레기 같은 새끼.
진호	와 짱태추이 쌀발하네~ 형님으로 모시겠습돠~ (장난치는)
용	(흠…)
태춘	… 엄마는?
용	내가 너 혼 좀 내서 들여보낸다고 하니까 죽지 않게만 패래.
태춘	이제 울진 않나 보네.
용	! 누나가 울었어?
태춘	…

진호	어? 술이 좀 모지라겠네~ 내려가 몇 병 더 사 올게. (자리 피해 나가면)

잠시 침묵이 흐르는 은용과 태춘인데…

용	야, 태춘아. 너 사고 쳐서 돈 들어가는 건 큰 문젠 아닌데… 우리 누나 맘 아프게 하지 마라.
태춘	… 어.
용	…
태춘	나, 진로 정했어. 법대 가서 검사 될 거야.
용	(흠…) 하룻밤 유치장 있더니 철들었네?
태춘	주먹으로 패 봐야 나만 손해잖아. 검사 돼서, 쓰레기 같은 놈들 싹 다 쓸어버릴 거야. (눈빛 빛내는)
용	좋네~ (태춘에게 소주 한 잔 따라 주고 건배하는 모습에서 / 장면 전환)

S#34. (다시, 현재) 고급 요양원 (밤)
럭셔리한 요양원 전경 보이고…

S#35. 고급 요양원, 앞 도로 (밤)
택시에서 내려 요양원 안으로 들어가는 태춘이고…

S#36.   **고급 요양원, 지희의 특실 (밤)**
         따로 가져다 놓은 고급 화장대 앞에 앉아 트롯 흥얼거리며 짙게
         화장하는 지희…

지희   미워하는 미워하는 마음 없이~ 아낌없이 아낌없이 사랑을 주기
         만 할 때~

         문가에 서서 그 모습 물끄러미 지켜보는 은용…

/태춘   (na) 평생 술을 마셔 돈을 벌던 엄마는 마흔 살이 되던 해 알콜성
         치매 판정을 받았다.
지희   백만 송이 백만 송이 백만 송이 꽃은 피고~
/태춘   (na) 용이 삼촌 덕분에 가장 비싼 요양원에 있지만… 아직도 역
         전다방 은 양과 물망초 은 마담을 오가는 기억에 멈춰 있다.

S#37.   **고급 요양원, 복도 (밤)**
         럭셔리한 요양원 복도를 걷는 태춘이고…

/태춘   (na) 엄마는 어른이 된 나를 알아보지 못한다.

S#38.   **지희의 특실 (밤)**

지희	그립고 아름다운 내 별나라로 갈 수 있다네~ (하는데)

이때, 특실로 들어오는 태춘이다. 지켜보던 은용은 없다.

태춘	삼촌은?
지희	!! (거울로 태춘 보고) 어머~ 검사님 오셨어요~ 근데 삼촌이 누군데요? (갸웃 보는)
태춘	은 마담님 남동생. 태춘이 삼촌이요.
지희	어머~ 우리 용이 온 건 어떻게 아셨대~?
태춘	… ('뭐지?' 싶은데, 이때)
/용	(E) 치킨 배달 왔습니다~
태춘	(돌아보면)

치킨 봉지 들고 특실로 들어서는 은용이다.

용	요샌 치킨이 뭐가 복잡해졌더라? (봉지 들어 보이면)
지희	어머~ 맛있겠다~ (치킨 봉지 들고 가 세팅하고)
태춘	언제 왔어?
용	짱태추이~! (들어오라고 팔 벌리며) 들어와, 들어와~
태춘	아, 됐어. 뭘 들어가.
용	아, 들어와~!
태춘	(마지못해 안기면)
용	태춘아~! 야, 언제 이렇게 컸어?
태춘	내가 애야?

용	(헤드록 걸며) 장 검사님? 잘 지냈어, 이 새끼야?

(시간 경과)

치킨은 다 먹은… 누워 잠든 지희의 옆에서 소주 마시며 불콰해
진 은용과 태춘이다.

용	(잔 따라 주며…) 옛날엔 너 재우고 누나하고 술 마셨는데.
태춘	참다랑어 잡는다고 소년 교도소 갔을 때?
용	(픽…)
태춘	(끄덕하더니) 억울했겠던데? (가만히 보면)
용	?!
태춘	검사되고는 재판 기록 찾아봤어. 가해자와 피해자가 완전 바꼈더만.
용	힘없고, 돈 없는데 억울해도 별 수 있어? 몸으로 때워야지. (잔 비우면)
태춘	(따라 주며) 고맙게 생각해. 엄마, 삼촌 덕분에 난 잘 컸잖아. 아님 나도 최소 소년원은 갔겠지.
용	…
태춘	(자기 잔 채우고 건배 '짠!' 하는)
용	(픽… 기분 좋게 비우며) 여의도 람보 건은 뉴스로 봤다. 제법 검사태가 나던데?
태춘	아, 맞다. 도와준 건 고마워.
용	차용증 마. 빚 갚은 건데 뭐. 그래서 수사는 어떻게 돼가?
태춘	아… 삼촌이라도 사건 얘긴 자세하게 못 해.

용	지랄… 뭔 장부까지 보내 놓고. 네가 보낸 숫자 장부, 명 회장 거더만. 거기까지 잡는 거야?
태춘	!? 그걸 어떻게 알아?
용	내가 명동 사채 일 배운 게 명 회장 밑에서야.
태춘	아 진짜?
용	(끄덕이면)
태춘	명 회장 원래 뭐하던 인간이야? 사채꾼이라면서 사이즈는 왤케 크고?
용	사람들 푼돈 빌려주는 사채 아니고, 기업 사채 했으니까.

태춘에게 설명을 시작하는 은용의 얼굴에서. (장면 전환)

S#39. (과거) 명 회장의 사채 사무실 (낮)

크지 않은 평수. 책상과 금고, 낡은 응접 소파와 작은 회의실이 딸려 있는 구식 사무실.
명 회장이 김 사장과 상담 중이고… 위폐 감별기로 실물 주권(주식)을 감별하고 계수하는 은용이다.

/용	명 회장은 기업 사채 중에서도 '주식 담보 대출'이 전문이었어.
김 사장	제가 가진 대주주 지분 맡기고 두 달만 쓰겠습니다.
명 회장	광운실업… 빛날 광에 운 좋다 운~ 이름 좋네요. 은 실장아 숫자 우예 되노?
용	주당 만 오천 원으로 30% 맡기시면, 끝전 떼고 담보 물량 백억

입니다.

명 회장   담보가 백 개? 그라믄 대출은 50% 나가는데, 수수료 5% 떼고,
          선이자 떼면, 주담으로 마흔다섯 개 나갑니데이.

김 사장   아니 중간에 브로커도 없는데 수수료를 왜 떼십니까?

명 회장   그라믄 쁘로커 통해가 다시 오소 고마. 글마들은 한 10프로 뗼 껄?

김 사장   (한숨 푹… 쉬고) 오늘 중에 입금 됩니까?

명 회장   그거는 걱정 마시고, 지금 주가가 만 오천 원 가니까네, 만 원 밑
          으로 빠지믄 담보 물량 팔고 원금 회수 들어갑니데이?

김 사장   우리 회사 주식, 그렇게까진 절대 안 빠집니다.

명 회장   하모요. 그래야지요.

은용이 준비한 서류 곳곳에 지장 찍는 김 사장… 지켜보는 비릿
한 명 회장의 모습 위로.

/용   반대 매매 옵션을 걸어 놓고 대출이 나가면.

S#40.   지희의 특실 (밤) /
          (분할 화면 - 과거) 명 회장의 공매도 작전 몽타주)
          설명을 이어 가는 은용과 옆에서 똘망똘망하게 듣고 있는 태춘.
          [*은용의 설명에 따른 과거 몽타주 장면들이 (CG / 분할 화면) 화면 안으로 들
          어와 보인다)

용   그때부터 명 회장의 진짜 작업이 시작돼.

3화   209

태춘   (눈빛 똘망똘망한데)

            - (과거) 은용이 운전하는 세단 뒷좌석의 명 회장이 통화하는… /
            증권사 임원실의 상무1…

명 회장   (카폰으로 통화하는) 광운실업 주담 들어왔는데, 공매도 잡고 만 원
            까지 때리라 고마.

/상무1   배분은요?

명 회장   내캉 원투데이가~ 7대3.

/상무1   기간은 언제까집니까?

명 회장   2개월 만기. 회사 상태가 안 좋아가 그래프 떨구는 건 어렵지 않
            을 끼라.

용   앞에서는 돈을 빌려주고, 뒤에서는 증권사 임원에게 공매도를
            걸게 해. 공매도는 증권사 같은 기관만 가능하니까.

태춘   공매도를 친다는 건, 주가가 떨어지는 데에 배팅하는 거잖아?

용   그렇지.

            - (과거)

/상무1   담보는 얼마 들어갔는데요?

명 회장   백 개. 계산기 뚜드리 봐라 고마. 숫자 좋다 아이가~

/상무1   알겠어요. 저야 뭐, 회장님 믿고 가는 거니까.

- 상무1이 자신의 단말기로 뭔가를 입력하는 모습 보이고…

/용   정보를 받은 임원이 광운실업 주식에 공매도를 걸고…

- '남산증권 애널리포트'에는 광운실업에 대한 부정적인 리포트들 잔뜩 올라오는…

/용   증권사가 부정적인 리포트를 쏟아 내며 물량을 풀면…

- 15,000원에서 10,700원까지 가파르게 떨어지는 광운실업 주가 보이고…

태춘   주식 시장에선 자연스레 주가가 떨어지겠네.
용   그쯤 되면, 주식 담보를 맡겼던 회사 사장이 뚜껑 열려 찾아오지.

S#41. **[과거 / 다른 날] 명 회장의 사채 사무실 [낮]**
은용만 보이는 사무실에 문 박차고 들어와 골프채 휘두르며 소리 지르는 김 사장이다!

김 사장 야! 명 회장 이 새끼 어딨어! 어!! (골프채 위협적인!)
용   왜 그러세요. 왜.
김 사장 (골프채 위협하며) 니들이 담보 맡긴 주식 갖다 팔았잖아! 안 그럼 이렇게 주식이 빠질 리가 없잖아!! 명 회장 이 새끼 어딨냐고!

용	(가만히 지켜보다가 순간 골프채 확 낚아채고, 김 사장 어깨 꺾어 책상에 누르는!)
김 사장	아악!!

이때, 명 회장이 회의실에서 나온다.

명 회장	이기 뭔 난리고?
김 사장	내 주식 내놔! 니들이 팔았잖아!!
명 회장	하~ 이 신사 보소… 은 실장아, 고마 금고에서 주식 꺼내가 보이 드리라.

cut to/

쌓여 있는 실물 주권… 헝클어진 몰골로 풀 죽은 김 사장이다.

명 회장	단디 확인했지요? 비지니스는 신사답게, 쫌!!
김 사장	죄송합니다. 주식이 너무 빠져서 담보 물량 풀린 거 아닌가 해 서…
명 회장	고마 됐고, 만 원 밑으로 주가 빠지믄 그때는 물량 뺍니데이?
김 사장	(무릎 꿇고) 이자 5프로 더 드리겠습니다. 시간 쪼금만 더 주시면 (O.L)
명 회장	내는 계약서대로 하는 건데? 주식 거덜 나기 전에 나도 본전은 회수해야 안 합니까?
김 사장	10프로 더 드리겠습니다. 한 번만 살려 주십쇼.
명 회장	(흠…) 마 알았소. 내도 쪼매 기다리 볼께요. 돈 몇 푼에 목숨까지

| | 걸고 그라요. |
| /용 | 이 말은 사실이야. 명 회장은 푼돈에 목숨 거는 스타일은 아니거든. |

cut to/

김 사장은 가고…

용	(주권 챙기며) 주식 다시 금고에 넣어두겠습니다.
명 회장	됐고~ 그대로 챙기 들고, 남산증권 가가 만 원 되믄 팔아라.
용	이자 10프로 더 받기로 했는데, 그래도 며칠 말미는 좀 주고(O.L)
명 회장	짜슥이요 내캉 원투데이가~ 푼돈 챙겨 뭐 할라꼬. 오늘 중에 만 원까진 빠질 끼다. 늦지 않게 던지고 온나.
용	예, 알겠습니다.

S#42. **지희의 특실 (밤) /**
(분할 화면 - 과거) 명 회장의 공매도 작전 몽타주2

| 태춘 | 하~ 그걸 바로 던져 버린다고? |
| 용 | 계약서의 반대 매매 조항은 분명하니까. |

- 남산증권… 은용은 창구 브로커에게 담보로 맡겨진 실물 주권을 건네고…

3화

/용   (v.o) 만 원까지 떨어진 시점에 대주주 물량 30%를 반대 매매로
             모두 팔면…

             - (시간 경과) 브로커가 보고 있는 단말기 창에 광운실업 주가 폭
             락 그래프 보이는…

/용   (v.o) 말 그대로 주가는 대폭락.

             - 폭락한 주가를 보는 명 회장은 흐뭇한 표정이고…

/용   (v.o) 주가가 떨어질수록 돈을 버는 공매도 수익은 극대화 되고.

             - 명 회장 사무실… 수익금을 금고에 채우는 은용…

/용   (v.o) 명 회장이 한 달 보름 만에 챙긴 수익금이 40억…

             채워지는 금고를 흐뭇하게 보는 명 회장의 모습에서.

S#43.   지희의 특실 (밤)

용   40억이면, 당시 일반 직장인 평균 월급의 190만 원으로 치면
             은… 173년을 일해야 벌 수 있는 돈이야.

태춘   기가 막히네… (잠시 감탄하다가) 그럼 원래 회사는 어떻게 되는데?

법전

용   망가지는 거지. 회사도, 사람도… (씁쓸한 눈빛에서)

           - 김 사장의 공장… 돌아가던 기계는 멈추고 빨간 딱지가 잔뜩
           붙어 있는… 넋 나간 김 사장…

/용   (v.o) 그렇게 부도 처리된 회사는 법정 관리, 상장 폐지 수순을 밟
           게 되는데…

S#44.   (과거) 명동 빌딩 앞 (낮)
           건물 현관을 걸어 나온 은용… 잠시 쨍한 여름 햇빛에 눈을 찌
           푸리는…
           매미 소리 요란한 구도심의 오래된 건물 앞 주차장을 향해 걷기
           시작하는데… 그때, '쿵!!!' 바로 옆에 세워진 승용차 위로 떨어지
           는 누군가!!

용   !! (놀라 보면)

           눈을 부릅뜬 채 죽은 이는, 김 사장이다!

용   !… (얼음처럼 굳어 보는…)

           '삐-삐-삐-삐-' 요란한 자동차 경보음… 건물 수위를 비롯해 몰
           려드는 사람들인데…

3화   215

/명 회장	누가 또 문으로 안 댕기고 창문으로 댕기노…

이때, 혀를 끌끌 차며 등장한 명 회장이다.

용	… 광운실업 김 사장 같습니다.
명 회장	김 사장? 하~ 재수없구로 와 여기와가 죽노? 고마 회사가 상장 폐지되기 전에 사람이 먼저 상폐 됐뿟네. 쯧쯧…
용	… (그런 명 회장을 보는 명한 얼굴에서)

S#45.　달리는 명 회장의 차 안 (낮)
굳은 표정의 은용이 운전하고… 뒷좌석엔 명 회장인데…

명 회장	은 실장아.
용	네.
명 회장	내 내리주고, 니는 사무실 들러가 일 좀 마무리하고 온나.
용	…?

S#46.　명 회장의 사채 사무실 (밤)
어둑한 사무실에 들어온 은용… 명 회장의 방에 있는 여러 금고 중 하나를 여는…
금고 안에서 봉투 하나를 꺼내 보면… '삼가 고인의 명복을 빕니다 - ㈜명인공사 회장 명인주'

/용	(na) 금고 안에는 명 회장이 미리 준비해 둔 죽음들이 있었어. 그
	날이야. 내가 명 회장을 떠날 준비를 시작한 건.

금고 안에 가지런히 놓인 謹弔 봉투들을 보는… 은용의 굳은 눈
빛에서…

S#47.　지희의 요양원 옥상 (밤)
다시, 옥상… 회한에 잠긴 은용의 눈빛이다.

용	명 회장에게 배운 기술이지만, 나는 다르게 돈을 벌 자신이 있었
	거든.
태춘	기술? 그거 그냥 다 불법에 사기 아냐?
용	기업 사채가 모두 불법은 아니야. 물론 명 회장은 사기꾼 맞지
	만.
태춘	같은 사채꾼이라도 삼촌은 명 회장과 다르다?
용	넌 어때? 같은 검사라도 황기석과는 좀 다른가?
태춘	!
용	황기석이 명 회장 사위인건 알고 있지? 너랑 황기석이랑 뉴스에
	서 크게 난 거 봤다. 야, 어떻게? 그놈이 건넨 술잔, 받을 거야?
태춘	(흐음…)
용	너 나하고 거래 하나 하자. 명 회장 잡게 도와줄게.
태춘	거래? 삼촌이 원하는 건 뭔데?
용	이 사건 끝까지 수사할 검사.

태춘	!
용	명 회장은 내가 누구보다 잘 알아. 내가 반드시 네 손으로 명 회장 수갑 채우게 해 줄게. 대신, 황기석이 너한테 뭘 제안하든 어떤 거래도 하지 마. 내 조건은 그거 하나야.
태춘	!!

눈빛 부딪치는 은용과 태춘에서…

S#48.   특급 호텔, 복도에서 라운지 바 입구 (밤)
굳은 표정으로 걷는 장교복 준경… 럭셔리한 호텔 복도를 걸어 고급 라운지 바 입구에 선다.

준경	(입구 매니저에게) 박준경입니다.
매니저	기다리고 계십니다. (앞장서 안내하는)

S#49.   특급 호텔, 스카이라운지 (밤)
도심 야경이 펼쳐진 창가 테이블에 앉아 있는 기석… 앞으로 앉는 준경이다.

기석	어 왔어? 앉아, 앉아. (양주 따르며) 검찰청 왔으면서 왜 그냥 갔어? 내 방 들러 얘기 좀 하고 가지. (건네는데)
준경	… 서로 할 얘긴 충분히 한 거 같은데요?

(인서트 플래시백 / 2화 21씬) 특수부 조사실에서 이중 거울을 사이에 두고 서로를 노려봤던…

다시, 현재.

차가운 눈빛의 준경… 잔을 든 기석과 건배할 생각이 없어 보인다.

기석   (흠… 혼자 비우고) 군복 입었다고 우리가 너무 다르다고 생각하진마. 법무관들도 다 한 식구잖아?

준경   선배 식구는 명 회장이죠.

기석   그래서. (보며) 복수라도 하는 거야?

준경   제가 그래야 할 이유를, 선배는 아십니까?

기석   …

준경   죄를 물어 벌을 주는 걸 검사가 하지 않으면, 누군가 대신해야죠.

기석   그래? …

준경   … (노려보는)

기석   (흠…) 근데 마랴… 내가 너라면, 나하고는 안 싸워.

준경   …

기석   나, 이 자리까지 올라온 거… 빽빽이 돌리고 짤짤이해서 올라온거 아니다?

준경   … 잘 알죠.

기석   아는 놈이 왜? 나하고는 라이벌 관계… 이런 걸 만들지 마.

준경   … 선배도 공부 좀 했으니까 알잖아요. 시험 보고 틀린 문제는다시 풀어 봐야죠. 3년 동안 예습 복습 많이 했습니다. 같은 문제를 다시 틀리진 않아요.

기석	… (픽… 썩소로 노려보면)
준경	(원샷 하고) 다음엔 제가 살게요. (싸늘한 눈빛으로 나가는)
기석	(위스키 글라스에 따라 마시는 매섭게 굳은 눈빛에서…)

S#50. **(다음 날) 럭셔리 레지던스, 전경 (아침)**

서울 도심 한복판의 럭셔리 레지던스 전경에서… (카메라 옥상을 비추면)

S#51. **럭셔리 레지던스, 펜트하우스 옥상 / (교차) 한나의 오피스 (낮)**

프라이빗 하게 꾸며진 펜트하우스 옥상… 먼 곳을 보며 생각에 잠긴 은용인데…

이때, 걸려 오는 전화… 받으면. / 오피스에서 일 처리하며 헤드셋으로 통화하는 한나.

/한나	집은 지낼 만해?
용	뭐 괜찮네.
/한나	야, 요즘 서울에서 그렇게 옥상 트인 펜트하우스 구하는 거 쉽지 않다? 이제 거기 정착하자. 몽골 생각나면 옥상에 텐트 하나 쳐 줄게.
용	바람 불어 좋긴 한데, 공기 맛은 비교가 안 되지.
/한나	(빡!) 공기 맛, 같은 소리 하네. 산소통 하나 사 줄게. 메고 다니든가.

용	(픽…) 그거 좋은데? 고맙다. 신경 써 줘서.
/한나	회사 차, 수행 비서 딸려서 8시 반까지 보냈으니까 그걸로 움직여.
용	차는 됐어. 그냥 타던 거 탈게.

S#52.　**강남, 슈퍼카 매장 앞 거리 (낮)**

출근하는 사람들 오가는 거리… 후드 집업을 입고 걷는 은용…
어딘가 들어가는데… 슈퍼카 매장이다.

S#53.　**강남, 슈퍼카 매장 안 (낮)**

으리으리한 슈퍼카들 보이는 매장에 들어선 은용인데… 문을
지키는 신입 딜러가.

신입 딜러1	(슬쩍 막아서며) 어떻게 오셨죠? (하는데)
고참 딜러2	(달려와 인사하며 맞는) 안녕하십니까! 제가 안내드리겠습니다~
용	(가볍게 인사하면)
고참 딜러2	늘 타시던 모델로 준비했습니다. 가시죠.

S#54.　**강남, 슈퍼카 매장 앞 / 도심 거리 (낮)**

'그르릉~' 육중한 시동 음을 내는… 은용의 선택은, 은색 슈퍼카.
몽골 공항을 달렸던 것과 같다.
후드 집업 차림으로 운전석에 앉은 은용은 딜러들의 90도 인사

3화

를 받으며 출발하고!

/미끈한 은색 슈퍼카를 타고… 도심 거리를 질주하는 은용의
모습 보이다가…

S#55. **골프장 (낮)**

명 회장과 수동, 그리고 오 대표가 필드를 걸어가며 이야기를 나
눈다.

오 대표   GMi는 상장 폐지로 완전히 정리하는 거야?

명 회장   고마 검찰에 기소되믄, 기스난 거 아이겠습니까. 언론에 이름도
          너무 났고.

수동   요럴 때 슬쩍 주가 한 번 띄워서 마지막으로 잔잔하게 털어먹는
          건 어때요?

오 대표   그런 기술이 있어?

명 회장   됐다 고마. 이 시국에 푼돈에 미련 두믄 탈난데이.

수동   캬~ 푼돈~ 내가 또 우리 회장님 스케일은 존경합니다~ 근데 아
          시죠? 요번 건은 워낙 복잡 미묘해서 설거지 수수료가 쪼끔 쎕
          니다?

명 회장   알았다, 고마 내캉 원투데이가~

오 대표   기업해 보니 알겠어. 돈 벌어 결국은 변호사 좋은 일 시키는 거야.

수동   에이~ 형님, 제가 먹는 거야, 그야 말로 푼돈이죠. 검사장까지 달
          고 나왔어야 저도 형님처럼 대표도 하고, 공천도 받고 하는 건데.

오 대표   그러게 술 처먹고 운전을 왜 해? 너 요새도 노름방 다녀?

3화   223

수동	가끔 해요, 가끔. 재미 삼아.
명 회장	똥이 개를 끊지… (혀 끌끌 차더니) 우짜든둥 설거지 단디 하래이. 곧 있으믄 국회의원 공천 심사 있는 거 알재?
수동	아이 그럼요~ 형님, 차량 리스랑 법카 쓴 거 말고 다른 문제될 건 없죠? 제가 알아야(O.L)
오 대표	짜샤, 검사 때 법인 수사 매뉴얼 만든 게 나야. 문제없어, 걱정 마.

'나이스 샷~' 골 넣는 오 대표의 모습에서…

S#56.   동대문 의류 시장 (낮)

과거와는 닮은 듯 다른… 세월이 흐른 동대문 시장 전경이 보이고…

이제는 백발로 늙은 김 여사가 젊은 건달 데리고 여전히 일수 수금하는 모습 보이는데…

수금 마치고 가게를 나온 김 여사 앞으로 멈춰 서는 은색 슈퍼카… 내리는 은용이다.

김 여사	어머?! 어머어머! 이게 누구야? 은 실장?!
용	오랜만입니다?

S#57.   동대문, 김 여사 사무실 (낮)

세월이 흘렀지만, 달력과 TV 외에는 크게 달라지지 않은 일수

사무실 풍경…

응접 소파에 앉아 있는 은용에게 여전히 빨대 꽂은 야쿠르트 내오는 김 여사다.

김 여사   외국 가서 돈 엄청 벌었다는 소문은 들었는데, 진짜 반갑다~

용   여사님은 여전하시네요.

김 여사   뭘… 이젠 할매지. 여긴 어쩐 일이야? 건수 좋은 거 있어? 그럼 나도 껴 줘~

용   GMi뱅크 10억짜리 CB 깡 해 준 거 여사님들이던데. 오창현 대표가 챙겨 간 거.

김 여사   (표정 싸해지며) 응? 그건 왜?

용   오 대표 사인 들어간 계약서, 저한테 파세요.

김 여사   (픽…) 왜 그래 은 실장~ 계약서를 누가 돈에 팔아. 이 바닥 잘 알면서.

용   이 바닥에 돈으로 못 사는 게 어딨어요? 얼마면 파실래요? 이거면 될까요? (수첩 몇 개 던져 놓으며) 여사님들 일수 놓으신 채권인데 몇 개 샀어요.

김 여사   !? 여기서 일수라도 놓게?

용   여사님들보다 1프로쯤 싸게?

김 여사   돈 얼마나 벌어서 이러는진 모르겠는데, 맘대로 해 봐. 동대문이 만만해 보여?

용   그럴 리가. (전화 거는) 홍 대표, 나야. 김 여사님 구역만 빼고, 나머지 세 구역 일수 장부 전부 걸어. 돈은 얼마가 들어도 좋아. (끊는)

김 여사   !!? 뭐 하는 거야?

용	제가 나머지 여사님들 구역은 일수 쓸어서 전부 죽여 드릴게요. 동대문 요즘 경기도 안 좋은데 다른 여사님들하고 나눠 먹을 거 있어요? 김 여사님 혼자 다 드세요.
김 여사	!!
용	전부터 원하셨던 거잖아요? 동대문 일수 독점하는 거. 그거 내가 해 드릴게요. 나머지 여사님들 모르게 종이 한 장만 주세요. (은근한데)
김 여사	(흠… 머리 굴리는)
용	(서늘한 미소로 보는 얼굴에서)

S#58. 명 회장의 별장 (밤)

고급 셔츠들 보이는 행거 옆으로 선풍기 돌아가는…
넓은 거실에서 다림질 하는 러닝셔츠 차림의 명 회장인데… 들어와 어깨 인사하는 목 문신 진호다.

진호	면회 다녀왔습니다.
명 회장	성태 글마는 잘 지낸다 카드나.
진호	손 써 주신 덕에 안에서 생활은 잘 지낸다고 합니다. (서류 건네며) 지분 포기 서류는 사인 받아왔습니다.
명 회장	(훑어보고 챙겨 놓으며) 그래, 욕봤다.
진호	저 그런데 회장님…
명 회장	?
진호	성태 형님 사건 맡은 담당 검사가 장태춘이 맞습니까?

명 회장 와? 니 아나?

S#59. **특수부, 기석의 부장검사실 (밤)**
가방 챙기며 퇴근하려는 기석인데… 핸드폰 울리는… 발신자
확인하고 살짝 찌푸리며 받는다.

기석 네.
/명 회장 우리 사우~ 늦게까지 나랏일 한다꼬 욕본데이.
기석 아닙니다. 이제 퇴근합니다.

S#60. **(교차) 명 회장의 별장 / 기석의 부장검사실 (밤)**
진호 옆에서 통화하는 명 회장이다.

명 회장 맞나? 근데, 잠시만. 퇴근 전에 출입국 기록 하나 따 주야겠다.
/기석 (짜증) 왜요. 또 누가 어르신 돈 떼먹고 날랐습니까?
명 회장 그기 아이고, 예전에 내 통수치고 나라 떠뿐 은용이라꼬 있는데,
글마가 장태춘 검사 외삼촌이라 카네.
/기석 !? 장 검사 외삼촌이요?
명 회장 촉이 좀 꼬롬해…
/기석 (미간 찌푸린 얼굴에서…)

S#61.   **지희의 요양원, 잘 꾸며진 정원 (밤)**

꽃과 나무, 조명이 근사한… 정원 쪽을 물끄러미 바라보며 서 있
는 태춘이다.

럭셔리한 야외 테이블에는 둘러앉은 노인 환자들과 지희가 하
하호호 즐겁게 대화 중인데…

지희   에이~ 회장님 아들 또 사고 쳤담서요? 우리 아들은 책벌레 공부
        벌렌데.

노인   아 또 그놈의 아들 자랑…

지희   우리 태춘인 법대 간대요. 검사님 되게.

노인   검사가 쎄긴 쎄지.

지희   좋타~ 기분이다~ 노래 한 곡 갑니다~

노인   박수~!!

지희   먼 옛날 어느 별에서~ 내가 세상에 나올 때~ 사랑을 주고 오라
        는 작은 음성 하나 들었지~

애달프고 구성지게 노래하는 지희의 모습… 물끄러미 보던 태
춘이 폰 메시지를 다시 확인한다.

'황기석(26기, 중앙, 특수부장) ☆☆☆☆☆'

[기석   (na) 금요일 저녁 시간 비워 둬라. 대검 선배들하고 자리 있다.]

이때, 걸려 오는 전화. 발신자, '용이 삼촌'…

/용   황기석이 뭘 제안하든, 어떤 거래도 하지 마.

은용의 말을 떠올리는 태춘의 모습에서…

S#62.   은용의 펜트하우스 (밤)
통유리로 도심 야경이 펼쳐 보이는… 럭셔리한 실내의 펜트하
우스.

태춘   퀵 보내신 제보자가 선배님이셨군요.

맞은편엔 은용과 나란히 앉아 있는 준경이다.

태춘   안녕하십니까, 저는 연수원 40기 검사 장… ('태춘' 하는데)
준경   청년 검사의 고군분투. 특수부 황 부장과 함께 나온 뉴스는 잘
              봤습니다.
태춘   아, 네…
준경   제가 제보한 주가 조작 수사도 잘 진행됩니까? 오 대표와 명 회
              장 소환 일정은 잡혔나요?
용   (태춘 보면)
태춘   아, 그건… 선배님도 잘 아시겠지만, 수사 내용은 개인적으로 말
              씀드릴 수가(O.L)
용   오 대표가 주가 조작에 관련됐다는 증거 서류, 내가 확보했어.
태춘   삼촌이?

용	오 대표는 이제 우리 손에 있으니까 황기석 술잔 대신, 내 제안 받아.
준경	(태춘 가만히 보는데)
태춘	(흠…) 그 증거 서류, 어디서 어떻게 구한 건데?
용	샀지. 돈으로.
태춘	(미간 찌푸리며) 그럴 거 같더라. 부당하게 얻은 증거는 법정에서 채택되기 힘들어. 선배(준경)는 아시잖아요?
준경	형사소송법 308조에 나와 있죠. 적법한 절차에 따르지 않고 수집한 증거는 증거로 할 수 없다.
태춘	그 부분으로 다툼의 여지가 있어서(O.L)
준경	다툼의 여지… (싸늘) 당신도 검사… 아니, 법률 기술자군요. 죄를 입증할 증거를 찾았다는데 법전을 뒤져 안 되는 이유부터 찾고. 황기석이 좋아할 만하네.
태춘	선배님! 그건 좀 말씀이!… (삼키며) 저는 수사를 법과 원칙에 따라(O.L)
준경	법을 이용하고, 원칙을 방패 삼아 꼬리 짜르기용 양아치 몇 놈 잡아들이고… 그러다 다음 인사이동 때는 특수부 검사되시겠네요.
태춘	!!
용	…
준경	그래도 여기까지 온 건, 기대 이상이었습니다. 다시 볼 일은 없겠지만. (일어서고, 은용에게) 같게.

나가는 준경이고…

용   …
태춘   …

S#63.   은용의 펜트하우스, 옥상 (밤)
난간에 걸터앉은 은용… 옆에 선 태춘이 항변한다.

태춘   장인 명 회장이 문제 많은 건 나도 아는데, 황 부장 사건 만지는
            실력은 진짜야.
용   네가 죽어라 팠던 사건을 여론 돌리는 데 써먹었지. 언론 다루는
            실력은 인정.
태춘   어떻게 써먹던 백 의원 사건도 중요한 사건이잖아. 그리고 솔직
            히 지잡대 출신으로 연줄 하나 없는 내 입장에선 어렵게 잡은
            기회기도 하고. 내가 앞으로 이런 쎈 놈들 상대로 수사할 기회가
            얼마나 있겠어?
용   (흠…) 황기석이 쎈 놈들 상대로 끝까지, 제대로 수사할 거 같아?
태춘   황 부장이 뭘 어쩌든, 나는 해. 끝까지. 제대로. (굳게 보면)
용   (가만히 보다가…) 오케이, 눈빛 좋네. 그거면 됐다. (하더니)

일어서 난간에 위태롭게 서는 은용이다.

태춘   뭐해?! 위험해, 내려와.
용   높은 곳은 어디나 위험해. 그 위험에 익숙해져야 높이 설 수 있
            고. 야, 태춘아.

태춘   …!?

용   (돌아서 손 내밀며) 짱태추이~! 내 손 잡아. 내가 너, 대한민국에서
           가장 높은 검사로 만들어 줄게.

태춘   !!

           높은 난간에 서서 손을 뻗은 은용…
           은용이 내민 손을 보는 태춘의 눈빛에서.

                                                           3화 엔딩

당신에게 정의란 무엇입니까

은용의 손을 잡고
인생을 건 베팅을 시작하는 태춘.
모든 것이 순탄하게
돌아가는 듯했던 순간….

S#1.   (다음 날) 검찰청 전경 (아침)
        아침을 맞은 검찰청 전경 보이고⋯

S#2.   태춘의 검사실 (낮)
        다들 출근하기 전⋯ 태춘은 모니터를 보며 뭔가 작업 중이다. 본
        체에 꽂힌 USB 반짝이는데⋯
        문 벌컥 열리며 들어오는 박 부장이다.

박부장   얌마 장태춘이. 너 이 새끼 보고도 없이 매스컴 탔더라?

태춘   아, 예. 그게 갑자기 황 부장님이 부르셔서(O.L)

박부장   이 새끼가⋯ (하다가) 잘했어~ 덕분에 형사부 검사 이미지도 좋아
        지고. 하여간, 황기석이 그 새끼가 이런 여우 짓은 참 잘해? 여우
        같은 개새끼⋯

태춘   ⋯

박부장   오전에 김성태 불러다가 조사하나? 제 발로 자수한 놈인데 너무

4화   243

조지진 말고.

태춘　안 부르려고요. 자백 다 했는데 더 조사할 거 뭐 있나요. 쌓인 사
　　　건도 산더민데.

박부장　(픽…) 기석이가 술 한잔 쎄게 사겠네. 수고해. (어깨 툭툭 치고 돌아서
　　　가려는데)

어느 샌가 문 앞에 서 있던 남 계장… 태춘과 시선이 부딪힌다.

박부장　어이~ 남 계장님 좋은 아침입니다~ (가면)

남 계장　네, 좋은 아침입니다. (들어와 앉으며) 황 부장 술잔 받기로 한 겁니
　　　까?

태춘　계장님…

남 계장　(보면)

태춘　저 같은 형사부 말석 검사가 사채 왕 명 회장 잡으면 대박이겠
　　　죠?

남 계장　잡으면. 아님 죽어요.

태춘　그죠? (흠…) 죽긴 아직 젊은데… (하더니 USB 뽑고) 저 잠깐 나갔다
　　　올게요. 9시에 명 회장 건으로 회의합니다~ (나가는)

남 계장　!?

S#3.　**형사부 복도 (낮)**
　　　군센 표정으로 복도를 걷는 태춘의 얼굴에서. (장면 전환)

S#4.   [플래시백 / 3화 63씬] 은용의 펜트하우스, 옥상 (밤)

용   내 손 잡아. 내가 너, 대한민국에서 가장 높은 검사로 만들어 줄게.

은용이 내민 손을 보는 태춘의 흔들리는 눈빛에서.
결심을 굳힌 태춘은 은용의 손을 잡고 훌쩍, 난간에 올라 나란히
선다.

태춘   !! (아래를 내려 보면 아찔한데)

용   이렇게 높은 데 올라와 서야, 멀리 보고 높게 보는 거야.

태춘   ('후…' 하고) 근데 삼촌하고 박 소령은 뭐 어쩔 셈인데?

용   징역 몇 년짜리 법으로 심판하는 건 의미 없어. 감옥에서 몇 년
살다 오는 건 좀 불편한 거고, 돈과 권력이 여전하다면 불행하진
않으니까.

태춘   ?

용   명 회장한텐 목숨 같은 돈을 뺏어와야지. 개새끼 황기석은 권력
을 뺏고.

태춘   (흠…) 오 대표 엮는다고 그게 돼?

용   난 장사꾼이잖아. 법으로 아니고 돈으로.

태춘   돈으로?

용   돈으로. 대한민국 검찰을 통째로 사 버릴 거야.

태춘   !!

높은 곳에 나란히 선… 은용과 태춘의 모습에서… (장면 전환)

4화

S#5. **검찰청 앞 PC방 (낮)**

PC방에 들어와 컴퓨터 앞에 앉는 태춘… 검사실 컴퓨터에서 복사한 자료가 든 USB를 꽂는다.

모니터에 뜨는, 'GMi뱅크 압수 수색 자료'… 첨부 파일 전송을 누르고… 어딘가에 전화 걸면.

S#6. **(교차) 럭셔리 레지던스, 펜트하우스 / 검찰청 앞 PC방 (낮)**

탁 트인 전망으로 서울 도심 보이는… 통유리 앞에서 은용이 블루투스로 통화한다.

용	어, 짱태추이~
/태춘	지금 보냈어.
용	오케이.
/태춘	(슬몃 주변 살피며) 검찰 압색 자료 유출은 정확하게 불법인 거 알지?

은용은 일각 트레이딩 모니터에서 보낸 파일 확인하며…

용	모든 투자엔 리스크가 있어.
/태춘	돈 몇 푼이 아니라 난 지금 인생을 걸고 배팅하는 거야. 원금 보장 같은 건 필요 없으니까, 실적이나 확실하게 한 방 올려. (끊는)
용	(흠…) 내 핏줄이 확실하네. (픽 웃는…)

/전화 끊은 PC방의 태춘… '후…' 하고 한숨 내쉬지만, 아직 긴

장 풀리지 않는 눈빛에서…

S#7. **럭셔리 레지던스, 엘리베이터 안 (낮)**

엘리베이터에 탄 오 대표의 모습 보인다. 고속으로 올라간 엘베
가 '띵-' 최고층에 멈추면.

S#8. **은용의 펜트하우스 (낮)**

펜트하우스 중앙에 연결된 엘베 문이 열리며 내리는 오 대표.
트레이닝복 차림으로 맞는 은용이다.

용   안녕하십니까 오 대표님. 처음 뵙겠습니다.

오 대표   반갑습니다. 전망이 아주 기가 막힙니다~

용   조용히 말씀 나누긴 여기가 좋을 것 같아서.

오 대표   아 그럼요~ 저도 요즘 골치 아픈 일들이 있어서. 허허허허.

일각에 브런치 마련된 테이블로 안내한 은용은 명함을 건네며
마주 앉는다.

용   돈장사하는 은용입니다. 전에는 명인주 회장님 밑에서 일 배웠
            습니다.

오 대표   말씀 많이 들었습니다. 명동 바닥에서 명 회장 돈을 유일하게 통
            수 쳐드신 분이라고.

4화   247

용	악연이 깊죠.
오 대표	(흠…) 그래… 나하고 명 회장 관계는 잘 아실 만한 분이 무슨 일로…?
용	앞으로는 제가 명 회장을 대신해 대표님께 투자하고 싶습니다. 한국에서 사업하려면 대표님 같은 분의 인맥이 절대적이지 않겠습니까?
오 대표	허허… 이거 고마운 말씀입니다만… 내가 또 의리를 중히 여기는 사람이라…
용	전관되시고 두 번의 선거 동안 국회의원 배지 하나 못 달아 드린 명 회장 아닙니까. 수익률은 제가 더 좋습니다. 한물간 늙은 여우와는 손절하시고, 제 투자 받으시죠?
오 대표	돈 많은 사람이야 많죠. 근데 명 회장 사위가 누군지는 아시죠?
용	황기석 부장… 황 셰프라고 불린다죠?
오 대표	허허 그래요. 그놈이, 내가 키웠지만 크게 될 놈이거든.
용	(흠… 일각에 놓여 있던 서류 사본 건네는)
오 대표	(보는데…) !!
용	주가 조작 수익금을 현금으로 챙기셨다는 자필 서류… 동대문에서 구했습니다.
오 대표	그래서? (인상 '꽉!' 쓰고) 이딴 걸로 협박이라도 하겠다는 거요?
용	협박이라뇨. 전 지금 투자 제안을 드린 겁니다.
오 대표	이 새끼가 어디서 약을 팔어? 야, 사채업자. 돈 좀 있다고 만나주니까 내가 너하고 다이다이로 레베루가 같아 보여? 라인 땡겨 크고 싶으면 선물을 가져와야지, 어디 감히 이딴 걸 들이밀어!

씩씩거리는 오 대표를 가만히 보던 은용이 낮고 싸늘하게 되묻
는다.

용   이게 황 셰프 손에 넘어가면 어떻게 될까요? 출세에 방해된다
        면, 현란한 요리 실력으로 대표님도 찜통에 삶지 않겠습니까?
오대표   !!
용   검찰에 넘어가면 곤란하실 증거를 제가 안전하게 보관 중입니
        다. 신용을 트는 담보 정도로 해 두죠. 오해가 있으신가 본데, 뵙
        자고 한 건 라인 잡겠다는 청탁이 아니라, 그 라인 사겠다는 거
        래를 하자는 겁니다.
오대표   … 라인 사서, 뭐 어쩌려고?
용   투자를 했으면, 구조 조정부터 시작해야죠. 키웠던 개가 너무 커
        서 대표님도 이제 껄끄러우시잖아요?
오대표   만만한 상대들이 아닌데?
용   장인과 사위가 공모해 저지른 범죄가 있습니다. GMi뱅크의 전
        신인 블루넷 윤 대표님을 기억하십니까?
오대표   다 지나간 사건으로 뭘 어쩌시게? 그 건은 윤 대표가 죽으면서
        덮이고 끝났어요.
용   공범이 남아 있습니다. 진실을 밝힐.
오대표   공범?
용   들어와.

펜트하우스의 다른 방에서 문을 열고 나오는, 준경이다!

준경   박준경입니다.

오 대표   !?

미간에 주름 생겨 보는 오 대표…
그 오 대표를 사이에 두고, 단단한 눈빛을 부딪치는 은용과 준경
에서…

S#9.   특수부 복도, 복도에서 기석의 부장검사실 앞 (낮)
기석은 걸어가며 건네받은 파일철을 보고… 나란히 걸으며 보
고하는 이 검사다.

이 검사   출입국 관리소와 공항 쪽에 확인한 결과, 최근에 몽골에서 전용
       기로 입국한 것이 확인됐습니다.

기석   전용기도 있어? (픽…) 장인어른 촉이 맞았네.

파일에는 공항 CCTV에 찍힌 은용과 한나 사진이고…

기석   옆에 있는 여자는 누구야? (문 열고 들어가면)

S#10.   기석의 부장검사실 (낮)
자리로 가서 앉는 기석… 따라가 서는 이 검사다.

이검사	본명은 홍한나. 자본 시장에선 홍 선생, 혹은 홍 마당이라 불리는데.
기석	마담?
이검사	아뇨. 술집 마담이 아니라 마당발 할 때, 홍 마당이요.

(인서트 / 체인지 인베스트먼트 파트너스, 한나의 오피스)
통유리 너머로 분주히 오가는 트레이더들 보이는…
자신의 오피스에 앉아 아랍, 태국, 러시아의 부호들과 화상 회의
중인 한나…

/이검사	⒠ 국내외를 막론하고 정재계에 인맥이 넓은 로비스트로… 은용이 운용하는 체인지 사모펀드의 공동 대표로 투자자 관리를 맡고 있습니다.
기석	글로벌 사모펀드를 운용하는 놈이 왜 들어온 거야?
이검사	필요하시면 홍한나 불러다 물어볼까요? 외환관리법으로 털면 뭐든 걸리긴 할 텐데.
기석	아니. 우리가 나서는 건 모양새가 안 좋고… (내선 전화 들더니) 금융감독원 최 국장 연결해요. (서늘한 눈빛에서…)

S#11. **체인지 인베스트먼트 파트너스, 한나의 오피스 (낮)**
유창한 영국식 영어로 파키스탄 무슬림 투자자와 화상 미팅 중
인 한나.

4화   251

한나	(영) 아시아권 투자는 예정대로 진행되고 있어요.
/무슬림	(영) 확실합니까? 몽골 부동산이 아니라 한국에 투자한다는 소문이 돌던데.
한나	(미소 지은 채 웅얼거리는) 그 얘긴 또 어디서 처듣고 와서… (빙긋 영어로) 어디에 투자하든 수익률이 중요한 거 아닌가요?

화상 회의 중인 한나는 상의는 정장이지만, 하의는 추리닝에 슬리퍼 차림인데…
이때, 들어오는 은용이다.

한나	(앉으라 눈짓하고 / 영) 배당금 지급일에 좋은 숫자로 인사드리겠습니다.
/무슬림	인샬라. (끊으면)
한나	하~ 돈만 많은 쫄보 졸부 놈들, 다국적으로 찡찡거리네.
용	오 대표하고 거래할 군자금은 준비된 거지?
한나	그것 때문에 아침부터 6개 국어로 변명 중입니다만?
용	(빙긋)
한나	오 대표하고는 얘기 잘 됐어?
용	(끄덕이면)
한나	사람은 어떤 거 같아?
용	쓸 만해. 욕심 많은데, 겁은 더 많아.
한나	(흠…)
용	내가 보낸 자료 봤어?
한나	아직. (클릭클릭하며) 뭔데?

용	검찰 압수 수색 자료.
한나	what the fuc…!! 야 씨ㅂ, 이런 자료 내 컴퓨터에 있다가 걸리면 어떻게 되는지 몰라!? 펀드 문 닫게 하고 싶어!
용	그런 수사 막으라고 오 대표한테 돈 쓰는 거잖아? 한국에서 비즈니스는 이렇게 하는 거 아닌가?
한나	!!
용	잘 봐 봐. 돈 되는 자료야.
한나	이 와중에 검찰 압색 자료에서 돈 되는 걸 찾았다고?
용	너나 나나 명 회장이나. 우리 같은 자본 시장 사람들 움직이는 건 돈밖에 없잖아.
한나	!?
용	(눈빛 빛내는 얼굴에서)

S#12. 수목장 (석양)

석양빛에 물든 석조묘비 앞에 선… 굳은 눈빛의 준경인데…
이때, 다가와 옆으로 서는 손 장관이다.

손 장관	오 대표가 검찰 수뇌부는 책임지기로 했다고?
준경	네.
손 장관	그 은용이란 자, 믿을 만한 거냐?
준경	가족입니다.
손 장관	(흠…) 저녁에 당대표님 만나 최종 조율할 거다. 네가 검찰에 자수하면서 수사 시작되면, 당 차원에서도 적극적으로 공세 시작

	할 거야.
준경	네.
손 장관	이런 일은 시작하면 돌이킬 수 없어. 널 상대로 어떤 더러운 공격을 해 올지 모른다.
준경	이번엔 군복도 보호해 주지 못하겠죠. 조금의 허점만 보여도 황기석은 자기가 가진 권력의 칼로 찌르고 난도질 할 거고…
손 장관	지금이라도 네가 그만하겠다면(O.L)
준경	진상 규명, 책임자 처벌. 엄마가 늘 그랬어요. 데모하면서 목이 터져라 외쳤지만, 한 번도 제대로 된 적이 없다고.
손 장관	…
준경	이번엔 제대로 해 봐야죠.
손 장관	('후…' 깊은 한숨 쉬고) 네 엄마가 알면… 날 용서하지 않을 거야.
준경	아뇨. 엄마도 분명히 우리 편일 거예요.

석양빛 노을 아래… 준경의 단단하지만 슬픈 눈빛에서…

S#13.   도심 도로, 달리는 고급 세단 안 (밤)

뒷좌석에 나란히 앉은 턱시도 기석과 우아한 드레스의 명세희 (여, 34)…

세희	리셉션 끝나면, 이사장님이 잠깐 따로 하실 얘기가 있대.
기석	서부지검 들어가 있는 리베이트 건 때문일 거야. 구속은 막아 놨어.
세희	잘했네.

기석	아버님께 얘긴 들었지? GMi뱅크 상장 폐지시키고, 명인 홀딩스로 당신하고 애들 지분 옮긴다는 거.
세희	이 변호사 왔다 갔어. 이번에 옮기면서 애들 명의 지분을 좀 늘려 놓을게. 애들 상속은 어릴 때부터 미리 준비해 두는 게 좋잖아.
기석	좋네.
세희	당신하고 같이 사진 찍었던 젊은 검사하고는 식사 자리 언제 준비할까?
기석	장태춘 검사? 그놈 아웃이야. 당신도 은용이라고 알아? 아버님 밑에서 일했다던데.
세희	은 실장?
기석	어. 장 검사가 그놈 조카라는데, 두 분이서 뒤에서 호박씨를 까더라고. 싹수가 거칠어서 잘라 냈어.
세희	(!?) 은 실장이 한국 돌아왔어?
기석	반가운 사이야? (보면)
세희	해로운 사람이지. 여러 가지로.
기석	(흠…) 만날 일은 없을 거야. (가만히 보면)
세희	… (가만히 기석 보다가) 당신 옆머리 좀 다듬어야겠다.
기석	그래? (창 반사로 비춰 보는)
세희	다음 백 의원 수사 발표 때는 노타이가 좋겠어. 선거 앞두면 넥타이 색깔에 다들 민감하잖아. (다정하게 보는)
기석	(흐뭇하게 아내 손을 잡는 모습에서…)

S#14.   **준경의 집, 마당 (밤)**
준경 이 따고 마당에 들어서는 준경인데⋯ 정원이 말끔하게 손
질된 모습이다.

준경   !?

불 켜진 현관으로 들어가면.

S#15.   **준경의 집, 거실 (밤)**
준경이 들어와 보면, 거실에 가구들을 덮었던 흰 천은 걷어져 있
고⋯ 집안도 예전과 같다.
주방에서 뭔가를 만들던 은용이 나오더니.

용   손 장관은 잘 만났어?
준경   뭐냐 이게?

준경은 서재로 들어가 보는데.

S#16.   **준경의 집, 서재 (밤)**
복수의 스크랩들은 붙어 있지만, 나머지는 깔끔하게 정리된 서
재. 우등상장과 가족사진들도 제자리를 다시 찾은 모습인데⋯

용	깔끔하지? 청소 좀 했어. 이제 너 혼자 아니잖아?
준경	… (가만히 보는데)
용	밥 먹자. (씩 웃는)

S#17. 준경의 집, 주방 식탁 (밤)

식탁 가운데에는 몽골식 고기찜 '허르헉' 놓여 있고… 마주 앉은 은용과 준경이다.

용	이게 허르헉이라고 몽골식 요린데 김치하고 먹으면 맛이 기가 막혀. (떠 주면)
준경	… (맛 보는데)
용	이게 원래 몽골에선 야생 들쥐로 하는데, 여기선 쥐 구하기가 진짜 쉽지 않았어.
준경	!!? (씹기 멈추고 인상 쓰고 보면)
용	그래서 그건 소고기고. 투뿔 횡성 한우.
준경	… (다시 먹으며) 좀 짜다.
용	간은 좀… 짜야지.
준경	(보면)
용	요리를 아줌마한테 배웠잖아. 소주 한 잔 할까?

소주병을 따서 따르는… 말없이 한 잔을 비우는 두 사람인데…

준경	엄마는 왜 나한테는 아무 메시지를 안 남기셨을까? 손 장관 아

밥전

저씨한테는 남겼으면서.

용   … 너한테 더 이상 짐을 지우긴 싫으셨겠지.

준경   엄마답다 싶으면서도… 또 야속하기도 하고.

용   … 아줌마는 너한테 늘 미안해 하셨어.

준경   엄마가? 아닌데. 나한테 늘 섭섭해 했지. 무뚝뚝하고 재미없다
        고. 그래서 오빠 좋아했잖아. 오빠 오면 자주 웃고, 집안도 시끌
        시끌하다고.

용   속마음은 가까운 사이일수록 모른다더니. 둘 사이도 그러네.

준경   ?

용   (생각에 잠기는 눈빛에서)

S#18.   [플래시백] 준경의 집, 주방 식탁 (낮)
        식탁에 마주 앉은 윤 대표와 은용이다.

윤 대표   그래도 네 생일인데. 맛있는 거 사 준다니까. 미역국도 싫다 그
        러고 떡국도 싫대.

용   전 아줌마 찌개가 제일 맛있었어요. 이게 짠데 최고로 맛있어… (밥
        슥슥 비벼 먹는) 짜고 맛있어…

윤 대표   (픽…) 우리 준경이도 너처럼 밥 잘 먹으면 얼마나 좋아.

용   그러니까… 따님보다 제가 더 낫죠?

윤 대표   아닌데? 그래도 난 울 딸이 최곤데?

용   (흠…)

윤 대표   늘 고맙고 또 미안해… 아빠 돌아가시고, 너무 일찍 의젓해졌어.

4화   259

그냥 딸이어도 좋은데…

용   …

윤 대표   부모님 모두 안 계신 네 앞에서 이런 얘기 미안하다.

용   아뇨. 아줌마 덕분에 저도 알았는데요. 우리 엄마 아빠도 이런
            마음이시겠구나…

윤 대표   …

용   감사합니다.

윤 대표   …

S#19.   (다시, 현재) 준경의 집, 주방 식탁 (밤)

그날을 회상하고… 담담히 말하는 은용이다.

용   아줌마는 늘… 네가 애쓰지 않고 행복하게 살길 바라셨어.

준경   … (붉어진 눈시울 훔치는…)

용   이번 일 끝나면, 그 다음엔 뭐 할 거야?

준경   그 다음?

용   생각해 본 적 없지?

준경   …

용   하여간 모범생 새끼… 일단 어디 여행이라도 가서 실컷 놀아. 오
            빠가 엄청 돌아다녀서 좋은 데 많이 알아. 너 몽골 가 봤냐? 야~
            몽골 밤하늘의 별빛이 진짜 죽여~ 쏟아져 내리거든~ 아이슬란
            드도 좋긴 한데… 거기 오로라가 진짜 죽이거든. 아니다, 스위스
            를 가 가지고… 알프스 설경에서 먹는 컵라면이 또 캬~ 내 전용

기 빌려줄 테니까 가고 싶은데 전부 가.

준경   … 오빠. 괜찮겠어?

용   그럼~ 난 전용기보단 말 타는 게 좋아.

준경   이 싸움… 오빠가 가진 모든 걸 잃을 수도 있어.

용   (흠…) 그래서 다행이지.

준경   ??

용   지금의 난, 걸고 싸울 많은 게 있어서.

준경   …

다시 붉어진 눈시울의 준경을… 단단한 미소로 보는 은용의 모
습에서…

S#20.   **한강 고수부지 산책로 (밤)**
작은 애완견들 산책시키며 나란히 걷는 손 장관과 노회한 야당
대표(남, 70대)…

당 대표   손 장관 억울한 거야 이해가 가지. 그런데 4년이나 지난 일 아닌가.

손 장관   이제 다시 선겁니다. 선거철마다 사냥개들이 날뛰는 꼴을 또 볼
            순 없습니다.

당 대표   그래… 또 당할 순 없지… 헌데 말야, 손 장관. 황기석 부장의 특
            수부가 이번 시즌엔 사실상 우리 편인데 말야. 백 의원 채용 비
            리를 거칠게 수사해 주는 덕에 여당 지지율을 꽤나 많이 깎아
            줬어.

손 장관	발톱 빠진 늙은 호랑이를 사냥하는 것뿐입니다. 그 이빨로 다시 우릴 물 겁니다.
당 대표	그래… 약에 쓰인다고 해도 개똥은 똥이지. (강아지가 싼 똥을 배변 봉투에 담으며) 자백하겠다는 공범은 확실한 건가? 혹시라도 말 바꾸면 우리가 역풍 맞아.
손 장관	절대 그럴 일은 없습니다. 제 모든 걸 걸고 책임지겠습니다.
당 대표	(흠… 끄덕끄덕하는)
손 장관	(굳은 눈빛에서)

S#21.　동대문 옷 공장, 작업장 (밤)

형광등이 낮게 달린… 미싱기들과 다림질 판이 가득한 도매 옷 공장의 작업장 풍경…

일각에 덩치들 몇과 서 있던 진호가 명 회장에게 어깨 인사하며 맞는데…

명 회장	김 여사님~ 뭡니까 이기. 감히 내 뒷빡을 치요?

덩치들 비켜서면, 의자에 앉아 벌벌 떨고 있는 쩐주 김 여사다.

김 여사	회장님, 내가 미쳤었나 봐. 잠깐 정신이 나갔어. 아우 미친년…
명 회장	이제 와가 그런 소리 해가 뭐 할라꼬? 고놈의 주딩이, 오바로크를 쳐뿌까, 아이믄… (다림기 칙칙 증기 뿜으며) 지지드리까? (얼굴로 가져가면)

법전

김 여사	!!! (공포에 질려) 사람 살려~!! 살려 주세요!!! (발악하는)
명 회장	하~ 누가 들으믄 내 깡팬 줄 알겠네. (비릿한데)
김 여사	!!…
명 회장	내캉 원투데이가? 해결은 돈으로 보고, 대신에… (칙칙) 이거는 고마 잊지 말자카는 반성의 의미로 오징어 문신을 하나 새기가… (다리미 허벅지에 꾹 눌러 지지는!!)
김 여사	으악!!!! (비명 지르다 실신하는데)

S#22. 옷 공장, 뒷골목 (밤)

뒷골목에 세워진 고급 세단으로 향하는 명 회장… 뒤따르는 진호다.

명 회장	니 용이캉 소년원 친구라 안 했나? 한국 온 소식 몰랐나?
진호	제가 징역 가면서 요장하고는 소식 끊긴 지 오래라…
명 회장	맞나… (흠…) 김 여사 지분은 니 이름으로 거둬 놔라.
진호	제 명의로요?
명 회장	(멈추고 보며) 인자 성태도 없는데, 마 일은 니가 봐야 안 되겠나.
진호	모시겠습니다. (고개 숙이면)
명 회장	(눈빛 싸늘한데)

S#23. (다음 날) 군부대 전경 (낮)

전경 보이고…

S#24.   **군부대. 준경의 법무관 사무실 (낮)**

책상에 놓인 환하게 웃고 있는 윤 대표의 사진 보인다.

오랫동안 쓰지 않았던 만년필을 손질하고 잉크를 채워 넣는 장
교복 준경인데⋯ 전화가 울린다.

준경   (발신자 확인하고 받는) 도착했어?

S#25.   **특급 호텔, 입구에서 로비 (낮)**

입구로 멈춰 서는 은색 슈퍼카에서 내리는 슈트 차림의 은용⋯
벨보이에게 발렛 맡기며.

용   (통화하는) 어. 오 대표하고 거래 끝나는 대로 연락할게.

전화 끊고, 로비로 들어가는 서류 가방을 든⋯ 슈트 차림의 은용
에서⋯

S#26.   **특급 호텔, 로비 (낮)**

로비를 걷는 은용인데⋯

용   !!?

주변의 낌새가 수상하다. 날카롭게 살피는 시선으로 보이는 양

밥전

복이 어색한 덩치가 하나, 둘…

모른 척… 일단은 태연하게 걷는 은용인데…

S#27.　　**준경의 법무관 사무실 (낮)**

은용과의 짧은 통화를 끝낸 준경은 책상에 놓인 '전역 신청서'
를 적어 내려간다.

'전역 신청서 - 소령 박준경… 일신상의 이유로 전역을 신청합
니다.'

만년필로 전역 신청서를 적는… 장교복 준경의 모습에서…

S#28.　　**기석의 부장검사실 (낮)**

응접 소파에 앉아 서늘하게 생각에 잠긴 기석… 이때, '똑똑…'
문을 열고 들어오는 태춘이다.

태춘	찾으셨습니까.
기석	어. 박 부장 말로는 김성태 건, 마무리하기로 했다며?
태춘	네. 부장님 말씀대로 깔끔하게 정리하겠습니다.
기석	(흠…) 그래? 아닌 거 같은데?
태춘	네?
기석	이름이… 은용 맞지? 장 검사 외삼촌.
태춘	!?

S#29.　　　특급 호텔, 계단 일각 (낮)

뒤따라오는 건달들… 계속 모른 척 걷는 은용인데…

이때, 폰에 도착한 메시지…

[한나 문자　　(na) 회사에 금감원 떴어!!]

용　　　　　!!

엘베로 향해 걷는 은용의 굳은 눈빛에서…

S#30.　　　기석의 부장검사실 (낮)

기석　　　(일어서 책상으로 가며) 출입국 기록 보니까 며칠 전에 입국했고…

태춘　　　!!

기석　　　(책상의 서류 들고 보며) 한국에 돌아와서는 주식 지분을 사 모은다
　　　　　는 정보가 있어. 우연히도 조카가 수사 검사인 회사, GMi뱅크.
　　　　　(서류 툭 던져 놓으면)

태춘　　　네? 전 전혀 모르는(O.L)

기석　　　현직 검사가 수사 정보를 이용해 작전꾼하고 사익을 편취할 공
　　　　　모를 한 건가?

태춘　　　!!

S#31.　　　체인지 인베스트먼트 파트너스, 한나의 오피스 (낮)

들이닥친 금감원 조사관들과 펀드 직원들이 실랑이 벌이는 모습 보이는 통유리 안쪽, 한나는 은용에게 메시지를 보내고 다급하게 컴퓨터 포맷 중인데…

S#32. **특급 호텔, 일각에서 엘리베이터 (낮)**

뒤따라오는 건달들 눈치 보다가… 잽싸게 엘리베이터 안으로 뛰어드는 은용.

재빨리 쫓아보지만… 은용을 놓치는 건달들인데…

S#33. **특급 호텔, 엘리베이터 안 (낮)**

뒤쫓아 오는 건달들을 피했지만… 안에도 명 회장이 보낸 건달들이다…!

용	셋까진 해 볼 만하다. 그지?
덩치들	?? (시선이 일제히 은용에게 향하면)
용	명 회장이 보냈지?
덩치들	!? (눈에 힘들어 가는데)

은용이 순간 덩치1에게 팔꿈치 가격 날린다! 덩치1이 켁켁 거리며 쓰러지고!

"이 새끼가!" 덩치2가 주먹 날리는데, 은용이 피하면, 그 주먹은 덩치3의 턱을 돌리는!

좁은 엘베 안에서 피하고 때리며 덩치 셋을 제압하는 은용의 한 바탕 액션 펼쳐지고!!

S#34. **체인지 인베스트먼트 파트너스, 한나의 오피스 (낮)**
실랑이를 뚫어 낸 금감원 조사관 하나가 한나의 방으로 들어온다.

조사관1   (신분증 보이며) 금감원에서 나왔습니다! 손 떼고 일어서세요!

책상에서 일어서 물러서는 한나의 굳은 눈빛에서.

S#35. **특급 호텔, 7층 엘베 앞 / 안 (낮)**
기다리며 서 있는 외국인 가족들… '띵-' 하고 도착한 엘베 문이 열리면, 놀라는 표정들!!

용   (헉헉… 가쁜 숨 몰아 내쉬다가…) 하이~ (혹은, 적당한 외국어로 인사하는…)

S#36. **기석의 부장검사실 (낮)**
굳은 표정의 태춘… 서늘하게 보는 기석이다.

기석   직권 남용, 뇌물 수수, 내부자 정보 이용한 사기적 부정 거래…
내가 만지면 일주일 안에 전 국민이 비리 검사 장태춘 이름을 알

게 될 거야. 검찰청 포토 라인에 수갑 찬 사진으로 기억될 거고.

태춘   ··· (굳은 표정인데)

기석   (다가서 귓가에 속삭이듯) ··· 왜 그랬냐.

태춘   ··· (보면)

S#37.   **특급 호텔, 비상계단에서 지하 주차장 (낮)**

계단을 날듯이 뛰어 내려가는 은용···

출입문을 열고 들어선 지하 주차장을 빠른 걸음으로 걸으며, 자신의 차로 가는 순간, 근처에 주차된 차가 급발진으로 돌진하여, '쿵!!'

S#38.   **기석의 부장검사실 (낮)**

기석   간만에 쓸 만하다 싶어 너 진짜 제대로 키워 줄라 그랬어. 근데 왜 대가리도 나쁜 놈이 대가릴 굴려서 인생을 조져 놓냐?

태춘   !! (노려보면)

기석   넌 마 이제 끝났어. (경멸의 미소로 보는)

S#39.   **특급 호텔, 지하 주차장 (낮)**

바닥에 나뒹굴며 신음하는 은용의 옆으로 다가와 서는 건달 덩치들··· 앞으로 나서는, 진호다.

용	(으…)
진호	(가만히 내려 보는 얼굴에서) 오랜만이네. 잘 있었나?

쓰러진 은용 앞에 무릎 앉는 진호… 노려보는 은용의 시선을 피하지 않으며.

진호	따까리 몇 놈들은 가볍게 제낄 줄 알았다. (낮고 차가운)
용	할머니 돌아가셨을 때 못 가 봐서 미안하다.
진호	… (노려보며 뒤에 선 건달들 쪽으로 손 벌리는)
용	진호야, 이제 나하고 일하자. 명 회장 밑에 있어 봐야… (하는데)

뒤에 선 건달1이 주사기를 순간 은용의 허벅지에 찌르는!

용	!! 윽!! (눈 크게 힘주어 보는…)
진호	… (싸늘한)

이내 가물가물… 의식을 잃어 가는… 은용의 모습에서.

S#40. **기석의 부장검사실, 부속실 (낮)**

기석의 방에서 나오는 굳은 표정의 태춘… 부속실을 통과해 나가려는데.

실무관	저, 장 검사님.

태춘	(보면)
실무관	임시 출입증은 반납하고 가시라는데요?
태춘	… (건네주는)

S#41.   특수부 복도 (낮)

복도로 나와 걷는 태춘은 굳은 표정으로 '용이 삼촌'에게 전화 거는데… "전화를 받을 수 없어…"

깝깝한 표정으로 전화를 끊은 태춘은 메시지를 보낸다.

[태춘 문자   (na) 문제가 생겼어. 빨리 전화해.]

S#42.   달리는 진호의 차 안 (낮)

조수석의 진호가 은용의 폰에 뜬 '짱태춘' 메시지를 보고 있다.

뒷좌석에는 건달들 사이에 정신을 잃고 늘어진 은용의 모습 보이는데…

창문을 연 진호가 은용의 폰을 창밖으로 던져 버리면.

/도로를 나뒹구는 은용의 폰이 뒤이어 오는 차바퀴에 박살나는 모습에서…

S#43.   형사부 앞 복도 (낮)

답답한 표정으로 생각에 잠겨 걷는 태춘인데…!?

법전

어수선한 분위기의 태춘 검사실 앞 복도… 남 계장과 실무관이
모두 나와 있다.

태춘   뭡니까?
실무관   대검 감찰에서 보안 점검 나왔대요.

!? 태춘이 사무실 안을 보면, 감찰 수사관들이 서류 캐비닛을 뒤
지고 컴퓨터를 포렌식 중이다.
노려보는 태춘을 일각으로 끌고 간 남 계장이 심각한 표정으로
묻는다.

남 계장   황 부장하고 무슨 문제 있습니까?
태춘   … (어금니 꽉 문 얼굴에서)

S#44.   **야산, 외딴 곳 (낮)**
구덩이에 던져진 은용… 그 위로 흙삽질 하는 덩치들…
짙은 담배 연기 내뿜으며 지켜보던 진호는 은용에게 뺏은 서류
가방을 덩치1에게 건넨다.

진호   가방 회장님 갖다 드려.
덩치1   예, 형님. (꾸벅 인사하고 가는)

담배를 비벼 끄고 일어선 진호가 전화 걸면.

4화   273

S#45. **(교차) 명 회장의 별장 근처, 산책로 / 야산, 외딴 곳 (낮)**
아침 공기 마시며 가볍게 뛰듯 산책하는 명 회장이 전화를 받는
다.

/진호 　계약서는 먼저 보냈습니다.
명 회장 　글마는?

　　　　/진호는 영상 통화로 전환해 구덩이 속 은용에게 삽질하는 모
　　　　습 비춘다.

명 회장 　간만인데 이레 얼굴 보고 보내 뿌네. 마무리 단디 해라이.
/진호 　예, 알겠습니다.

　　　　전화를 끊은 명 회장… 비릿한 미소가 기분 좋은 표정으로 산책
　　　　길을 걷는 모습에서…

S#46. **특수부 거울 방 / 조사실 (낮)**
거울 방에는 서늘한 눈빛으로 지켜보는 기석과 박 부장인데…

/백 의원 　지가 공부 열심히 해서… 자기가 시험 봐 가지고 취업한 걸 가
　　　　지고 나한테 어떻게 하란 말이야? 국회의원 아들은 취직도 못
　　　　하라는 거야?
박 부장 　장 검사는 네가 키우려던 거 아니었어? 언론에 띄웠길래 그런

274

줄 알았는데?

기석   배짱은 좋은데, 센스가 없어.

박부장   지잡대 놈들이 그렇지 뭐. 김성태 건은 최 검사한테 배당 다시
          할게.

기석   (끄덕끄덕하는데)

/백 의원   지금 당신들이 하고 있는 건, 대한민국 민주주의에 대한 폭거 아
          닌가 말야!!

거울 너머, 조사실의 백 의원이 이 검사에게 버럭 소리 지른다.

/조사실.

이검사   선배님… 여기 카메라도 없는데… 적당히 하시죠?

백 의원   (흠…) 조서에는 기록으로 남겨 줘.

이검사   네, 알겠습니다.

백 의원   야, 이영진이. 너 대구 특수에 있었다며?

이검사   네.

백 의원   너 있을 때 거기 2차장이 조장훈이였지? 머리 반쯤 까진 놈.

이검사   머리 심으셨는데… 뭐, 맞습니다.

백 의원   걔가 내 직속이잖아. 네 얘기 들었어, 똘똘하다고. 근데 뭐 마실
          건 없냐?

이검사   (짜증 누르며) 뭐 드시겠습니까?

백 의원   (이중 거울 보며) 야, 기석아 어딨냐~ 갈증나는데 시원~하게 맥주
          한 캔만 하자.

4화   275

/거울 방.

기석　　(픽… 지갑에서 돈 꺼내 수사관1에게 주며) 죄송한데 우리 맥주 좀 사다
　　　　주세요.

수사관　네. (나가고)

기석　　(마이크 누르고) 선배님 지금 사러 보냈습니다. 이 검사, 10분만 쉬
　　　　었다 하자.

/백 의원　어이~ 땡큐~ 땡큐~!!

기석　　(픽… 서늘한데)

박부장　하~ 백 선배 진짜 진상이네. (슬몃 묻는) 근데 어디까지 갈 거냐?

기석　　너하고는 고등학교 선후배라고 했나?

박부장　어. 기수로는 까마득한데(O.L)

기석　　퇴물은 치워야지. 자식 채용 비리라 다음 선거는 가망 없고… 여
　　　　당 쪽도 손절했어.

박부장　그렇긴 해도… 선거 앞두고 야당 쪽 너무 기 살려 줄 것도 없고,
　　　　또 검찰 대선배님인데 명예는 지키는 선에서(O.L)

기석　　저 인간하고 뭐 있음 미리 얘기해. 나중에 일 터지고 징징대지
　　　　말고.

박부장　뭠마? 짜식이 너 말이 좀 지나치다?! (노려보면)

기석　　지나치다… 지나쳤구나 내가? 그래서? (차갑게 보면)

박부장　!… (마주 노려보다… 시선 내리까는)

기석　　정수야. 쓸데없는 일에 까불지 말고, 부산지검 내려갈 준비나 잘
　　　　해. 승진해야지? (싸늘하게 눌러보면)

박부장　… (쭈글하게 끄덕이는 모습인데…)

이때, 걸려온 전화를 받는 기석이다.

기석   네, 대표님. (나가며 통화하는)

S#47.   (교차) 야당 당사, 당대표실 / 특수부, 복도 (낮)
'당 대표 최형주' 명패 너머로 앉아 있는 야당 대표… 통화 중
이다.

야당 대표   (산책시키던 강아지 쓰다듬으며) 손 장관은 제가 잘 정리했습니다. 부
          장님은 앞으로도 법과 원칙에 따른 수사, 잘 좀 부탁드립니다.
/기석   물론입니다. 만족하실 결과 약속 드리죠.

          흐뭇한 얼굴로 전화를 끊는 노회한 야당 대표의 얼굴에서…

S#48.   야당 당사, 복도 (낮)
씩씩거리며 복도를 걷는 손 장관이 전화를 건다.

손 장관   기자 회견, 취소됐다.

S#49.   (교차) 군부대, 복도 / 야당 당사 (낮)
참모부 복도를 걷는 준경이 전화를 받는다.

준경   네? 갑자기 왜요?

/손 장관   백 의원 수사로 우리 당 여론조사가 상승세야. 당 차원에선 지금
         특수부 발목 잡는 일이 선거에 도움이 안 된다는 판단이야.

준경   과거 검찰의 선거 개입 밝히는 게 야당에겐 더 큰 건 아닙니까?

/손 장관   그건 아직 가능성일 뿐이니까. 백 의원 검찰 수사로 얻어갈 표
         계산은 확실하고.

준경   … (인상 쓰지만) 달라질 건 없어요. 예정대로 검찰에 출두해서 자
         백 진술할 겁니다.

/손 장관   검찰 쪽도 협조 안 될 거다. 어젯밤에 우리 당 대표를 만나 설득
         한 게 오 대표 같아.

준경   !? 오 대표가요? (멈춰 서는)

S#50.   **명 회장의 별장, 거실 (낮)**

         양주 병과 술안주가 나뒹구는… 지난 밤 질펀하게 놀았던 흔적
         이 역력한 거실 보이다가…

S#51.   **명 회장의 별장, 주방 (낮)**

         가운 차림의 오 대표가 해장국 먹고 있고… 맞은편엔 명 회장이다.

명 회장   마, 인자 속 좀 풀립니까?

오 대표   (절레절레) 아~ 죽겠네, 너무 마셨어… 야당 쪽 정리된 얘긴 들었지?

명 회장   고마 욕봤습니데이.

오 대표	동대문 계약서는 가져왔어?
명 회장	하모요~ 고마 내캉 원투데인교? (서류 건네는)
오 대표	(보면)
명 회장	맞지요? 돈이 필요하믄 고마 내한테 말씀을 하시지…
오 대표	이거 들고 설치던 놈은 어떻게 했어? 호락호락 넘길 관상은 아니던데.
명 회장	금감원서 펀드 덮쳤는데 지깟 놈이 뭐 어쩌겠습니까? 출국 금지 떨어지기 전에 바로 해외로 째뿟지.
오 대표	(라이터로 서류 태우며) 선거 전까지 어제 약속한 금액은 확실히 지켜.
명 회장	내야 항상 학실하지~ 그라이까네 대표님도 쓸데없이 단독 행동하다 꼬투리 남기지 말고, 고마 무슨 일이든 내캉 의논을 하이소.
오 대표	(식탁 아래로 쪼인트 쎄게 까는!) 야 이 새끼야!
명 회장	(윽… 아파라…)
오 대표	하~ 얌마 명인주. (숟가락으로 머리 툭툭 치며) 내가, 너하고, 의논하고 뭐 그러는 사람이야?
명 회장	… 아입니다. 실언했습니다.
오 대표	앞으로는 이런 일 없게 알아서 잘 좀 하란 말야, 쩐주면 쩐주답게 좀!
명 회장	예, 학실히 하겠심다.
오 대표	4년 더 나이 처먹었으면, 이번 선거는 학~실히 좀 하자. 알았냐!
명 회장	예.

되레 화내는 오 대표 앞에 고개 조아린 명 회장… 쎄하게 빈정 상한 눈빛 감추는 모습에서…

4화

S#52.   **은용의 펜트하우스 (밤)**

장교복 준경이 전화를 걸며 은용의 펜트하우스를 들어와 둘러
본다. "전화기가 꺼져 있어…"
이때, 문을 열고 들어오는 누군가.

준경   왜 이렇게 전화를 안 받아! (하는데) !?

들어선 이는, 태춘이다.

태춘   소령님도 연락 안 됩니까?

무거운 눈빛 부딪치는 두 사람인데…

S#53.   **도로, 달리는 진호의 차 안 (밤)**

'웅~' 하고 도로를 달리는 육중한 엔진 음과 함께… 가물가물 눈
을 뜨는 은용…
흐릿하게 휙휙 지나가는 창밖 풍경… 가까스로 눈을 뜬 흙투성
이 은용이 반대편을 보면, 운전하는 누군가… 진호다.

용   … 어디야?
진호   공항 가는 길.
용   (으…)

조수석의 은용은 몸은 쑤시고, 머리는 아픈데… 가까스로 눈빛 다잡으며.

용   어떻게 된 거야?

진호   이걸로 할머니 병원비는 갚은 거다.

용   … (보면)

진호   나 빵에 있는 동안, 할머니 잘 모셔 줘서 고맙다.

용   네 할머니면 내 할머니기도 하잖아. (욱… 몸이 쑤신)

진호   … 내가 해 줄 수 있는 건 여기까지야. 공항 가면 한국 떠서 다신 돌아오지 마. 돌아오면 너나 나나 다 죽어.

용   … 진호야… 나하고 살자… 이 짓거리 이제 그만두고 나랑 같이 일하자.

진호   요장 돈 많이 번 건 아는데, 한국에선 안 통해. 명 회장 별장에 오는 인간들이 누군지 알아?

용   아니까 이러는 거야, 이 새끼야. (하다가) !?

은용의 시선으로 보이는 진호의 눈빛은 퀭하고… 운전대 잡은 팔뚝에 주사 자국 보인다.

용   너 약하냐?

진호   …

용   얌마, 너 성태 새끼 밑에서 마약 배운 형들 어떻게 됐는지 몰라!!

진호   … 너만 변한 거 아냐. 너나 나나… 사는 게 소년원 시절 같진 않아.

용   (노려보는) 그래도 약은 아니지!

| 진호 | 조절만 잘하면 괜찮아. 집중력도 좋아지고. (비릿한 눈빛으로 엑셀 밟 으면) |

'부아앙~!!' 달리는 차의 속도를 올리며 미친 듯이 칼치기로 질
주하는!!

용	!!
진호	차 죽이지? 나도 이제 잘 나갈 거다. 네 덕에 기회가 왔어. (속도 계속 올리는)
용	… 벨트 맸어? (표정 굳어 보면)
진호	쫄았냐? (하는데)
용	차 좋네. (하면서 진호의 핸들 확 꺾는!!)

순간, 운전석 유리 너머로 가드레일 '훅!' 다가와 들이받으며,
'펑!' 에어백 터지고!!
'휙!' 뒤집어진 차가 도로를 벗어나 데굴데굴 구르는!!

S#54.   **공항 도로 일각 (밤)**
도로를 벗어나 벌판을 굴러 뒤집힌 차…
찌그러진 문짝을 박차고 나오는 은용이다.
'으…' 고통에 인상 찌푸린…
은용은 진호의 폰으로 전화를 건다.

용	119죠? 교통사고로 차가 뒤집혔어요. 이 폰 위치로 와 주세요.

(폰 차 안으로 집어던지고, 으… 인상 쓰며 걸어가는)

다친 어깨를 부여잡고 비틀거리며 걸어가는 은용의 모습에서…

S#55. **공항로 일각, 한적한 읍내 정형외과 의원 앞 (밤)**

불 켜진 의원 앞으로 멈춰 서는 준경의 차… 준경과 태춘이 안
으로 달려 들어가는…

S#56. **읍내 의원, 치료실 (밤)**

윗통 벗고 앉아 태블릿 보는 은용… 뒤편으로 돋보기 쓴 노의사
가 찢어진 어깨 상처를 꿰매고 있다.

용	오란다 바이오는 만 사천 원쯤 파세요. (태블릿엔 주식 종목 창 떠 있
	는…)
노의사	나한테 정보 준 놈은 2만 원도 넘게 간다 그랬는데?
용	작전하는 놈들, 소문은 그렇게 내고 진작에 다 던지고 빠져요.
	거래량 보니까 진짜 목표가는 만 사천 원 정도 같습니다.
노의사	그래? 클 날 뻔했네… (하는데)

이때, 치료실 커튼 확 젖히며 등장하는 준경과 태춘이다.

4화

용	?? 둘이 같이 온 거야?
준경/태춘	(동시에) 어떻게 된 거야!
용	어떻게 되긴 어떻게 돼. 죽다 살았지. (빙긋)
준경	지금 웃음이 나와!
용	…
태춘	많이 다쳤어?
용	다행히 차가 좋아서.
노의사	(마무리하며) 이만하면 다행이야. 그래도 큰 병원 가서 검사 받아. 오늘 먹을 약은 챙겨 줄게. (나가는)
용	네, 선생님. 고맙습니다~ 대박나십쇼~ (하고는) 다친 건 난데, 얼굴은 왜 니들이 더 죽상이야?
준경/태춘	(인상 꽉 쓰며 보면)
용	괜찮아, 괜찮아~

S#57. 읍내 의원, 대기실 일각 (밤)

곰곰한 표정의 은용… 수심 가득한 준경과 태춘인데…

용	야당은 발을 뺐고… 황기석은 압박 들어왔다? (흠…) 명 회장답네. 눈치 까자마자 정확하게 움직였어. (픽 웃는)
준경	오빠 죽으려고 했잖아.
태춘	살인 교사로 영장 칠게.
용	됐고. 받은 대로 갚아 줘야지.
태춘	오 대표가 배신 때렸는데, 뭐 어떻게?

용	이런 이판사판 개싸움엔 어울리는 카드가 또 하나 있어.
태춘	누구?
준경	??
용	적의 적. 그럼 같은 편이잖아?

S#58. 허름한 국밥집 (밤)
홀로 앉아 국밥 한 그릇에 소주잔 기울이는 백 의원인데.

한나	안녕하십니까, 의원님.

앞으로 와서 앉는 한나.

백 의원	(인상 팍 쓰며) 야!! 내가 여기 아무도 들이지 말라고 했잖아! (버럭 소리 지르고 소주 자작하며) 기자들하고 할 얘기 없습니다.
한나	(무시하고 건너편에 앉는데)
백 의원	거 참… 기자들이랑 할 얘기 없다니까!
한나	기자 아닙니다. (명함 건네 놓는)
백 의원	?! (보더니) 펀드 부사장님이 무슨 일이요?
한나	저희 펀드가 오늘 금감원에 털렸는데, 아무래도 뒷배경이 황기석 특수부 같습니다. 치사한 개자식들… (인상 팍 쓰며) 일단 한 잔 주시죠?
백 의원	(픽… 잔 따라 주며) 동병상련이라 술이나 마시자 오신 건 아닐 거고…

한나	(쭉 비우고 캬~)
백 의원	끈 떨어진 의원이라 무슨 청탁을 들어줄 입장이 안 되는 건 아실 텐데.
한나	떨어진 끈, 비싸게 사러 왔습니다. 서비스로 원수도 갚아 드릴게요.
백 의원	!?

S#59.   은용의 펜트하우스 (밤)

라면 끓이는 은용… 주방 일각에 서고 앉아 심각한 표정의 준경과 태춘이다.

준경	난 백 의원 믿음이 안 가.
태춘	나도.
용	(흠…) 아까부터 둘이 잘 통하네? (라면에 계란 탁 깨서 넣는)
준경	오 대표보다 더 구렁이 같은 정치 협잡꾼이잖아?
태춘	내가 그 인간 몇 달을 밤새 가며 파 봐서 아는데, 그 새끼 완전 쓰레기야.
용	사람을 뭐 하러 믿어? 거래는 이해관계로 하는 거야. 줄 거 주고, 받을 거 받고. 그런데, 니들. (진지하게 보면)
준경/태춘	?
용	분명히 안 먹는다고 했다? 안 먹는다고 했다. 한 입만 달라 그러는 거, 나 되게 싫어해?
준경	…
태춘	삼촌 많이 먹어.

은용은 끓인 라면을 식탁으로 가져다 놓으며 흐뭇한데… '띠띠 띠띠-' 번호 키 열리는 소리 들리고.

한나 다친 건 괜찮은 거 맞지? 너 사고 난 거 소문나면 투자자들 또 지랄한다?

들어오는 한나가 보면, 은용과 함께 있는 준경, 태춘이다.

용   왔어? 다들 처음 보지? 여기는 나하고 같이 일하는(O.L)
한나 홍한나예요. 체인지 펀드에서 숫자 빼고 나머지 모든 걸 책임지고 있습니다. 특히, 얘. (찌릿, 은용 보며) 주치의 연락해 뒀으니까 내일 가서 MRI 전신 스캔하고 와.
용   네네~ (대충 답하며 김치 꺼내러 냉장고로 가는…)
준경 박준경입니다. (한나에게 악수 청하면)
한나 (악수하며) 소령님은 사진보다 실물이 미인이시다~ (빙긋 웃는데)
태춘 저는 서울지검 형사부 장… (하는데)
한나 오~ 짱태추이~! 용이가 삼촌이면 난 고모쯤 되나? 반갑다? (악수 청하면)
태춘 (쩝…) 네…
용   (픽…) 백 의원 만난 건 얘기 잘 됐어? (냉장고에서 김치 꺼내 돌아서는데, '빡!') 야!!

보면, 후루룩 라면 먹고, 국물 벌컥 마시는 한나다.

한나	아~ 백 의원 그 새끼 술 엄청 마셔… 맛있다~
용	아 쫌~!!
한나	쫌 뭐~ 한 젓가락만 하자~ (후루룩)
용	한 젓가락 아니잖아!!
준경/태춘	(픽…)
한나	(또 한 젓가락 후루룩~ 씹으며) 야, 근데 말야…
용	뭐!
한나	명 회장은 미끼를 물까?
용	당연하지. 라면 냄새, 아니 돈 냄새 나는데 그냥 지나칠 인사가 아니야.
태춘	명 회장한테 무슨 미끼?
준경	?? (보면)
용	네(태춘)가 준 압색 자료에서 돈 될 만한 걸 찾았거든.
준경/태춘	??

S#60. 명인 홀딩스, 명 회장의 집무실 (밤)

복도를 걸어 집무실로 들어가는 명 회장과 수동이다.

수동	아~ 맞네. 장태춘 검사, 나도 어디서 이름을 들어 봤다 했는데 은 실장 조카였네. 근데 그 은 실장이 한국으로 돌아왔다… 갔다? (눈치 살피면)
명 회장	가뿟지. 이번엔 완전 가뿟어. (무심하게 싸늘한)
수동	…

집무실로 들어와 앉고…

명회장   그래가 니 일 볼께 하나 더 생깄데이.

수동   뭔데요?

명회장   뭐겠노 돈이지. 니가 설거지 하믄서 GMi뱅크 자산 중에 빼 묵은 게 있어.

수동   아닌데? 돈 될 만한 건 내가 싹 다 빼돌려서 챙겨 놨는데?

명회장   블루넷 시절 윤 사장이 갖고 있던 특허는 안 챙깄다 아이가.

수동   에이~ 그건 386, 486시절에나 쓰던 골동품 특허잖아요~ 요즘은 쓸데없지~

명회장   우리한텐 그렇지. 아직 남미나 동남아 개발도상국에선 돈 된다 아이가. (보던 서류 던져 주면)

수동   (보는)

명회장   윤 사장 특허권으로 아이템 잡고, 해외 IT기업 하나 엮어가 우회 상장 쌔리 때리뿌믄.

수동   그래프 이쁘게 빠지겠네~! 하~ 작전 설계가 글로벌한 게 느낌 있네~ 이거 은 실장 작품이죠?

명회장   금감원에서 압수한 은용이 사모펀드 투자 계획서데이. 하이간에 글마, 돈 냄새는 기가 막히게 맡아~

수동   근데 회장님, GMi뱅크는 설거지 끝내고 관리 종목 들어가서 이젠 특허권 못 빼오잖아요?

명회장   뭐라꼬? (가만히 보면)

수동   물론 그거야 일반적인 얘기고. 금감원 압수 자료도 배달 받아 보시는 우리 회장님인데 뭐 또 안 될 거 있겠습니까? (은근한)

4화

명 회장   (픽… 비릿한 미소에서…)

S#61.   [다음 날] 검찰청 전경 [낮]
           전경 보이고…

S#62.   검찰청, 구내식당 앞 [낮]
           식판 들고 와 자리에 앉는 태춘인데…

태춘   (한 숟가락 뜨는데. !!… 보면)

           식판을 들고 오는 기석과 한 무리의 특수부 검사, 수사관들…
           직원들과 나이스한 미소로 인사하던 기석이 태춘을 보더니.

기석   어이~ 장 검사. (반갑게 부르고)

           태춘의 옆에 멈춰 서면, 뒤따르던 특수부 무리들도 일제히 멈춰
           선다.

태춘   식사 맛있게 하십쇼~ (퉁명)
기석   표정이 안 좋네? 무슨 걱정 있어?
태춘   … (눈에 힘 팍 들어가 보면)
/남 계장   황 부장님 오랜만입니다?

식판 들고 온 남 계장이 능글맞게 인사한다.

기석	아~ 계장님. 건강하시죠?
남 계장	뭐 그렇죠. 허허허허. 퇴직하면 인사 한 번 올리러 가겠습니다?
	(은근한)
기석	남 계장님이야 언제든 환영이죠~ 연락 주시면 제가 한 번 모시
	겠습니다.
남 계장	약속하신 겁니다? 허허허허.
기석	그럼요. 식사 맛있게 하세요. (빙긋 미소 짓고 가는)
남 계장	식사 맛있게 하세요~

뒤따라 움직이는 특수부 무리들… 일각 빈자리로 가면.

남 계장	뭘 그렇게 싫은 티를 냅니까? 하수 같이.
태춘	계장님은 아주 연기대상 받으시겠네. 누가 보면 각별한 사인 줄
	알겠습니다?
남 계장	틀린 말은 아니죠. 각별하게 싫으니까.
태춘	(픽…) 근데 진짜 삼촌 계획대로 될까요?
남 계장	명 회장과 머니게임에서 이긴 유일한 선수라면 기대할 만하죠.
태춘	(흠…)
남 계장	(폰 메시지 보더니) 검사님.
태춘	네?
남 계장	고래가 미끼를 덥석 물었네요?
태춘	!!

4화 291

S#63. **특허청 서울 사무소. 일각 벤치 (낮)**

'특허청' 간판 보이는 건물 일각…

벤치에 앉아 있는 은발의 포마드, 수동 보이는데… 옆으로 슬쩍
와서 앉는 특허공무원1이다.

특허1 (서류 봉투 밀어 놓으며) 확인해 보세요. 지난주 날짜로 특허 이전 정
      리됐어요.

수동 (꺼내 확인하고) 땡큐~ 커피 내가 큰 걸로 사왔어. (테이크아웃 종이컵
     건네는)

특허1 (뚜껑 열면, 안에는 돌돌 말린 5만 원권 빼곡한) 잘 마시겠습니다~ (가면)

수동 (전화 거는) 회장님, 특허권 이전 완료했습니다.

S#64. **명인 홀딩스. 회장실 (낮)**

사무실 책상에 앉은 명 회장이 통화 중이다.

명 회장 오야~ 수고했데이. 사무실로 온나. (끊고) 교통사고? (찌푸리고 보면)

앞에는 덩치건달1이다.

덩치1 예.

명 회장 우짜다가? 진호 글마 또 약 빨았나?

덩치1 정확한 건 모르겠습니다. 지금은 목에 호흡기 꼽고 있어서…

명 회장 이노무 쉐끼… 뭐가 꼬롬한데… (인상 쓴 얼굴에서)

S#65.   **특허청, 지하 주차장 (낮)**

세단 운전석에 오른 수동이 조수석에 서류 봉투 던져 놓고, 시동 걸고 핸들 돌려 나가려는데.

'똑똑!' 순간 놀란 수동이 운전석 창문 내리며 쌍욕 뱉으려는데.

남 계장   이 변호사님 여기서 보네요?

수동   ? 아이고~ 싸나이 남, 남 계장님 여긴 어쩐 일이세요?

남 계장   변호사님 잡으러 왔는데? (들고 있던 돈이 담긴 커피 컵 열어 보이는)

수동   !!! (보면)

일각에 수사관1 옆으로 수갑 차고 고개 숙인 특허1 보이고…

남 계장   (전화 거는) 이 변호사 확보했습니다.

S#66.   **명인 홀딩스, 건물 앞 (낮)**

다른 수사관들과 차에서 대기 중이던 태춘이 통화하며 내린다.

태춘   옙!~ 고래 사냥 시작합니다.

전화를 끊고, 검사 신분증 목에 걸며 수사관들과 '명인 홀딩스' 건물 안으로 들어가는 모습에서.

4화   293

S#67.   **수목장 (낮)**
윤 대표의 석조묘비 앞에 서 있는 장교 정복을 갖춰 입은 준경
이다.

준경   엄마… 군복 입고 엄마 보러 오는 건 오늘까지야.

 묘비 속, 환하게 웃고 있는 윤 대표 사진을 보며…

준경   이제 명예로운 군복은 벗지만… 잃어버린 엄마 명예는… 꼭 다
 시 찾을게. 사랑해요 엄마. (경례하는…)

S#68.   **은용의 펜트하우스 (낮)**
커다란 통유리 창 앞에 서 있는 은용이다.
손목시계로 시간을 확인하는… 은용의 단단한 눈빛에서…

S#69.   **백 의원 기자 회견장 (낮)**
웅성거리는 기자들 앞으로… 회견장 중심에는 대형 모니터 놓
여 있는데… 순간, 암전.
'탁!' 하고 모니터에 화면 뜨는데…
(화면 속) 백 의원과 마주 앉은 실루엣으로 보이는 누군가(준경)…

백 의원   기자 회견을 요청하신 이유를 먼저 말씀해 주시죠.

/누군가	3년 전, 검찰의 수사 과정에서 있었던 범죄 사실을 자백하려고 합니다.
백 의원	저도 한때 검사였던 입장에서 말씀드리자면, 이런 공개 기자 회견은 명예 훼손 및 무고죄로 고소당할 수 있습니다.
/누군가	진실을 처벌할 수 있는 법은 없습니다.
백 의원	그럼 본인 소개를 해 주시겠습니까. (묻는데)

순간 모니터가 꺼지면서, 회견장 무대로 사복 정장을 입고 등장하는 준경이다! 지금까지와는 전혀 다른, 프라다 풍의 정장을 입은 준경… '파바바밧!!' 일제히 터지는 플래시를 받으며 중앙에 서고…

준경	저는… 권력의 부당 거래에 억울하게 돌아가신 윤혜린 대표의 딸이고…

S#70.   은용의 펜트하우스 (낮)
TV로 중계되는 준경의 모습을 보는 은용…

S#71.   백 의원 기자 회견장 (낮)

준경	그 억울한 죽음의 원인을 제공한 뇌물 조작 사건의 공동 정범입니다.

플래시 세례를 받는… 차가운 눈빛에서…

S#72.   **기석의 부장검사실, 부속실 (낮)**
문을 박차며 들어오는 기석, 뒤따르는 이 검사다.

이검사   부장님 오후 일정 다 취소하세요.

S#73.   **백 의원 기자 회견장 (낮)**
'타타타타' 기자들의 빠른 타자 소리 들리는 가운데…

준경   저와 함께 범행을 저지른 또 한 명의 공범, 특수부 황기석 부장에
게 묻습니다. (카메라 똑바로 응시하고) 당신에게 정의란 무엇입니까.

/노려보는 기석…
/지켜보는 은용…
/단단한 눈빛의 준경에서…

4화 엔딩

PAYBACK

5화

네 손으로 수갑 채워

회심의 반격으로 명 회장과 기석의
힘을 잃게 만드는 은용.
하지만 명 회장과 기석은 은용에게
오 대표 살인 누명을 씌우며 또다시 판을 뒤집는다.
도망쳐야 할 상황에 검찰청에 등장하는 은용!
태춘에게 직접 자신을 구속하라고 하는데…!

S#1.   **기석의 부장검사실 (낮)**

(장면 전환 / '국회방송'에서 생중계 중인 '백인수 의원 긴급 기자 회견' TV 화면 속)

정면을 응시한 준경의 서늘한 눈빛…

화면 속 준경의 눈빛을 노려보던 기석이 TV 꺼 버리면…

이검사   박준경이 백 의원과 손잡을 줄은 몰랐습니다.

기석   그놈 스타일은 아냐.

이검사   그럼 누가…?

기석   (전화 거는)

S#2.   **(교차) 명인 홀딩스. 회장실 / 기석의 부장검사실 (낮)**

싸늘한 눈빛으로 TV 보며 전화 받는 명 회장이다.

명 회장   보고 있다. 가시나가 맹랑하구로.

/기석   장 검사 삼촌이라는 은용이란 놈, 박준경과도 연관이 있다고 하

셨죠?

명 회장   은 실장이 죽은 윤 사장캉 인연이 깊지.

/기석   은용은 확실히 정리된 게 맞습니까?

명 회장   하모. 글마 마무리는 내캉 실시간으로 확인했다 아이가.

/기석   (흠…)

명 회장   우리 사우는 너무 걱정 마라. 고마 이럴 때를 대비해가 오 대표 캉 서초동 영감쟁이들 술 묵인 거 아이겠나? (눈빛 싸늘한데)

이때, 회장실 문이 벌컥 열리며 들이닥치는 태춘과 수사관들이다.

태춘   (신분증 보이며) 서울지검 장태춘 검삽니다.

명 회장   !! 장, 태추이 검사?

/수화기 너머로 들리는 태춘의 목소리에 눈빛 매섭게 굳는 기 석인데!!

태춘   방금 이수동 변호사가 특허권에 대한 횡령 및 배임 혐의로 긴급 체포 됐고요, 같은 죄목의 주범으로 회장님도 긴급 체포합니다. (눈짓하면)

수사관들은 명 회장의 팔목에 수갑을 채운다.

명 회장   뭐 뭐꼬 이기! 느그들 내 누군지 몰라? 전부 옷 벗고 싶나!

/수화기 너머로 들리는 소리에 어금니 꽉 무는 기석인데…

태춘   진술 거부할 수 있고, 변호사 선임하거나 사위 통해 압력 넣는
              건, 일단 검찰청 가서 하시죠? (빙긋)

명 회장   뭐라꼬?!!

/전화기 든 채로 싸늘하게 굳은 기석의 눈빛에서…

S#3.   **검찰 차량 안 + 검찰청, 입구 포토 라인 (낮)**

              태춘과 남 계장 등이 탄 승합차가 입구 로비 앞으로 들어오면…
              차창 밖에는 연신 셔터를 누르며 몰려드는 기자들과 막아서는
              경찰들… 남 계장과 수사관들이 먼저 내리고, 차에서 명 회장을
              끌어내리면… 고개 푹 숙인 명 회장 앞으로 거칠게 들이밀어지
              는 카메라와 마이크들! "혐의 사실 인정하십니까!" "검찰 고위
              직 사위의 수사 무마 의혹에 대해 한 말씀해 주시죠!" 질문을 해
              대는 기자들을 뚫고 로비로 들어가는 태춘과 남 계장, 명 회장의
              모습 위로…

/기자   회사의 자산을 빼돌려 긴급 체포된 명동 사채 왕 A씨는 최근 표
              적 수사, 조작 수사 논란에 휩싸인 B부장 검사의 장인으로 알려
              져 여론의 관심이 더욱 주목되는 가운데…

S#4. **고급 전통 찻집, 한적한 특실 (낮)**

창밖 풍경 단아한… 맑은 녹차 잔 사이에 두고 마주 앉은 은용
과 오 대표다.

용   거래는 계속 하셔야죠. (미소)

오 대표   담보로 잡을 계약서는 사라진 걸로 아는데?

용   담보는 없어도, 저는 이렇게 무사하지 않습니까? 상황이 바뀌었
            으니 새로운 제안을 드리려고 합니다.

오 대표   (흠…) 명 회장 잡아넣은 장태춘 검사? 조카시라고… 근데 형사
            부 말석 검사 앞세워서 무슨 상황을 만들 수 있을까 싶은데.

용   맞습니다. 그러니 황기석하고 체급을 맞추려면 대표님 후견이
            필요하죠.

오 대표   내가 왜?

용   국회의원 배지는 제가 달아 드리겠습니다.

오 대표   이번엔 선물이네? (픽…) 근데 이 친구야. 돈 없으면 못 하는 게
            정치라지만, 또 돈만 있다고 되는 것도 아닌 게야. 난 또 뭐라고.
            명 회장도 지역구 공천 호언장담했지만(O.L)

용   3선의 백 의원 지역구 어떻습니까? 여당 텃밭인데.

오 대표   !? 그게 가능해?

용   백 의원은 어차피 다음 선거는 가망 없습니다. 본인이 가장 잘
            알죠.

오 대표   그러니 거기 줄 선 사람이 꽤 많지 않은가?

용   그중에 돈은 제가 제일 많아서요. 요즘 저하고 친해진 건 아시죠?

오 대표   (흠… 곰곰한데)

이때, 울리는 오 대표의 핸드폰… 슬쩍 발신인 확인하면, '황기석 부장'이다. 망설임 스치는데…

용   (누군지 짐작한 듯) 그 전화 안 받으시면 새 거래에 사인하신 걸로 알겠습니다.

오 대표   …

용   (눈빛 빛내는 얼굴에서)

S#5.   **검찰청, 형사5부 부장검사실 (낮)**
           싸늘한 표정의 기석이고… 곤욕스런 표정의 박 부장이다.

박부장   난 진짜 몰랐다니까. 황 부장, 네가 제일 잘 알잖아, 영장 없이 긴급 체포해서 일단 카메라 앞에 세우고 그림부터 만드는 거.

기석   부장 결재도 없이 장태춘이 단독으로 한 일이다?

박부장   진짜야~ 보고 한 마디 없었어.

기석   야 이 등신 새끼야, 부장이란 새끼가 지금 그걸 핑계라고 대?

박부장   미안하다. 근데 황 부장, 긴급 체포로 설치는 거 48시간이잖아. 구속 영장 실질 심사 때, 내가 확실히 조치할게.

기석   박 부장님… 박 부장… 정수야!!!

박부장   (고개 푹 숙이며) 알았다. 한 대 칠 거면 쳐.

기석   … (누르며 손 내리고 싸늘하게) 문제없게 해라. 실시간 보고하고.

박부장   당연하지. 근데 기석아.

기석   (보면)

박부장	나 부산지검 인사 발령은 문제없는 거지? 지난주에 해운대 아파트 계약 끝냈거든. (비굴한 표정으로 보면)
기석	… (짜증 섞인 얼굴에서)

S#6.　형사부 복도 [낮]

굳은 표정으로 생각에 잠긴 기석이 복도를 걷는데… 마주 걸어오는 태춘이다.

시선을 부딪친 두 사람… 말없이 서로를 응시한 채로 점점 가까워지는…

마침내 마주 선 기석과 태춘인데…

태춘	장인께선 지금 형사부 조사실에 있습니다. 두 분 말씀 나누실 시간 드릴게요.
기석	장 검사 사건 피의자 신분이잖아? 괜한 오해는 서로 만들지 말자고. (차갑게 말하고 들어가려는데)
태춘	부장님.
기석	(보면)
태춘	(다가가 낮게) 7층 출입문은 제 힘으로 열겠습니다. 특수부 검사 잡고, 특수부로.
기석	!!
태춘	(고개 숙여 인사하고… 가는…)
기석	(태춘의 뒷모습을 잠시 보는… 눈빛 서늘한…)

S#7.   **형사부 조사실 / 거울 방 (낮)**

조사실의 명 회장은 수갑을 찬 채로 싸늘하게 생각에 잠겨 있고… 옆으로 노회한 인상의 나이 지긋한 변호사들 셋이 속닥이며 의논 중이다.

/거울 방에서 지켜보는 남 계장인데…

태춘	(들어오며) 변호사들 왔습니까?
남 계장	(보며) 선임계 낸 건 아직 세 명 더 있습니다. 검사장급 전관으로만 총 여섯.
태춘	(흠…)
남 계장	구속 영장도 쉽지 않겠어요. 사고는 쳤는데… 괜찮을까요?
태춘	계장님이 말씀하셨잖아요. 안 괜찮음… 죽겠죠, 뭐.
남 계장	…
태춘	(굳은 눈빛에서)

S#8.   **준경의 집, 서재 (밤)**

적당히 걸터앉아 캔 맥주 마시는 은용과 준경이다.

준경	그럼 오 대표하고는 다시 거래 성사된 거야?
용	(맥주 마시며 끄덕…) 기자들 쓰는 상시 출입증 주더라. (보여 주는)
준경	그거면 출입 기록 안 남기고 검찰 출입 가능하니까.
용	하~ 이게 얼마짜리 출입증이야? (이리저리 보며) 로고에 있는 짝대기 하나가 빌딩 하나 값쯤 되겠네.

준경	직선은 대나무야. 각각은 공정, 진실, 정의, 인권, 청렴을 상징하고.
용	(올~) 이런 것도 사법시험에 나와? (피식거리는데)
준경	… (표정 씁쓸한…)
용	너 같은 놈이 검사되면 대한민국 볼 만하겠다 생각했는데. 후회 안 해? 검사 그만둔 거.
준경	세상에 공짜는 없잖아.
용	(흠…)
준경	오빠는? 진짜 전 재산 복수에 다 날려도 후회 안 해?
용	날리다니? 돈으로 대한민국 검찰 정신 차리게 가치 투자하는 거 잖아? 각각은 공정, 정의, (음…) 신속, 정확, 배달은 아니고… 뭐 였더라?
준경	… 그런 건 돈으로 살 수 없어. (맥주 마시는데…)
용	… 돈으로 살 수 없는 건, 검사 돼서 네 손으로 직접 해.
준경	? (보면)
용	군복 벗었으니까 다시 검사로 복귀하자. 퇴직 검사 재채용 특채, 내가 되게 만들게.
준경	!!

S#9. [다음 날] 검찰청 전경 [아침]

아침을 맞은 검찰청 전경 보이고…

S#10. 형사5부 부장검사실 [낮]

법전

바짝 긴장한 태춘… 모니터로 올라온 영장 서류 확인하는 싸늘한 박 부장인데…

태춘   명 회장과 이수동 변호사는 진술 거부 중이지만 물증 확실해서 (O.L)

박부장   돈 받은 특허청 공무원은 뇌물 아니라 빌렸다 주장한다고?

태춘   그렇긴 하지만 위조한 서류 확보해서 대가성은 충분히 입증 가능한… (하다가) 미비한 점 말씀해 주시면 바로 수정해 다시 올리겠습니다.

박부장   (물끄러미 보면)

태춘   어떤 지적이라도 각오하고 있습니다. 백 번이라도 다시 결재 올리겠습니다.

박부장   됐어. (클릭해서 결재하는)

태춘   네?

박부장   결재했다고. 이 정도면 법원도 구속 영장 기각은 못 하겠네.

태춘   이렇게 한 번에요?

박부장   다른 사건들은 최 검사한테 배당 넘겼으니까 당분간은 이 사건 집중해.

태춘   … (믿기지 않아 보면)

박부장   뭐해 인마? 빨리 가서 일해. 큰 사건하고 다음 인사땐 특수부 올라가야지? (씩 웃으며 겉옷 챙겨 입고 나가는)

태춘   아, 네. (여전히 갸웃 하는 얼굴에서)

S#11.   **대검찰청, 전경 (낮)**
전경 보이고…

S#12.   **대검찰청, 회의실 (낮)**
조명 어둑한… 중앙 스크린에는 '체인지 인베스트먼트 파트너
스'에 대한 PPT 자료 화면 보이는…

/한나   저희 체인지 인베스트먼트 파트너스는 섹터별 하위 펀드를 선
정해 자금을 투자하고, 각 하위 펀드 운용사는 정책 목적에 부합
하는 투자를 집행합니다.

오 대표를 비롯해 참석한 예닐곱 명의 검사장급 실세들 보이는데…
한나의 PT 들리는 가운데, 이들을 바라보는 은용… 반사된 불빛
으로 인물들 얼굴 하나씩 보이며.

/한나   홍콩과 상하이 장이 끝나면, 런던… 6시간 30분 후엔 뉴욕, 다시
3시간 뒤엔 서울과 도쿄, 남반구의 시드니… 저희 펀드의 투자
는 24시간 계속됩니다…

용   … (가만히 보는…)

/용   (na) 오 대표를 통해 명 회장이 관리하던 검사장급 현역 실세 라
인이다. 거래를 할 땐 상대방이 원하는 핵심을 던져야 한다.

PT가 끝나고, '탁!' 하고 불 켜지면, 은용이 앞으로 나선다.

용	어느 정도 지위에 오르면, 돈 버는 건 쉽죠. 인맥도 쌓이고, 정보도 많고.
검사장들	?
용	문제는… 번 돈을 눈치 안 보고 맘대로 쓸 수 있느냐 아닙니까? (미소)
검사장들	! (눈빛 반짝이는데)
용	(검사장들 한 명씩 짚어 보며) 런던의 이튼스쿨, (검사장2) 뱅쿠버의 콜링우드, (검사장3) 북경의 65중학… 자녀분들 유학 중인 현지에서 언제 얼마든 출금 가능해요.
검사장들	…
용	금융 수사 해 보셔서 잘 아시죠? 명 회장이 쓰는 차명 계좌는 시간은 걸리지만, 작심하고 털면 털립니다. 그러니 마음 한 구석은 늘 불안하고 찜찜했던 건데… 저희가 해외에서 운용하는 역외 펀드는 사실상 추적이 불가능합니다.
검사장들	(끄덕이는 눈빛들 주고받는)
한나	(다시 나서며) 한도 없는 외환 거래, 지구상에서 가장 낮은 세금, 그리고 이후 어떤 인사 청문회에 나가셔도 공직자 재산 공개에서 자유로운 재산 증식을 약속 드립니다.

구미가 당기는 검사장들은 서로들 속닥이고…

용	(그런 검사장들 서늘한 미소로 보는데)
감찰 부장	그래, 기존 명 회장 펀드와 차별점은 알겠어요. 헌데, 형님. (오 대표 보며) 형님 말씀대로 황 부장 감찰 조사를 지시하긴 했는데…

기석이, 이렇게 날리긴 아까운 인재 아닙니까?

오 대표   얌마 감찰 부장, 검찰 전체를 생각해야지. 언론에 기스난 놈 안

고 가면 조직의 부담이 너무 커요. 후임으론 (회의 탁자 맨 끝을 가리

키며) 우리 흠 없이 깨끗한 박 부장도 충분하다 보는데?

검사장들   (시선 향하면)

그제야 회의 탁자 맨 끝에 앉아 있던 박 부장이 소개된다.

박 부장   박정수 부장입니다. 잘 부탁드립니다. (예의 바르게 고개 숙이며 짐짓

자세 다잡는…)

다시 속닥이는 실세 검사장들…

오 대표와 의미 있는 눈빛을 주고받는 은용의 모습에서…

S#13.   **구치소, 복도 (낮)**

교도관과 함께 복도를 걸어가는 미결수 수의를 입은 명 회장…

특별 면회실로 향하는데…

S#14.   **구치소 앞, 주차장 (낮)**

멈춰 서는 고급 세단에서 내리는 단정한 정장 차림의 세희…

일각에서 담배 피며 모여 있는 전관 변호사들에게 인사하고…

세희	제가 좀 일찍 왔죠?
전관	사모님 특별 면회가 30분 밀렸습니다. 그 전에 다른 면회가 잡혔다네요.
세희	누군데요? (굳은 눈빛에서)

S#15. 구치소. 특별 면회실 (낮)

들어오는 명 회장이 흠칫… 보면, 기다리던 은용이다.

명 회장	(이내 굳었던 표정 싹 바꿔) 하이고~ 이기 누꼬? 우리 용이, 은 실장 아이가?
용	오랜만에 뵙습니다.
명 회장	짜슥아 니는 우째 명절에 인사 한 번이 없노. 하이간에 싸가지 없구로.
용	건강하신 모습, 보기 좋습니다.
명 회장	니는 몸은 개안나? 교통사고 함 씨게 당했다카든데?
용	회장님보단 오래 살아야죠. 제가 나이도 한참 어리고 돈도 더 많은데.
명 회장	그라믄 일마야 저 푸른 초원 위에 호강하고 살지, 여는 머 할라기 들어왔어?
용	빚지고 사는 성격이 못 돼서. 은혜는 갚고… (눈빛 단단하게) 원수도 갚으려고요.
명 회장	맞나… (미소 띤 얼굴로 가만히 보면)
용	(피하지 않고 여유 있게 마주 보는데)

명회장	근데… 그기 꼬맹이 검사 글마로 되겠나? 특허권 횡령 배임, 이런 걸로는 내 구속 못 시키~ 나랏돈에 벌금 좀 보태가 끝날 낀데?
용	회장님께 배운 게 돈장사만이 아니라서. (검찰 출입증 보이며) 저도 하나 샀습니다.
명회장	!!
용	(폰 문자 보더니) 방금 영장 실질 심사 끝났는데, 법원에서 구속 영장 떨어졌네요.
명회장	뭐라?!
용	그 안에 계시면서, 반성 좀 하세요. 그사이 저는 꼬맹이 검사하고 회장님 불법 은닉한 재산들 전부 찾아볼라고요.
명회장	!! (노려보면)
용	회장님 돈 전부, 나랏돈에 보태 애국 좀 하겠습니다. (서늘하게 미소 짓는 얼굴에서)

S#16. **(교차) 달리는 박 부장의 차 안 / 기석의 부장검사실 (낮)**

운전 중인 박 부장이 '피식…' 웃으며 받으면. / 열 받은 기석이다.

박부장	어, 기석아.
/기석	야! 구속 떨어진 거 어떻게 된 거야!! (버럭!!)
박부장	(귀 따가~ 살짝 찌푸리고) 우리 기석이가 화가 많이 났구나? 근데 증거가 너무 확실하잖아.
/기석	뭐 이 새끼야!

박부장	기석아, 기석아… 너도 인마 쓸데없는 일에 까불지 말고, 감찰 받을 준비나 잘해. 너 변호사 개업하면 화분은 내가 큰 걸로 보낼게.
/기석	너 방금 그 말. 후회 안 할 자신 있어?
박부장	후회는 벌써 했지. 부산 아파트, 계약금 날리고 취소했다 인마. 다음 인사 발령에 변동이 좀 있단 얘길 들어서.

이때, 기석의 방으로 들이닥치는 대검 감찰부들이다!

감찰1	황기석 부장님. 대검 감찰에서 나왔습니다. (서류 건네며) 현 시간 부로 감찰 끝날 때까지 직무 정지 명령입니다.
기석	!! (노려보는 얼굴에서)

S#17.   구치소 복도 (낮)
명 회장의 면회를 마치고 나오는 은용인데…

용	…

맞은편에서 전관 변호사들과 걸어오는 세희… 은용 앞에 마주 선다.

세희	(전관들에게) 먼저 들어가세요. 금방 갈게요.
전관들	예. (들어가면)

5화   321

용	건강은 괜찮아 보이서.
세희	은 실장님이 옆에 있었으면… 이런 일은 안 생겼을 텐데요.
용	오래 있을 사이 아니란 건 너도 알았잖아.
세희	그래서 은 실장님 좋아했죠. 아빠와 은 실장님은 돈장사에 있어선 거울처럼 닮았지만, 가족을 대하는 마음은 너무 달랐으니까.
용	너도 회장님과는 달랐어.
세희	그래서 나도 지키려고요. 내 가족.
용	…
세희	아무래도 이번 생은 악연이네요. 가 볼게요. (들어가는)
용	…

S#18. 형사부 조사실 (낮)

수의 입은 수동이 인상 쓰고 생각에 잠겨 있는데… 들어와 앉는 태춘이다.

태춘	법원에서 영장 발부된 건 들으셨죠?
수동	… 회장님 엿 됐네. 나는 빅엿 됐고…
태춘	변호사시고, 또 검사 선배님이시라 잘 아시겠지만 인정할 건 인정하시고, 협조적으로 풀어 가시는 게 좋지 않겠습니까?
수동	장태춘 검사님.
태춘	네.
수동	어렸을 때 선생 팬 적 있죠?
태춘	!?

수동	의자 들고 찍어서 전치 8주였나? 미성년자라도 죄질이 안 좋아 소년원 2년 만땅은 충분했는데… 그때 유치장에서 빼준 검사가 나예요.
태춘	… (가만히 보면)
수동	그러고 보면 우리 검사님이 나한테 빚이 좀 있네. 막말로 그때 나 아니었으면 소년원 들락거리다 지금쯤 이 옷(수의) 입고 여기 앉아 있을지도 모를 일 아닙니까?
태춘	(싸늘한 미소로 보며) 뇌물은 주는 것도, 받는 것도 잘하시는 분이라 그때도 한 몫 충분하게 챙기신 걸로 아는데요?
수동	잘 아시네. 그래서 말인데, 은 실장, 검사님 삼촌한테 면회 한 번 오라고 하세요. 이번에도 딜 봐서 얘기 잘 되면, 우리 검사님한 테 좋은 진술 많이 해 드릴게요.
태춘	!! (노려보는 얼굴에서)

S#19. 감찰 부장의 방 (낮)

준경은 감찰 부장을 만나 기석과의 공모 자료를 제출한다.

준경	백 의원과 기자 회견에서 밝혔던 조작 사건에 대한 진술서입니 다. 당시 특수부 수석이었던 황기석 검사와 제 공모 사실에 대해 날짜별로 정리했습니다.
감찰 부장	(흠… 보며) 이게 뭐 입증할 물증은 있나?
준경	제가 조작한 서류의 원본 파일은 포렌식 감정 중입니다.
감찰 부장	그냥 가져와. 여기서 포렌식 하면 돼.

준경	제가 검찰엔 아직 믿음이 없어서 공신력 있는 기관에 맡겼습니다. (노려보면)
감찰 부장	(흠…)
준경	증거물 채택에 문제없게 준비해 추가 제출하겠습니다.
감찰 부장	준비 잘 했네? 연수원 수석답네.
준경	…
감찰 부장	검사로 복직해. 블루넷 사건의 공범이 아니라, 조작 사건 피해자로 무혐의 처리할 거야. 오늘도 준비한 거 보니까 너 천상 검사야.
준경	…
감찰 부장	다음엔 검사로서 정의를 외쳐. 고생했는데 그 정도 보상은 받아야지? (비릿한)
준경	… 아뇨. 전 자격 없습니다. (굳은 눈빛에서…)

S#20.　　태춘의 검사실 (낮)

인상 팍 쓴 태춘이고… 옆으로 남 계장이다.

태춘	하~ 얍삽한 새끼… 이제 와 편 갈아타면서 광 팔아보시겠다? 어림없죠. 지깟 놈 아니래도 증거는 충분한데.
남 계장	아뇨. 현행범으로 체포된 건 그놈이고, 명 회장에 황 부장까지 엮으려면 변호사인 이수동 진술은 중요해요. 람보 주가 조작은 꼬리 자르기로 막혀 있는 거 아시죠?
태춘	그래서 이제와 광 판다는 놈 얍삽한 딜을 받으라고요?
남 계장	당연하죠. 한 치 앞을 모르는 게 특수 수삽니다. 명 회장 구속되

법전

고, 황 부장은 과거 사건 터지면서 검찰 분위기가 하루아침에 바뀌었어요. 여기서 알 수 있는 게 뭐죠?

태춘　(당연하다는 듯) 우리한테 유리하다.

남 계장　아니죠. 검찰 분위기는 언제든 또 하루아침에 바뀔 수 있다. 그러니 승기 잡았을 때, 확실히 끝장 보는 카드는 받아야 됩니다.

태춘　… (미간 찌푸린… 못마땅한 표정인데…)

이때, 울리는 태춘의 핸드폰… 발신자 확인하고 갸웃하는 모습에서…

S#21.　검찰청, 로비 (낮)

'사회를 정의롭게, 국민을 행복하게' 검찰청 슬로건을 가만히 보는 사복 차림의 준경…
지난 기억을 떠올리는… (장면 전환)

S#22.　(과거 / 3화 15씬) 법원 앞 (낮)

(2010년) 몰려든 기자들 앞에 서 있는… 사복 정장 윤 대표가 손 장관과 나란히 서 있다.

손 장관　오늘 사법부의 무죄 판결은 새로운 싸움의 시작입니다. 이제 검찰의 표적 수사에 대한 진실을 밝히기 위해 저는 우리 윤 동지와 함께 끝까지 싸우겠습니다!

S#23.   **(과거) 준경의 집, 주방 (밤)**

준경은 윤 대표와 함께 집밥 차려진 식탁에 마주 앉아 있는데…
깨작거릴 뿐 잘 먹지 못한다.

준경   왜? 입에 안 맞아?

윤 대표   아니 맛있어. 오랜만에 우리 딸이 차려 준 저녁인데.

준경   근데 왜 이렇게 안 먹어?

윤 대표   …

준경   엄마… 그냥 지금은 좀 쉬는 게 어때? 안에서 몸도 많이 상했을
         텐데, 손 장관 아저씨랑 또 그렇게 다니면(O.L)

윤 대표   너무 억울했어.

준경   …

윤 대표   짓지도 않은 죄로 갇혀 있는 것도 억울한데, 회사는 나 때문에
         다 망가지고, 주변 사람들도 나 때문에 불려와 시달리고… 죄인
         취급하듯 모욕적인 조사, 하루 종일 받는데…

준경   …

윤 대표   그래도 기도하면서 버텼어… 그랬는데… 장부까지 조작한 걸
         들이밀 땐… 정말 죽고 싶더라.

준경   ‼

윤 대표   무서워. 엄마도 다시 싸우는 게 너무 무서운데, 누군가 또 나 같
         은 고통을 겪지 않게 하려면… 내가 나서는 게 맞아.

준경   아니. 이제 그냥 엄마만 생각해. 엄마는 손 장관 아저씨처럼 정
         치인도 아니잖아…!

윤 대표   엄마는 검사 엄마잖아.

준경	!
윤 대표	너한테 정의로운 검사 되라고 하면서 엄마가 진실을 외면하면 안 되잖아.
준경	…
윤 대표	걱정 마. 엄마 이 정도로 무너지지 않아. 우리 딸이 차려 준 밥, 맛있게 먹고 힘내서 끝까지 싸울 거야. 먹자. (애써 웃음 보이며 밥 크게 떠먹는)
준경	… (그런 엄마를 가만히 보는 슬픈 눈빛에서…)

S#24.　**(과거 / 3화 17씬) 준경의 검사실 (낮)**

검사실에 홀로 앉아 물끄러미 만년필을 보던 준경… 만년필은 챙겨 넣고, 다른 펜을 꺼낸다.

'사직서 - 검사 박준경… 상기 본인은 일신상의 이유로…' 사직서를 적는 준경인데…

이때, 들이닥치는 검찰 수사관1,2…

수사관1	박준경 검사. (신분증 보이며) 대검 감찰에서 나왔습니다.
준경	?!

S#25.　**(과거 / 3화 18씬) 감찰반 조사실 / 거울 방 (낮)**

수사관1에게 조사 받는 준경이다.

수사관1	사문서 위조, 모해 증거 위조, 공무 집행 방해 등의 혐의로 조사를 시작합니다. (서류 들어 보이며) 특수부에 전달한 이 서류, 본인이 조작한 게 맞습니까?
준경	… (굳은 표정으로 거울 쪽 노려보는데)

S#26. (과거) 감찰부 조사실 (밤)

(시간 경과) 굳은 눈빛으로 앉아 있는 준경인데… 이때, 수사관1이 들어온다.

수사관1	박준경 검사님. 이제 가셔도 됩니다.
준경	…?
수사관1	어머님께서 돌아가셨습니다.
준경	!!?

S#27. (과거) 준경의 집, 서재 (혹은, 거실) (낮)

놓여 있는 엄마의 영정 사진… 물끄러미 보는 넋 나간 표정의 상복 차림 준경…
책상에 놓여 있는 증거물 봉투에 담긴 엄마의 핸드폰을 보며…
눈물 흐르는 모습 위로…

/윤 대표	(F) 뇌물죄 서류 조작한 거… 그거 내가 그랬어.

(인서트 CCTV) '빵!' 하고 트럭이 스쳐 가면… 서서히 출발하는 윤 대표의 세단…

/윤 대표   (F) 미안하다.

(인서트 CCTV) 그대로 절벽으로 돌진해 난간을 뚫고 떨어지는!!

/윤 대표   (F) 내가 전부 안고 갈게.

S#28.   [과거] 특수부 거울 방 [낮]

윤 대표가 조사 받던 조사실을 보며 기다리는 준경인데… 거울 방 안으로 기석이 들어온다.

기석   오래 기다렸지? 내가 부장 진급하니까 정신이 없네.
준경   (노려보는데)
기석   어머니 상 치르는 데 못 가 봐서 미안하다. 근데 무슨 일로 여기 서 보자고 한 거야?
준경   엄마 돌아가신 날, 대검 출입 기록 확인했어요.
기석   …
준경   내가 대검에서 조사 받던 시간에 엄마가 대검 출입했던 기록이 있던데. 선배죠?
기석   …
준경   무슨 애길 했어요? 이번엔 날 가둬 놓고 엄마를 협박했습니까?

(노려보면)

기석   (픽) 지금 뭐 나한테 신문이라도 하는 거야?

준경   용서하지 않을 겁니다. 제가 끝까지 진실을 밝혀서 선배가 어떤 인간인지 다 밝혀낼 거예요…!

기석   네가 뭘 밝힐 자격이 돼?

준경   !

기석   너 증거 조작한 혐의, 네 어머니가 돌아가시면서 그냥 다 덮기로 했어. 너도 같은 식구고, 돌아가신 분 지난 일까지 들춰 뭐 하겠나 싶어서. 근데 뭐? 이제 와서 뭘 밝혀?

준경   !!

기석   사직서 냈다며? 잘 생각했어. 변호사나 하면서 조용히 지내. 그게 어머니 뜻일 거야.

준경   !!!…

S#29.   (다시, 현재) 검찰청, 로비 (낮)
        내려온 태춘이 일각을 보면…
        '사회를 정의롭게, 국민을 행복하게' 검찰청 슬로건을 가만히 보며 기다리는 사복 차림의 준경이다.

태춘   안녕하십니까, 선배님. (인사하며 다가가면)

준경   (인사하는)

태춘   여긴 어쩐 일이세요? (하다가) 아, 검사 복직 얘기 있다고 들었는데, 그래서 오신 거예요?

법전

준경	장 검사 보러 왔어요.
태춘	저요? (??)

S#30. 검찰청 일각, 볕 좋은 벤치 (낮)

테이크아웃 커피 들고 나란히 앉은 준경과 태춘이다.

준경	검사 복직할 수 있단 얘기 듣고 고민이 많이 되긴 했어요.
태춘	…
준경	중학교 때 아버지 돌아가시고부터… 약자의 편에 선 정의로운 검사가 되는 게 변하지 않은 내 꿈이었으니까.
태춘	복직하세요. 선배님이 함께라면 지금 수사에도 큰 힘이 될 겁니다.
준경	이걸 검사님께 드릴게요. (만년필 건네는)
태춘	뭔데요 이게? (살펴보다가… !!) 만년필 녹음기 뭐 그런 거? 뭔가 중요한 녹취 파일 같은 게 담긴 겁니까?! (살짝 흥분했으나)
준경	(차분하게) 용이 오빠가 떠날 때 주고 간 선물이에요. 검사되면 꼭 이걸로 나쁜 놈들 잡는 서류에 사인하라고.
태춘	(아…) 근데 이걸 왜 저한테?
준경	저는 황기석이 사주한 조작 사건의 공범입니다. 다시 검사가 될 순 없어요. 장태춘 검사님의 건투를 빕니다.
태춘	… (물끄러미 만년필을 보는)
준경	(일어서 가려는데)
태춘	괴물과 싸우기 위해 괴물이 돼야 할 땐 어떡합니까?
준경	…

| 태춘 | (일어서 마주 보고) 당장 방금도 이수동이란 놈이 지저분한 거래를 제안해 왔는데… 이럴 땐 어떤 선택을 해야 합니까? |
| 준경 | … |

가만히 마주 보고 선 두 사람의 모습에서…

S#31. 타워팰리스 전경 (밤)

강남의 고급 아파트 전경 보이고…

S#32. 기석의 타워팰리스, 현관에서 거실 (밤)

와인 냉장고의 깨진 유리에 비친 기석의 일그러진 모습… 소파에 앉아 와인병 나발 부는…

난장판이 된 거실이 소개되는데… 이때, 현관문 열리며 들어서는 세희다.

세희	!!
기석	당신 아버지 뭐하는 사람일까?… 어? 돈 몇 푼 욕심내다 이게 뭐야?
세희	…
기석	언제까지 그렇게 살 건데? 언제까지 밑바닥으로 살 건데!!!
세희	(차분하게 다가가 기석 안아 주며) 기분은 좀 풀렸어?
기석	(잠시 보다가… '후…' 끄덕끄덕하는)

cut to/

기석의 다친 손을 소독하는… 앞으로 무릎 꿇고 앉은 세희다.

세희   당신 손은 다치지 않았어야지. (약상자에서 붕대 꺼내 감아 주는)

기석   미안해.

세희   내가 왜 당신 선택했는지 알지? 아빠 돈으로 대한민국에 못 사는 집이 없는데, 딱 하나. 내가 살고 싶은 집은 돈만으로 안 돼.

기석   그래… 세종로 1번지.

세희   당신 장인… 아직 우리한테 필요한 사람이야. 그 욕심으로 번 돈이 당신 거기까지 올려놨잖아.

기석   그 돈으로 샀던 인간들이 전부 배신했어.

세희   다시 돌려놔야지.

기석   이제 와서 뭘 어떻게.

세희   아빠보고 직접 해결하라고 했어.

기석   직접? (찌푸리며 보면)

세희   (차갑게 끄덕이는 얼굴에서…)

S#33.   형사부 조사실 (밤)

죄수복 명 회장이 굳은 표정이고… 옆으로 전관 변호사1인데…

명 회장   그라이까네, 오창현이 글마가 결국에 또 내 뒷통수를 치고 은용이를 대검 영감님들 앞에 세워가 소개해 줬다, 이 말이지요?

전관	(끄덕이는)
명 회장	(흠… 잠시 싸늘한 눈빛으로 생각하다) 신 변호사님. 내 조용히 연락할 일이 있는데… 구치소 돌아가믄 전화 좀 편히 쓸 수 있게 조치 좀 해주이소.
전관	관구계장 통해 얘기해 놓을게요.
명 회장	(흠… 싸늘한 눈빛인데…)

이때, 태춘이 들어온다.

태춘	저녁 식사들은 맛있게 하셨습니까. 다시 조사 시작해 볼까요?
명 회장	몸이 좀 안 좋은 거 같은데… 오늘 조사는 이만 마무리하입시다.
태춘	네? 와서 화장실 가서 세 시간, 식사한다고 두 시간, 뭘 한 게 있다고 마무립니까? 몇 가지만 확인하고(O.L)
명 회장	(시선 비릿하게 태춘 보며) 신 변호사님요, 후배 지검장한테 전화 한 통 넣어 주이소. 검사가 피의자 인권을 무시하면서 조사할라칸다 아입니까?
전관	장 검사, 오늘은 여기까지 하지?
태춘	… 이런 식으로 피한다고 얼마나 더 버틸 수 있을 것 같습니까?
명 회장	검사님은 내가 이 안에 얼마나 있을 것 같습니까?
태춘	죄 지은 만큼 있으셔야죠.
명 회장	(픽) 검사님 삼촌이 은용이라면서요? 우리 꼬맹이 검사님이 삼촌 빽으로 구속 영장 하나 통과됐다꼬 어깨 힘이 너무 들어가셨네. 세상 일이 그래 만만한기 아인데…
태춘	(노려보며) 이수동은 현행범으로 체포됐고, 법원에서도 회장님을

공범으로(O.L)

명 회장　그래 이수동이는 뭐라 카던데요? 내가 시켰다 그래 진술했습니까?

태춘　!

명 회장　법대로 함 수사해 보이소. 내는 깨~끗합니다. 아무 문제없고. (비릿한)

태춘　… (노려보는 얼굴에서)

S#34.　준경의 집, 주방 (밤)

준경과 마주 앉아 차 마시는 은용…

용　이수동이 태춘이한테 거래를 제안했다?

준경　본인도 변호사라 명 회장을 기소하는데 자신의 증언이 가장 중요하다는 걸 잘 아는 거지.

용　이수동이라면 돈으로 거래가 되는 인간이긴 한데…

준경　일단은 장 검사 선택 기다려 보자. 어떤 검사가 될지는 장 검사 스스로 선택해야 후회가 없지…

용　… 넌 언제까지 후회만 할 건데? 검사 복직 거절했다며?

준경　선택의 책임은 져야지. 경찰 쪽에 알아봤는데 병원에서 이진호 사라졌대.

용　!… 중환자실 있다고 하지 않았어?

준경　상태가 좀 좋아져서 일반 병실로 옮겼는데, 감시 소홀한 틈에 도망친 것 같아.

용	…
준경	어디 짐작 가는 곳 없어?
용	진호 찾는 건, 김성태 밑에서 마약 다루는 애들 쪽으로 알아보면 단서가 나올 거야.
준경	마약?
용	명 회장이나 김성태가 아랫사람 길들일 때 잘 쓰는 방법이야. 진호가 변한 건 약 때문이야. 진호도 내가 미리 챙겼어야 되는데…
준경	오빠가 어떻게 모든 사람을 다 책임져? 결국 선택은 스스로 책임지는 거야.
용	진호도 누군가 한 사람이라도 좋은 사람이 있었으면 달랐을 수 있어. 아줌마 덕분에 나는 다르게 살았으니까.
준경	…
용	…

S#35.   태춘의 검사실 (밤)

홀로 앉아 생각에 잠긴 태춘…

(인서트 플래시백 / 5화 20씬) 태춘의 검사실 (낮)

남 계장	명 회장에 황 부장까지 엮으려면 변호사인 이수동 진술은 중요해요. 람보 주가 조작은 꼬리 자르기로 막혀 있는 거 아시죠?
태춘	그래서 이제와 광 판다는 놈 얍삽한 딜을 받으라고요?
남 계장	당연하죠. 한 치 앞을 모르는 게 특수 수삽니다.

태춘의 시선이 일각 놓여 있는 만년필로 향하고…

(인서트 플래시백 / 3화 62씬) 은용의 펜트하우스 (밤)

준경   (싸늘) 당신도 검사… 아니, 법률 기술자군요. 죄를 입증할 증거를
       찾았다는데 법전을 뒤져 안 되는 이유부터 찾고. 황기석이 좋아
       할 만하네.

       만년필을 들어 보며 생각에 잠긴 태춘의 모습에서…

S#36.   **(다음 날) 형사부 조사실 / (교차) 은용의 펜트하우스 (낮)**
        수동과 마주 앉은 태춘인데…

수동   은 실장하고는 얘기 좀 해 봤어요?
태춘   … 지금 통화할게요. (폰 꺼내 전화 거는)
수동   (빙긋 흐뭇하게 보는데)

/펜트하우스, 트레이딩 책상 쪽에서 전화 받는 은용이다.

/용   짱태추이~ 무슨 일이야?
태춘   이수동이 삼촌 면회 한 번 오면, 나한테 좋은 진술 많이 해 주겠대.
/용   그래?
수동   은 실장~ 나야, 이수동. 우리 스타일 알잖아~ 얼굴 한 번 보자고?

      (하는데)

태춘	근데 삼촌은 이수동이 무슨 거래를 제안해도 절대 하지 마.
수동	!!
/용	…
태춘	끝까지, 제대로 수사할 검사 필요하다는 약속, 내가 지킬 테니까 앞으로 나한테 맡겨.
수동	… (인상 쓰며 보는)
/용	그래. 그렇게.
수동	인마 이거 또라이네…

/전화를 끊은 은용… 잠시 생각하다… 다시 모니터에 집중하는
흐뭇한 표정에서…

S#37.   한강 다리 아래, 외딴 곳 (밤)

손에 붕대를 감은… 운동복 차림의 기석이 서 있는데… 강물을
보며 생각에 잠긴… (장면 전환)

S#38.   (과거) 기석의 검사실 (밤)

고급 찬합에 도시락을 싸 온 세희… 기석은 조금 굳은 표정으로
밥을 먹고 있다.

세희	그래도 진짜 다행이다. 결국 최 의원 비서관이 자백했다며?
기석	…

세희	이번 사건만 잘 마무리 되면 당신 특수부 갈 수 있을 거래.
기석	아버님이 그래?
세희	지난주에 검사장님 모시고 골프치고 오셨거든.
기석	(밥 먹다 놓고 보며) 세희야.
세희	?
기석	최 의원 비서관 때문에 골치 아프단 얘기, 아버님한테 전했어?
세희	…
기석	본인 말로는 교통사고였다고 하는데, 형사부 검사인 내가 이런 사건 한 두 번 한 것도 아니고… 그 얼굴은 폭행당한 게 분명하거든. 아버님 맞지?
세희	… 내가 부탁했어. 당신 이번 수사 실패하면 옷 벗어야 할 수도 있다며.
기석	…
세희	나하고 결혼할 때 약속, 잊은 건 아니지?
기석	다음부터 아버님한테 이런 일 전할 땐…
세희	그래 꼭 당신하고 먼저 상의할게. (미소 짓는)
기석	(가만히 보는 얼굴에서… / 장면 전환)

S#39. [다시, 현재] 한강 다리 아래, 외딴 곳 [밤]

세워진 기석의 세단 옆으로 멈춰서는 세단… 운전석에서 내린 이 검사가 인사하며 옆으로 선다.

이검사	오늘 낮에 대검 회의실에 모였답니다. 거기서 결론 낸 거 같아요.

기석	그랬겠지. 넌 어쩔 거야?
이검사	네?
기석	나만 제치면, 특수부에서 그 다음은 너잖아?
이검사	전 선배 편입니다.
기석	맨날 내 2인자 소리 듣는 거 지겹지도 않냐? 제2의 황기석이 목 표 아냐?
이검사	아뇨, 전 황기석의 2인자가 더 좋아요.
기석	? (보면)
이검사	선배 다음 자리가, 저 스스로 올라갈 수 있는 자리보다 더 높아 요. 훨씬.
기석	영진아… 너 그럼 뭐든 할 수 있어?
이검사	예, 선배님.

눈빛 빛내는 기석의 얼굴에서… (장면 전환)

S#40. (다음 날) 구치소, 특별 면회실 (낮)

죄수복을 입었지만 포마드 단정한 명 회장… 맞은편엔 겁에 질 린 김 여사다.

김 여사	(겁먹은 얼굴 위로)
/명 회장	징역은 내가 왔는데, 고마 우리 여사님 얼굴이 영 말이 아이네.
	(비릿하게 보면)
김 여사	검사가 불러도 아, 아무말 안 할게요. 저, 정말요… (덜덜…)

명회장	아이지, 아이지, 그기 아이라 보소, 여사님요. 내한테 마 고소장 하나만 넣어 주소.
김여사	네?!? 회장님을 고소하라고요?
명회장	우리 복순 씨가 고소장 하나만 날려 주면, 동대문 지분은 돌려 드릴께. (비릿한 얼굴 위로)
/기석	(E) 동부지검으로 우리 장인을 상대로 한 고소장이 하나 접수될 텐데…

S#41. **동부지검 앞, 까페 (낮)**

이 검사가 앉아 있는 까페 통유리 너머 동부지검 보이는데…
안으로 들어와 반갑게 인사하는 양 검사(남, 40대)… (아래, 자막) _
동부지검 양동철 검사

/기석	(E) 사건은 양동철 검사한테 갈 거야.

+ (분할 화면 / 인서트 플래시백) 한강 다리 아래, 외딴 곳 (밤)

기석	너하고는 연수원 동기지?
이검사	동철이, 성접대 스캔들로 시끄러운 건 아시죠?
기석	그러니까 딜 치기 좋잖아.

S#42. **동부지검, 양 검사의 방 (낮)**

양 검사 들어와 자리에 앉으며, 계장1에게…

양검사	계장님, 명 회장 사기 고소 건이요, 오늘 밤에 피의자 소환해 주세요.
계장1	예? 명 회장은 지금 중앙지검 구치소에 있는데요?
양검사	(무심히 서류 넘기며) 그러니까 아무 때나 불러도 되잖아요? 그리고 계장님, 오늘 야근 안 하셔도 돼요. 간단히 진술만 받고, 중앙으로 병합해서 넘길게요. 나 혼자 있어도 돼요.

S#43. 구치소, 전경 (밤)

구치소 전경 보이고…

/교도관	(E) 5448, 검찰 출정!

S#44. 구치소 (밤)

늦은 밤… 출정 나가는 명 회장이고…

S#45. 동부지검, 형사부 복도 (밤)

불이 다 꺼진 형사부 복도 보이는데… 유일하게 불 켜진 양 검사의 방이고…

S#46.   **동부지검, 양 검사의 방 (밤)**

양 검사는 죄수복 명 회장과 마주 앉아 있다.

양검사   자, 우리 명인주 씨… 동대문서 일수 놓는 김복순 씨가 고소를

했어요. 이제 조사를 시작할 건데… (폰 보더니) 잠시만요. (자연스레

나가는)

명회장   …

잠시 후, 들어오는 이 검사… 공손히 인사하며 쇼핑백을 건넨다.

쇼핑백에는 피처폰, 차키, GMi뱅크 로고 찍힌 봉투, 그리고 사

복이 들어 있다.

사복으로 갈아입는 명 회장의 모습에서…

S#47.   **동부지검, 로비에서 후문 주차장 (밤)**

늦은 밤… 레인 코트, 중절모에 마스크를 쓴… 명 회장과 이 검

사가 후문 주차장 쪽으로 걸어 나온다.

이검사   (시계 보고) 세 시간 안에는 다시 오셔야 합니다.

명회장   하모예. 걱정하지 마시고, 곧 자리 마련해가 모시겠습니다.

/어둠 속의 주차장을 빠져나가는 세단 한 대 보이고.

S#48. **달리는 오 대표의 세단 안 (밤)**

뒷좌석의 오 대표는 스마트폰에 담긴 손주 영어 재롱 영상 흥얼거리며 기분 좋은데…

'띠링-' 발신번호제한 메시지… 확인하면.

명 회장의 별장 술자리에서 찍힌… 젊은 여자 껴안고 블루스 추는 오 대표 몰카 사진이다!

오 대표   !! (뒤이어 걸려온 전화… 누군지 짐작하고 누르며 낮고 싸늘하게 받는) 여보세요…

S#49. **기석의 타워팰리스, 서재 (밤)**

스탠드 조명만 켜 있는 어둑한 서재… 책상에 앉아 컴퓨터로 뭔가를 작성하는 기석이다.

키보드를 두드리는 손… 모니터에 찍히는 글자들… '지속적인', '협박', '책임을 지고', '사죄'…

S#50. **건설 중인 GMI뱅크 신사옥 빌딩 옥상 (밤)**

도심의 불빛이 내려다보이는 공사 중인 빌딩 옥상…

일각 철제 계단 쪽에 바람을 맞으며 서 있는 오 대표와 중절모 명 회장이다.

명 회장   영감님들 뒷바라지 한다꼬 그래 쎄가 빠지는데, 이래 입 싹 씻을

껍니까? 지금 내 꼴이 이기 뭡니까? 예?

오 대표   그렇다고 이딴 걸 보내? 이 새끼… (누르며 거친 숨 토해 내는) 후…
(참고, 차분히) 그래서 만나러 왔잖아. 이런 일, 시간 필요한 거 알
면서 이런다.

명 회장   …

오 대표   분위기 정리되면 불구속으로 빼 줄 거니까 쫌만 참자. 어?

명 회장   (후…) 마 대표님만 믿습니다?

S#51.   기석의 타워팰리스, 서재 (밤)

'지이잉-' 프린트 되어 나오는 A4용지…
적힌 내용을 확인하고 GMi뱅크 로고 찍힌 봉투에 넣는… 서늘
한 기석의 눈빛에서…

S#52.   건설 중인 GMi뱅크 신사옥 빌딩 옥상 (밤)

오 대표   그래. 너무 섭섭하게 생각하지 말고, 쓸데없는 사진 같은 건 좀
지우고.

명 회장   마 알겠습니다. 그래 할께예. (하며 오 대표 주머니에 봉투 찔러 넣는)

오 대표   뭐야?

명 회장   검사장님에 대해선 입 꾹 다물겠습니다. 앞으로 영~워히.

하더니, 오 대표를 확 밀치면!!

5화   345

/순간 사라진 오 대표. 명 회장만 남은 옥상에는 아무 일 없었던 듯, 바람 소리만 들리는…

S#53. **(다음 날) 브런치 까페 앞, 거리 (낮)**

테이크아웃 커피 컵을 들고, 나란히 걷는 후드 집업 은용과 준경 이다.

용   회사 근처에선 여기 커피가 제일 괜찮아. 문도 일찍 열고.
준경   좋네… 근데, 장 검사한테 이수동 애긴 없었어?
용   어제 통화했어.
준경   ? (보면)
용   이수동 쪽에서 무슨 거래를 제안해도 절대 응하지 말라던데?

S#54. **(플래시백) 검찰청 일각, 별 좋은 벤치 (낮)**

태춘   괴물과 싸우기 위해 괴물이 돼야 할 땐 어떡합니까?
준경   …
태춘   (일어서 마주 보고) 당장 방금도 이수동이란 놈이 지저분한 거래를 제안해 왔는데… 이럴 땐 어떤 선택을 해야 합니까?
준경   …

가만히 마주 보고 선 두 사람의 모습에서… [*30씬에 이어.]

준경	지금의 나라면 주저 없이 더 지독한 괴물이 되는 선택을 할 겁니다.
태춘	(흠…) 참고할게요. 선배의 선택.
준경	…
태춘	그리고 또 이걸 (만년필 들어 보이며) 전해 준 마음도 함께 생각하겠습니다.
준경	!…

만년필을 들어 보이는 태춘… 그런 태춘을 가만히 보는 준경에서…

S#55. [다시, 현재] 거리 [낮]

은용과 나란히 걷는 준경인데…

준경	(옅은 미소 스치며) 장 검사는 나하고 다른 선택을 했나 보네.
용	법과 원칙? 하여간 공무원들이란. (그래도 싫지 않은, 흐뭇한데)
준경	그래야 세금으로 월급 받지. (하는데)
용	(울리는 폰 보며) 우리 집안이 양반은 아닌가 봐? (받으며, 장난 섞인 정색으로) 장태춘 검사님~ 아침부터 무슨 일이십니까?

S#56. [교차] 태춘의 검사실 / 거리 [낮]

심각한 표정으로 모니터 노려보며 다급하게 말하는 태춘이다.

태춘	삼촌, 뉴스 봤어?
/용	무슨 뉴스?
태춘	오 대표가, 자살했어.
/용	뭐?!

모니터에 떠 있는 뉴스 속보 화면에서. (장면 전환)

S#57. (뉴스 화면) 건설 중인 GMi뱅크 신사옥 빌딩 앞 (낮)

경찰차와 앰뷸런스 불빛 요란한… 폴리스 라인 앞에서 리포트
하는 기자…

기자	투신한 오 전 검사장의 주머니에서 발견된 유서에 따르면, GMi 뱅크의 주가 조작 사건과 관련해 사모펀드 매니저 은모 씨에게 지속적인 협박에 시달린 것으로 전해졌습니다. + 정치 자금을 미끼로 접근한 은모 씨는 자신이 운용하는 사모펀드에 대한 각종 특혜를 요구해 왔으며, 내부자 거래 등의 각종 불법에 참여할 것을 강요한 것으 로 알려졌습니다.

리포트 하는 멘트 사이사이, 바닥에 그려진 시신 라인… 덜 마
른 핏자국 등의 현장 모습과… 49씬 기석이 작성하던 모니터의
문서 내용 중, '협박' '책임' '사죄' 등의 글자들… 52씬 오 대표
를 미는 명 회장의 손, 추락하는 이미지 등이 파편처럼 교차하다
가… (장면 전환)

법전

S#58.   **구치소, 독방 (낮)**
> 뉴스 화면은 시설 좋은 독방의 TV 뉴스 화면으로…

TV 뉴스 화면에는 '체인지 인베스트먼트 파트너스' 건물 전경
과 은용의 여권 사진 보이는 위로.

/기자   ㉣ 현재 검찰은 용의자 은모 씨를 전국에 긴급 수배 했으며…
+ 해외 도피를 막기 위해 출국 금지 조치를 할 예정이라고 전했습니다. 은모 씨
가 운용하는 사모펀드는 최근 금감원의 강도 높은 조사를 받아온 것으로 알려
졌으며, 관계자에 따르면 탈세 및 외환관리법 위반 혐의에 대해서도 추가 수사
가 이루어질 방침이라 전했습니다.

TV 앞에서… 홀로 앉아 밥을 먹는 죄수복 명 회장… 무심해서
더욱 섬뜩한 모습에서…

S#59.   **거리, 체인지 인베스트먼트 파트너스 건물 근처 (낮)**
나란히 폰으로 뉴스 검색하며 걸어가는… 굳은 표정의 은용과
준경이다.

준경   오 대표 유서 내용이 말이 안 되잖아?
용   오 대표 자살한 거부터가 말이 안 되지. (인상 팍 쓰는데)

이때, 준경이 갑자기 은용을 '확!' 끌어안으며 옆 골목으로 들어

간다!

용	행동 진짜 빠르네. 마치 준비한 것처럼.
준경	일단 우리 집으로 피해 있어. 회사는 내가 알아볼게.
용	이따 전화할게.

반대편 골목으로 달려 나가는 은용의 모습에서…

S#60.   체인지 인베스트먼트 파트너스 건물 앞 (낮)
검찰 수사 차량에서 내린 이 검사가 수사관들과 함께 건물로 들
어가며 통화한다.

| 이검사 | 예, 사모펀드 앞에 도착했습니다. |

S#61.   대검, 감찰부 조사실 (낮)
감찰부 팻말 보이고…
조사실에 홀로 앉아 통화하는 기석의 눈빛이 차갑다.

| 기석 | 그래. 수고해. |

S#62.   체인지 인베스트먼트 파트너스, 한나의 오피스 (낮)

통유리 너머, 들이닥쳐 압수 수색하는 검찰 수사관들!! 순간 아수라장이 되는 사무실이고!

달려 나온 한나와 마주 선 이 검사다.

이검사   자, 하던 일 다 멈추십시오. 압수 수색 영장 집행하겠습니다. (영장 보이며) 홍한나 씨? 은용, 연락됩니까?

한나   … (노려보는 얼굴에서)

S#63.   **준경의 집, 거실에서 서재 (낮)**

거실에서 서재로 간 은용… 과거 사건 스크랩에서 오 대표의 사진 떼어 내 보며…

/용   (na) 오 대표의 죽음… 상상 이상의 초강수다. 예상치 못한 적의 강수에 맞설 방법은… 하나뿐이다.

S#64.   **검찰청, 건물 앞 + 로비 (낮)**

높이 솟은 검찰청 건물이 보인다. 그 중앙 현관을 향해 걷는 말끔한 슈트 차림의 누군가 뒷모습…

출입구에 선 청원 경찰들… 출입문을 드나드는 사람들… 언제나처럼 분주하게 오가는 사람들 속을 지나고… 로비 정문을 열고 들어오는 뒷모습의 사내는, 은용이다!

무심하게 은용을 보는 청원 경찰들… 검색대 모니터에 잡히는 무표정한 은용의 얼굴인데…

다급하게 달려 나온 태춘이 보면, 일각 검찰청 슬로건 앞에 선 은용이다.

태춘   (다가가 인상 팍 쓰고 낮게) 미쳤어? 수배 떨어져서 난린데 여길 오면 어떡해…!

용   내가 숨으면 네가 다쳐. 방법은 하나 밖에 없다.

태춘   !?

용   (손 내밀며) 짱태추이~ 네 손으로 나, 수갑 채워.

태춘   !!

용   …

검찰청 로비 바닥의 커다란 검찰 로고 위에 마주 선…

은용과 태춘 너머로 보이는 벽걸이 TV에는 지명 수배에 오른 은용에 대한 뉴스와 사진 보이는!

긴장한 눈빛의 태춘과 굳고 단단한 은용의 얼굴에서.

5화 엔딩

쩐쟁의 위기

명 회장이 있는 구치소로 넘겨져
죄수 살인죄 누명까지 쓰게 되는 은용.
급기야 뇌물죄 조작 증거를 터뜨리려는 준경을
의식 불명 상태로 만드는 명 회장과 기석.
준경의 소식에 분노를 폭력으로 폭발시킨
은용은 징벌방의 어둠 속에 갇히게 된다.

S#1. **[과거] 경찰서 전경 [밤]**

1983년, 시대감이 느껴지는 플랜카드 붙어 있는 경찰서 전경…

(아래, 자막) _1983년, 겨울

S#2. **[과거] 경찰서, 유치장 [밤]**

코를 골며 드러누운 취객 옆으로… 구석에 웅크리고 앉아 있는
소년 은용(12)의 모습이 보이는 위로…

건달1   아야 꿈나무야.

소년용   !?

일각의 문신 건달 몇 놈이 비실비실 웃으며 보고 있다.

건달1   우리 꿈나무는 뭘로 들어왔쓰까? 아리랑? 뻑치기?

소년용   …

6화

/용	(na) 열두 살 겨울… 무전취식으로 처음 잡혀간 유치장은 춥고 무서웠다.

잔뜩 긴장한 소년 은용의 눈빛 위로.

/교복 지희	내 동생인데 내가 왜 못 보냐고요!!~

S#3.　　(과거) 경찰서, 민원실 (밤)

중학생 교복 입은 지희(16)가 경찰과 실랑이 중이다.

경찰	부모님 데려와.
교복 지희	부모 없다니까! 용인 내가 보호자라고요! (악을 써 봐도)
경찰	(공무원 태도) 미성년자는 안 돼. 부모 없으면 아무 어른이라도 데려와. 안 되는 건 안 돼.

열 받아 노려보던 교복 지희는 휙 돌아서 가는가 싶었는데… 일
각에 놓인 소화기 들더니 순간 집어던져 유리창 박살낸다!

경찰	야, 미쳤어!! (놀라 보면)
교복 지희	(저벅저벅 다가와 양 손 '턱!' 내밀며) 잡혀가는 건 부모 없어도 되죠?

S#4.　　(과거) 경찰서, 유치장 (밤)

법전

여경과 함께 수갑 차고 들어온 교복 지희가 유치장들 보며 은용을 찾는다.

교복 지희	용아!! 용이 어딨어!!
소년 용	누나!! (쇠창살로 달려 나와 놀라 보는)
교복 지희	(은용 보고 씩씩하게) 용아, 괜찮아? 걱정 마. 누나 왔어.
경찰	조용히 해! (여자 유치장으로 끌고 가는)
교복 지희	(끌려가며) 야!! 거기서 우리 용이 건드리는 새끼 있음 내가 물어뜯어 죽여 버린다!!

유치장 사람들 보며 악을 써대는 교복 지희… 여자 유치장 안으로 들어가고, 경찰 나가면…

교복 지희	괜찮아? 다친 덴 없어?
소년 용	누나 미안해…
교복 지희	울지 마… 누나가 어떻게 할게. 미안해… 울지 마, 뚝! 우리 잘못한 거 아무것도 없어. 무서웠지? 이제 누나 있으니까 괜찮아. 누나가 지켜줄게.
/용	(na) 돈 버는 온갖 일을 마다않던 누나는 소녀 가장이었고, 언제나 내 편인 보호자였다.

그런 누나를 보며 왈칵, 눈물 훔치는 소년 은용의 얼굴에서…

6화

S#5. **(과거 / 몽타주) 가톨릭 산부인과 (낮)**

창밖으로 봄꽃이 만개한··· 햇살 가득한 병원 복도 나무의자에
앉아 있는 소년 은용 보이고···

/용   (na) 개나리, 진달래가 흐드러진 봄날···

잔뜩 인상 쓴 산모 지희의 외마디 비명에 이어··· 들리는 아기
울음소리···

/용   (na) 열아홉의 누나는 아들을 낳았다.

지긋한 수녀님 의사가 건네는 아기 태춘을 보며 눈물 그렁해 보
는 산모 지희···
아기 태춘을 마뜩잖게 노려보는 소년 은용인데···

/용   (na) 아빠 없는 아이··· 누나에게 또 힘들고 슬픈 일이 생겼다고
          생각했는데···

수녀   어서 와. 누나하고 조카한테 인사해야지?

지희   용아··· 나 이제 엄마 됐어. 축하해 줘.

소년용   ···

/용   (na) 아빠 없는 아이··· 누나에게 또 힘들고 슬픈 일이 생겼다고
          생각했는데···

수녀   이 아이가 바른 길로 갈 수 있게 주께서 선한 목자가 되어 인도
          하여 주옵소서. 이 아이가 하는 모든 말이 복음이 되고, 이 아이

가 하는 모든 행동들이 사랑이 되어 봄에 꽃이 피듯 봄 향기 가득한 사람이 되길 바라옵니다. 아멘.

산모 지희는 아기 태춘을 보며 눈물 섞인 환한 미소를 지어 보이지만, 소년 은용의 마음은 아직도 아기 태춘이 맘에 들지 않는 표정이다. 한 발 물러서 보는…
수녀님 의사가 인자한 표정으로 산모 지희와 아기 태춘을 살피는 모습 위로.

/용   (na) 시를 쓰는 수녀님이 지어 주신 이름은 평안한 봄, '태춘'이었다.

햇살 가득한 분만실… 수녀님들이 산모 지희와 아기 태춘에게 축복 기도하는 가운데…
소년 은용은 눈을 뜨고 꼬물거리는 아기 태춘을 가만히 보는데…

소년용   짱태추이… (낮게 불러 보면)
아기태춘   (알아듣는지 배시시 웃는)
소년용   !! (순간 뭔가 울컥하고)

내내 굳어 있던 표정이 풀리며 씩 웃는 소년 은용의 맑은 미소에서… (장면 전환)

S#6.   **[다시, 현재 / 5화 64씬] 검찰청, 로비 [낮]**

다급하게 달려 나온 태춘이 보면, 일각 검찰청 슬로건 앞에 선 은용이다.

태춘	(다가가 인상 팍 쓰고 낮게) 미쳤어? 수배 떨어져서 난린데 여길 오면 어떡해…!
용	내가 숨으면 네가 다쳐. 방법은 하나 밖에 없다.
태춘	!?
용	(손 내밀며) 짱태추이~ 네 손으로 나, 수갑 채워.
태춘	!!
용	…

검찰청 로비 바닥의 커다란 검찰 로고 위에 마주 선…
은용과 태춘 너머로 보이는 벽걸이 TV에는 지명 수배에 오른
은용에 대한 뉴스와 사진 보이는!
긴장한 눈빛의 태춘과 굳고 단단한 은용의 얼굴에서.

S#7.   **대검, 감찰부 조사실 [낮]**

감찰부 팻말 보이고…

S#8.   **대검, 감찰부장실 [낮]**

홀로 앉아 있는 서늘한 눈빛의 기석인데… 이때, 대검 감찰 부장

이 문을 박차고 들어오더니.

감찰 부장   뭐냐 이건? (증거물 봉투 툭 던져 놓는)

기석이 보면, 봉투 속 폰에는 로우앵글로 찍은 별장 술자리 몰카 사진 보인다.
(인서트 플래시백 / 5화 48씬) 오 대표가 차에서 발신제한 전송된 사진 확인하는 장면 스치고…

감찰 부장   이거 네 장인 별장이지?
기석   선배도 몇 번 와 보셨죠?
감찰 부장   (낮게) 오 선배 자살한 거, 이거 때문이야?
기석   … (서늘하게 보면)
감찰 부장   !! (멱살 잡고 씹어뱉는) 야 이 개새끼야, 이거 까면, 넌 무사할 거 같아…!
기석   (싸늘하게) 받아 처먹기만 하고 통수 친 건? 무사할 거 같습니까?
감찰 부장   이 새끼가! (주먹 날리는!!)

'퍽!!' 감찰 부장의 주먹에 맞은 기석… 터진 입술을 훔치며 피식… 썩소로 노려보는데…
씩씩거리는 감찰 부장은 걸려 온 폰 전화를 받는다.

감찰 부장   어… 뭐!? 이런 씨ㅂ… (인상 '팍!' 리모컨으로 TV 켜면)
기석   !?

6화

TV에 나오는 수갑 찬 은용의 뉴스 화면에서 기자들 질문 소리 선행되며. (장면 전환)

S#9. **(뉴스 화면) 검찰청, 포토 라인 (낮)**
"오 대표를 협박해 자살로 몰고 간 게 사실입니까!", "오 대표가 남긴 유서에 대해서는 뭐라고 해명하실 겁니까!" 몰려든 기자들 앞에 선 수갑 찬 은용… 옆에는 태춘과 남 계장이다.

용   고 오창현 대표님과는 좋은 비지니스 파트너였습니다. 저와의 관계를 입증해 줄 믿을 만한 다른 친구 분들도 있습니다. 모든 건 검찰에서 소상히 밝히겠습니다.

"믿을 만한 친구들이 누굽니까!", "대검 고위 간부들과 만난 적 있습니까!" 기자들의 질문 공세 이어지는 가운데, 단단한 표정 으로 검찰청 안으로 향하는 은용인데…

S#10. **대검, 감찰부 조사실 (낮)**
잔뜩 인상 쓴 감찰 부장이 TV를 끄면…

기석   믿을 만한 친구가 누군지 부장님은 아십니까? 혹시 부장님은 아 니죠?
감찰 부장   뭐 인마! (발끈하지만, 눈빛 흔들리는)

6화   371

기석	(냉철한) 선수를 뺏겼네요. 이런 식으로 스스로 자수해 버리면, 언론의 관심은 지명 수배 은모 씨에서 믿을 만한 친구들이 누구냐로 옮겨 갈 겁니다.
감찰 부장	이 새끼가 지금…!!
기석	저한테 맡겨 주세요. 선배들 피해 없게 깔끔히 정리하겠습니다.
감찰 부장	이딴 게 등장한 판에 널 믿으라고? (별장 사진 보이면)
기석	아니면 직접 해결하시든지요.
감찰 부장	!!
기석	믿으세요. 저 황기석입니다.
감찰 부장	… (마뜩잖게 노려보는 얼굴에서)

S#11. 검찰청, 엘리베이터 안 (낮)

수갑을 찬 두 손 보이는… 은용을 사이에 두고 양 옆으로 선 태춘과 남 계장인데…

태춘	이제 수갑은 풀어 주시죠.
남 계장	(수갑 풀어 주며) 호랑이굴에 제 발로 들어왔으니 만만치는 않을 겁니다.
용	남상일 계장님이시죠? 앞으로도 우리 장 검사 잘 부탁드립니다. (빙긋)
태춘	(헐…) 지금 누가 누굴 걱정해? (어이없는데… 엘베 문 열리면) !?!

기다리며 서 있는 특수부 이 검사와 수사관들이다!

S#12.   검찰청, 형사부 엘베 앞 (낮)

엘베에서 내린 은용과 태춘, 남 계장인데…

이검사   피의자 넘겨.

태춘   안 됩니다. (물러섬 없는)

이검사   우리 쪽 수배자야.

태춘   저희 검사실로 출두 의사 밝혔고, GMi뱅크 건은 제가 주임 검삽
니다.

이검사   이제 아닌데?

옆에 서 있던 수사관 중 하나가 나선다.

감찰1   대검 감찰입니다. 장태춘 검사, 공무상 기밀 누설 혐의 등으로
긴급 체포합니다. (수갑 꺼내면)

태춘   현행범도 아닌데 무슨 긴급 체포를 합니까!!

남 계장   (거칠게 막아서며) 니들 제정신이야! 어디서 누굴 체포해!!

감찰1등의 수사관에게 큰 소리로 몸싸움하며 항의하는 태춘과
남 계장이고…
굳은 눈빛으로 지켜보는 은용인데… 이때.

기석   지금 뭐 하는 짓들이야!!

태춘/용   !!

일각 다른 방향에서 등장하는 기석이다. 이 검사와 수사관들, 고개 숙여 인사하는…

기석　　수갑 치우고 그냥 데려가세요. (태춘 보며) 장 검사, 그래도 아직 우리 검찰 식군데.

태춘　　… (노려보는)

기석　　검사로 앞길 창창했는데… 삼촌 덕에 수갑 차게 생겼습니다? (은용 보면)

용　　　…

팽팽한 시선 부딪히는 은용과 기석에서.

S#13.　　**특수부, 기석의 부장검사실 (낮)**
조사자용 철제 의자의 은용과 마주 앉은 기석은 기록을 넘겨 보며 신문한다.

기석　　소년원 출신 사모펀드 삼촌과 검사 조카의 수상한 거래라… 헤드라인 좋네.

용　　　…

기석　　장 검사 어머니가 지내는 요양원이 월 3천이에요. 1년에 4억쯤 되는 건데, 와… 삼촌 펀드의 4억 요양원, 이 정도면 국민정서법상 장 검사 유죄는 확실합니다?

용　　　… 오 대표는 왜 죽였습니까?

374

기석	(흠…) 유서를 못 보셨구나? 유서에 보면은 오창현 대표의 자살은 은 대표가 협박해서 그런 거던데, (하다가 픽 웃으며) 몰라서 묻는 건 아니죠?
용	…
기석	근데 난 몰랐어요. 이렇게 바로 검찰로 치고 들어와 수갑 찰 줄은.
용	수배 중에 도망 다니면서 죄도 몇 개 추가하고, 잡힐 때도 좀 더 범죄자답게 그럴듯한 그림으로 잡혀 주는 게 계획이셨을 텐데… 그죠?
기석	기자들 앞에서 수갑 차고 믿을 만한 친구 어쩌구 떠들면서 (손가락으로 위 가리키며) 협박한 건 솔직히 예상 못 했죠. 인정. (엄지 척)
용	(흠…) 그 믿을 만한 친구들이 황 부장을 내 앞에 보낼 줄은 나도 예상 못 했습니다.
기석	아쉽네. 적으로 안 만났으면 좋은 사이 됐을 텐데.
용	당신하고 나하고 적? (픽) 그건 아니고.
기석	?
용	내 상대는 명 회장이죠. 넌 그냥 장인 밑 닦아 주면서 꿀 빠는 기생충이잖아?
기석	!! (매섭게 굳어 보는 얼굴에서)

S#14. 체인지 인베스트먼트 파트너스, 한나의 오피스 (낮)
검찰 수사관들이 쓸고 가 엉망인 펀드 사무실 보이고…
역시 엉망인 자신의 방에서 분주히 컴퓨터 작업 중인 한나인데… 들어오는 준경이다.

한나	은 대표하고 같이 있었던 거 아니에요?
준경	회사 앞에 수사관들 있는 거 보고 헤어졌어요. 일단 저희 집 가 있으라고 했는데,
한나	그런다고 말을 들을 인간이 아니지. 문제가 생기면 앞장서 직진. 싸움은 선빵 이래나 뭐래나가 평소 지론이시라.
준경	검찰 자수한 건 장 검사 때문인 거죠?
한나	그렇겠죠. 문제는 우리 대표님이 수갑 차고 뉴스 나오신 덕에 펀드가 아사리 개판 났다는 거… 오늘만 날린 돈이 얼만지 아세요?
준경	…
한나	뭐 지가 선택한 일이라 소령님께 뭐라 그럴 건 아닌데, (보며) 솔직히 뭐라 하고 싶긴 해요?
준경	욕 하셔도 돼요.
한나	…
준경	검찰로 간 게 걱정입니다. 황기석이 두고 보진 않을 거라.
한나	그건 너무 걱정 마요. 돈으로 살 수 있는 제일 비싼 변호사 보냈으니까.

S#15. **검찰청, 엘베에서 특수부 복도 (낮)**

'방문' 출입증 달고 있는… 날카로운 눈빛의 김 변호사(남, 70대) 와 대여섯 명의 노회한 전관 변호사들.
'띵-' 하고 도착한 엘베에서 내리는데… 기석을 선두로 도열해 있는 특수부 검사들이다.

기석	총장님! 안녕하십니까! (허리 숙여 인사하면)
검사들	(일제히 허리 숙이는)
김 변호사	(복도 걸어가며) 수고들 많다. 어, 황 부장. [*아래, 자막_前 검찰총장 김오철]
기석	(허리 숙이곤) 모시겠습니다. 대검 계실 때 총장실에서 즐겨 드시던 국화차로 준비했습니다. 제 방에서 차 한잔 하시면서(O.L)
김 변호사	됐고. 오늘은 변호사로 왔으니까 피의자부터 보자.
기석	저 그게… 외람되지만 지금 청에 없습니다. 방금 구치소로 보냈습니다.
김 변호사	(멈추고 돌아보며) 뭠마?
기석	송구합니다. 미리 말씀 드렸어야 하는데. (고개 숙인 눈빛은 비릿한)

S#16. 중앙 구치소, 철망길 / 운동장 (낮)

'법무' 로고 새겨진 버스가 도착하고… 포승줄에 묶인 채 내리는 양복 차림의 은용인데…

용	!! (일각 보는 굳은 눈빛인데…)

철망 너머, 운동장에는 덩치 죄수들의 호위를 받으며 서 있는 명 회장과 성태, 수동이다.
은용과 시선을 부딪치는 명 회장의 입가에 싸늘한 미소가 배이는데…

용   … (굳은 눈빛으로 걸어가는)

철망을 사이에 두고 노려보는 명 회장과 성태, 덩치 건달들의 긴
장감 팽팽한 분위기에서…

S#17. 대검, 감찰부 조사실 / 거울 방 (낮)
굳은 표정의 태춘… 맞은편의 감찰1 수사관이 서류들을 펼쳐
보인다.

감찰1   이게 뭔지 아시죠? 장 검사님이 직접 수사했던 GMi뱅크 압수
수색 했던 자료입니다.

> 스캔본을 PDF로 저장한 '검찰보안' 문구 찍혀 있는 GMi뱅크
압색 자료들…

태춘   …
감찰1   그리고 이건 장 검사님 삼촌의 펀드 사무실에서 나온 자료고요.

> 역시 스캔본… 앞 자료와 동일해 보이는데, '검찰보안' 문구
자리가 검게 지워져 있다.

태춘   … (입을 다문)
감찰1   (흠… 다른 보고서 들이밀며) 보안 점검 보고서에 따르면, 검사님 방

의 자료 유출 기록은 확실해 보입니다?

태춘   … (여전히 굳게 다문…)

(인서트 플래시백) 태춘이 은용에게 USB 압색 자료를 PC방에서 전달하는 장면 컷컷으로 보이고…

감찰1   검사님. 그렇게 입 다물고 있어 봐야 아무 소용없는 건 잘 아시잖습니까?

태춘   … 잘 알죠. 스폰 받고, 뇌물 받아 처먹은 진짜 이름들, (이중 거울 노려보며) 여기서 말해 봐야 아무 소용없다는 거, 아주 잘 압니다!

/거울 방. 지켜보는 감찰 부장과 실세 수뇌부들은 은용이 브리핑했던 대검 회의 참석 멤버들이다.

감찰 부장 (노려보며) 족보 없는 지잡대 놈이라 확실히 싸가지가 없네…

실세1   그렇다고 장 검사 이렇게 몰아붙이면, 은용이란 놈도 가만있진 않을 텐데?

실세2   우리 애들 학교 문제도 있는데… 대검에서 만났던 거 떠들면 곤란해요.

감찰 부장 황 셰프가 확실히 정리하겠다니까 일단은 중립기어 박고 좀 지켜보죠. 어차피 뭐… 3일 안에 성과 없으면 백 의원 쪽에서 황기석이 날릴 겁니다.

거울 너머 조사실에는 굳은 눈빛의 태춘인데…

S#18.   체인지 인베스트먼트 파트너스, 한나의 오피스 (낮)

포렌식 밀봉된 USB… 들어 보이는 백 의원의 맞은편에는 준경
과 한나.

백 의원   이 USB가 황기석이한테 줬던 조작 서류의 원본이다?

준경   네. 당시 검찰에서 뇌물죄 증거로 삼았던 블루넷 채권 회수 목록
          입니다.

          (인서트 플래시백) 블루넷, 윤 대표의 방.
          어둑한 일각… 준경은 금고에서 USB를 꺼내고… 컴퓨터에 꽂
          고… 엑셀 창 띄우는…

/준경   ⒠ 평소 회사 금고에 보관하는 USB에 엑셀 파일 형태로 저장해
          둔 채권 장부에서…

          '2009년 9월 8일. 현금 50,000,000 미주실업 박 사장'을 '손 장
          관'으로 수정하는…

/준경   ⒠ 황기석이 원하는 날짜에 맞춰 현금 5천 지출 내역을 손 장관
          으로 수정했습니다.

          작업한 문서를 출력하고… 대표 인감 직인을 찍는…

          (다시, 현재)

6화

한나	일본 주호대학 포렌식 연구소에서 원본 확인한 감정서 첨부했어요. 국제 표준 공인 기관이라 국과수와 같은 법적 효력이 있습니다.
준경	2차 기자 회견은 준비되셨나요?
백 의원	당 대표님 일정 맞춰 3일 뒤. 언론에 크게 터뜨리면서, 검찰에 고발장 접수하고, 동시에 국회에선 국정 조사, 특검 가능한 모든 수단으로 몰아쳐야지.
한나	선거 앞둔 시점이라 화력 지원 화끈하네요.
백 의원	공작질이나 해대는 황기석이 같은 놈 모가지는 확실히 분질러 놔야 나라가 바로 서지 않겠소? 그래야 수갑 차고 들어간 우리 은 대표도 풀려나지~
준경	…

S#19.　**구치소, 사동 밖 철망길 (밤)**

죄수복을 입은 은용이 동그란 인상의 나이 든 교도 주임, 권치영 (남, 55)의 뒤를 따라 걷는다.

S#20.　**구치소, 목공장 (밤)**

은용이 권 주임을 따라 들어간 곳은 환하게 불이 켜진 목공장…
야근 작업 중인 죄수들로 기계 소리 요란한데…

용	교도관 면담을 여기서 합니까?
권 주임	잠깐 있어요.

법전

권 주임이 황급히 나가며 목공장 철문을 닫아 버린다?!

용	!!?

이때, 목공장 안쪽 사무실에서 죄수복 입은 성태와 건달 오른팔 창해, 그리고 명 회장이 등장한다!
작업 중이던 죄수들도 기계를 멈추고 위협적인 태도로 다가서는데…

명 회장	왔나.
용	… (미소로 가볍게 인사하는)
명 회장	내는 주말 전에 나갈 거 같은데. 덕분이다. (비릿하게 악수, 손 내밀면)
용	… (가만히 보는데)
명 회장	혼자 나가긴 미안해가… (덥석, 두 손으로 은용의 오른손 꼭 잡고) 내 나갈 땐, 니 손 꼭 잡고 나가께. (하며, 손을 확 당기면)

동시에 덩치 죄수들이 달려들어 은용의 몸을 선반 테이블에 잡아 누른다!
옆에 서 있던 성태가 '위잉-!' 선반 테이블의 톱날을 돌리는!!

용	!!
명 회장	(은용 손 꼭 쥔 채로) 걱정 마라. 톱날 힘이 좋아가 금방 끝날 끼다. (악마 미소)

6화

버둥대는 은용의 팔뚝을 향해 내려오는 톱날!!

잔인한 미소를 띤 명 회장의 눈빛과 이를 악문 은용의 눈빛이 부딪치는데!

은용의 팔에 톱날이 닿으려는 순간, '확!' 명 회장과 맞잡은 손에 힘을 꽉 주어 끌어당기는 은용!!

명 회장   !!

기겁하며 놀란 명 회장이 잡은 손을 빼려 하지만, 점점 다가오는 톱날!!

은용은 명 회장의 손을 더욱 강하게 끌어당기며 다른 손으로 성태가 잡은 톱날을 내리누르고!!

명 회장   으아아아아!!

공포에 질린 명 회장의 발악!! 톱날을 올리려고 안간힘을 쓰던 성태가 겨우 톱날을 멈추는데, 순간 명 회장의 손을 놓고 이마로 성태 얼굴을 들이받는 은용! '퍽!' 피가 튀고!

벌러덩 뒤로 넘어간 명 회장인데, 연이어 그 위로 나뒹구는 성태!

은용, 빠르게 일어서서 정면을 보며 뒷걸음질 치면, 우르르 몰려들며 연장을 휘두르는 죄수들!

목공장 안을 이리저리 움직이며 지형지물을 이용해 빠르게 피하고 치고받는 은용!!

그런 은용을 따라가며 연장을 휘두르는 죄수들인데… 쓰러진

죄수 한 놈이 은용의 허벅지에 드라이버를 꽂는다! '퍽!'

용   윽!! (외마디 비명과 함께 무릎 꺾이는!)

쓰러진 은용에게 가차 없이 날아드는 각목과 발길질!!
정신없이 두들겨 맞던 은용이 드라이버를 뽑아 던지고 몸을 굴
려 가까스로 벽에 붙은 소화전의 비상벨을 누른다! '에에엥~'천
지를 울리는 사이렌 소리!
당황하는 창해와 건달 덩치들!! 노려보는 명 회장과 성태…
기진한 은용은 벽에 기대 거친 호흡을 겨우 뱉어 내는데…
'삑- 삑-' 멀리서 들리는 호각 소리와 중무장 교도관들의 전투화
소리가 급박하게 들려온다!

용   (간신히 버티며 서 있는데) !?

장갑을 낀 성태가 은용이 뽑아 던진 드라이버를 주워 들고 다가
간다!

성태   이 새끼 아직 빠딱빠딱하네… (핏물 빨아 '퉤!' 뱉으며 눈짓하면)

덩치 죄수 몇 놈이 달려들어 은용을 붙잡는다! 몸부림 쳐대지만,
이제는 뿌리치지 못하는!!
점점 다가오는 호각과 전투화 소리! 그러나, 입 막고 짓눌려 결
국 무릎 꿇려진 은용인데…

6화   385

성태	(앉아 있는 은용을 향해 드라이버를 치켜들고!)
용	으으으으!! (엉망된 얼굴을 필사적으로 흔드는데)

'퍽!' 드라이버를 내리꽂는 성태!
화면 가득 엉망이 된 은용의 얼굴이 보이는가 싶더니, 풀썩. 그
앞으로 무너지는 덩어리!
은용을 붙잡아 누르던 덩치1이 목에 드라이버가 박힌 채 얼굴
을 바닥에 처박았다!
'뭐지?!' 가물가물 눈이 감기는 은용의 앞에 죽어가는 덩치1 보
이는데…

S#21. [다음 날] 외부 진료 병원, 전경 [아침]

날이 밝은… 병원 전경 보이고…

S#22. 외부 진료 병원, 입원실 [낮]

허벅지엔 붕대 감겨 있는… 병원 침대에서 깨어나는 환자복 은
용인데…
옆에는 동그란 인상의 나이 든 교도관, 권 주임(남, 55)이 지켜 서
있다.

권주임	4816, 이제 좀 정신이 들어요?
용	… (욱신… 아픈 몸을 움직여 보는데)

'철컹!' 한 쪽 손엔 침대에 묶인 수갑이 채워져 있다?!

용	?!
권주임	잠깐 자리 비운 사이에 무슨 일입니까 이게… 하~ 이거 참… 목공장에서 4816이 찌른 1021이 어젯밤에 죽었어요.
용	!…

S#23.　　**태춘의 오피스텔 / 검찰청, 복도 (낮)**
전날 밤에 마신 것으로 보이는 소주병들 널려 있는… 술 먹다 대충 잠든 모습의 태춘인데…
'지이잉-' 울리는 핸드폰을 주섬주섬 받으면.
/ 복도를 걸으며 통화하는 남 계장이다.

/남 계장	뭐 한다고 전화를 이렇게 안 받아요!
태춘	뭐 하긴요, 직무 정지 검사가 늦잠 자죠. (숙취 지근한)
/남 계장	검사님 삼촌이 구치소에서 사람을 죽였어요!
태춘	네!? (잠이 확 깨는)

S#24.　　**준경의 서재 / 한나의 오피스 (낮)**
그 시각, 한나의 전화를 받은 준경도 놀라 굳은 표정으로 통화 중이다.

/한나   목공장 죄수들과 시비가 붙어 싸우다 그중 하나가 죽었는데.

준경   …

           (인서트) 증거 봉투에 담긴 드라이버 보이는…

/한나   살해 흉기로 쓰인 드라이버에서 지문이 나왔어요.

준경   !! 용이 오빠 진술은요?

/한나   당연히 절대 아니라고 진술했죠! 자신은 린치를 당한 거고, 나중
           에 보니까 상황이 그렇게 돼 있던 거라고.

S#25.   태춘의 오피스텔 / 검찰청, 복도 (낮)

/남계장   김성태가 장갑 낀 채 드라이버로 찔러 누명을 씌웠다고 하는데…

           (인서트) 구치소에 온 경찰에게 진술하는 창해 등의 죄수들 모습
           보이는…

/남계장   (E) 현장에 있던 다른 죄수들이 모두 검사님 삼촌을 지목했어요.

태춘   그놈들 전부 한 패거리 아닙니까?

/남계장   김성태 계보의 폭력 전과 조직원들이 맞아요. 짜고 치는 함정에
           빠진 거 같은데, 물증과 목격 증인 진술이 절대적으로 불리한 상
           황입니다.

S#26.   준경의 서재 / 한나의 오피스 (낮)

/한나   이제 오 대표 협박 건이 문제가 아니라, 살인죄 현행범이라고요!
준경   (심각한 표정으로 나서며) 경찰 초동 수사 보고서 입수할 수 있을까
            요? 일단, 제가 계신 곳으로 갈게요.

S#27.   태춘의 오피스텔 / 검찰청, 복도 (낮)

태춘   관할서 담당 형사는요?
/남 계장   서부서에 연락해서 지금 만나러 가는 길입니다.
태춘   저도 바로 출발할게요.

            전화 끊은 태춘이 정신 차리려고 생수병의 물을 벌컥벌컥 마시
            는데… 이때, 다시 울리는 전화…

태춘   (받으며) 네, 장태춘입니다. … 네?! (물음표 크게 생긴 얼굴에서)

S#28.   파인다이닝 '요리家', 마당 (낮)
            고급 주택을 개조한 파인다이닝… 손질 잘 된 정원 뜰을 지나
            안으로 들어가는 태춘인데…

S#29.   세희의 파인다이닝, '요리家' (낮)

채광이 잘 되는 고급스러운 실내… 전문가용 오픈 키친에 손님
용 테이블은 딱 하나 놓여 있는…
들어서는 태춘을 맞는 세희는 단아한 앞치마 차림이다.

세희   명세희예요. 반가워요.

받아든 명함에는 '요리 연구가 명세희'라고 적혀 있다.

태춘   삼촌에 대해 하실 말씀이 뭡니까?
세희   얼굴은 안 닮았는데, 성격 급한 건 삼촌하고 비슷하네요? 앉으
         세요. (주방으로 가는)
태춘   …

간단한 소반이 차려진 자리에 앉는 태춘인데… 세희는 맑은 국
물을 국그릇에 담아 가져온다.

세희   제철 조개로 국물 낸 맑은 복국이에요.
태춘   (맛있어 보이지만) 괜찮습니다.
세희   얼굴은 아닌데? 따끈하게 데웠으니 국물이라도 쭉 마셔요.
태춘   (버티지 못하고) 그럼… (국그릇 들고 벌컥벌컥 마시는데…)
세희   (흠…) 은 실장님, 아빠 밑에서 일하던 사람들 중에 제일 좋은 분
         이셨어요. 아, 제가 누구 딸인진 아시죠?
태춘   누구 따님이고, 누구 아내 분이신진 잘 알고 있습니다.

세희	그래서 돕고 싶어요. 살인 누명 벗을 수 있게.
태춘	!? 누명?! 지금 누명이라고 했습니까?
세희	당연히 누명이겠죠. 은 실장님 같이 좋은 분이 사람을 죽였을 리 없잖아요? (해맑은)
태춘	뭘 어떻게 돕겠다는 겁니까? ('뭐지?' 싶은 눈빛으로 노려보면)
세희	(찻주전자를 들고 태춘 옆으로 가 따르며, 귀엣말) 박준경이 갖고 있다는 원본 서류. 그러면 거래가 돼요.
태춘	!!
세희	백 의원과 거래하기 전에 가져오세요. 그럼 어제 일은 남편이 잘 정리할 거예요. (미소)

S#30. 체인지 인베스트먼트 파트너스, 한나의 오피스 (낮)

앞 씬, 세희의 미소 짓는 얼굴을 받아 차가운 표정의 준경 대사
로 시작한다.

준경	그 여자 말을 어떻게 믿죠?

굳은 표정의 태춘을 사이에 두고 모여 앉은 준경과 한나.

태춘	믿을 수 있다면, 거래에 응할 생각은 있습니까?
준경	…
한나	그럴 생각 있다면, 협상은 제가 해 볼게요. 안전장치 확실하게.
준경	제 어머니가 어떻게 돌아가셨는지 아시잖아요. 같은 문제를 다

	시 틀리진 않아요. 황기석과는 거래도, 협상도 없습니다.
한나	그럼 은 대표는요? 펀드 손실 보는 건 그렇다 쳐요. 김 변호사 말 대로 특수 살인이면.
태춘	최하 징역 10년입니다.
준경	…
한나	10년은 기본 깔고 징역 때린다는데, 용이 그냥 이대로 두겠다고요?
준경	진실은 밝혀야죠.
한나	그놈의 진실 밝히려다 이렇게 된 거 아닙니까? 내가 이런 일 한 두 번 처리한 게 아닌데, 타이밍 놓치면 그땐 진짜 10년 살아야 돼요!
준경	오빠한테도 분명히 말했습니다. 어떤 희생이 있어도 끝까지 간 다고.
한나	하~ (어이없고)
태춘	(준경 보며) 좀 이기적이란 생각은 안 듭니까?
준경	맞아요. 이기적인 거.
태춘/한나	!!
준경	다음 약속 있어서 먼저 일어나겠습니다. (나가는)
태춘	(노려보고)
한나	이 와중에 다음 약속? 야, 짱태춘 저거 진짜 어이없지 않냐!
태춘	(후…) 일단 관할서 담당 형사 만나서 상황 체크해 보고, 다시 연 락드릴게요.

굳은 표정으로 나가는 태춘에서…

S#31.   **서부지검, 전경 (낮)**
서부지검 전경 보이고…

S#32.   **서부지검, 엘베에서 로비 (낮)**
엘베에서 내리는 유모차 바퀴… 유모차를 끄는 엄마는 검사 신
분증을 매고 있는 함진(여, 43)이다.

진   어~ 최 검사 식사했어? … 안녕하세요, 계장님~

          지나가는 직원들과 활기차게 인사 나누는 유모차 검사 함진…
          로비에서 두리번… 일각 보더니.

진   자기야~!!

          보면, 음료 들고 기다리며 서 있는 준경인데…

S#33.   **서부지검, 일각 앞 벤치 (낮)**
유모차 옆에 두고 조용한 일각에 나란히 앉아 음료 마시는 준경
과 함진이다.

진   애 봐주는 이모님이 장염 걸려 못 오신다잖아. 아침에 갑자기 뭐
          어떡해? 오늘도 같이 출근한 거지. (유모차 아기 보며) 아이구 좋아?

바깥바람 쐬니까 좋아?

준경 수사 기록은 보셨어요?

진 봤지~ 박준경이 수사 청탁을 해 왔으니 별일이다 싶어 얼른 봤지. 근데… (고개 젓는)

준경 사건 배경 말씀드렸잖아요. 이거 분명한 함정이고, 누명입니다.

진 그래, 이게 그 개 (하려다 유모차 아기 귀 가리고) 개 썩어 죽을 황기석 새끼가 (귀 손 떼고) 엮인 일이란 건 알겠는데, 그렇다고 지문 묻은 흉기를 뒤집기는 어려워.

준경 그렇지만 현장에 있던 죄수들의 목격 증언이 짜 맞춘 듯 일치하는 건 너무 이상하지 않습니까? (하는데)

진 다인이 왜~? 응가 했어? (칭얼대는 아기 달래며) 아닌데… 밥은 아까 먹었잖아~

준경 (그 모습 가만히 보다가) 오늘 정신없으셨잖아요. (정중하게) 부탁드릴게요. 다시 한 번만 찬찬히 살펴봐 주시면…

진 (픽…) 검사실에 유모차나 끌고 출근하니까, 애 엄마라 사건 대충 대충 본 거 아니냐?

준경 !! 아니, 선배 그런 뜻이 아니라…

진 아냐. 자주 듣는 얘기야. (유모차 아기 챙기며) 다인아~ 이모 안녕히 가세요~ 하고 우리 들어가자. 커핀 잘 마실게?

유모차 끌고 가는 함진… 어금니 꽉 무는 준경의 얼굴에서…

S#34. 서부 경찰서, 건물 앞 / 일각 (낮)

잔뜩 인상 쓴 표정으로 통화하며 경찰서 안으로 들어가는 태춘이다.

태춘   벌써 만나고 나오셨다고요?
/남 계장 수사 기록도 부탁해서 봤는데, 답이 없어요, 답이⋯
태춘   구치소 CCTV는요? (하더니 전화 끊으면)

일각에서 담배 피는 남 계장을 만난 태춘이다.

태춘   구치소라 사방이 CCTV 아닙니까? 뭐든 흔적 잡힐 텐데?
남 계장   사방에 달려는 있는데, 군데군데가 고장 수리 중이라⋯ 젤 중요한 목공장 뒷문 거는 아예 먹통이고요.
태춘   ⋯ (깝깝한 표정에서)

S#35.   선술집 (밤)
잔을 비우고, 또 자작해 따라 마시는 태춘이다.

남 계장   아, 안주 좀 먹어 가며 천천히 먹어요~ 술도 급히 먹으면 체해~
태춘   계장님, 우리 삼촌 어떡합니까?
남 계장   외삼촌이라고 했죠? 사이 많이 각별해 보이던데.
태춘   (쓰게 잔 비우고) ⋯ 계장님 저요⋯ 사실 계장님한테 거짓말 했어요. 우리 엄마, 파출부 아니라 술집 마담 했습니다. 그 전엔 다방 다녔고.

남 계장	… (가만히 보다가) 어머니가 고생 많이 하셨네. (잔 따라 주는)
태춘	우리 엄마 고생 많았죠. 그래도 난 삼촌 오는 날이 좋았어요. 다방 이모들 틈에 지내다가 삼촌 오면 으쓱해서 괜히 손잡고 동네 돌아다니고…
남 계장	…
태춘	삼촌은 맨날 지가 내 아빠 하겠다고 했는데, 따지고 보면 틀린 말도 아냐. 삼촌 오면 나도 아빠 생긴 기분이었으니까요.
남 계장	그런 가족이 있죠. 친부모보다 더 부모 같고, 친형제보다 더 우애 있는.
태춘	역시, 우리 계장님은 아시는구나~?
남 계장	그런 가족에 발목 잡히면 평생이 괴로운 것도 잘 알죠.
태춘	…

S#36. **준경의 집 앞, 골목 (밤)**

비 내리는 골목길을 우산을 쓰고 걷는 준경이다.
생각에 잠겨 걷는데… !!
불쑥 앞을 막아서는 태춘이다. 술에 취하고 비에 흠뻑 젖은…

태춘	선배님…
준경	… (가만히 보는데)
태춘	(풀썩 앞으로 무릎 꿇는!)
준경	!?
태춘	박준경 선배님… 우리 삼촌 한 번만 살려 주십쇼. 부탁드립다~

(취한)

준경   … 미안합니다.

차갑게… 지나쳐 가 버리는 준경인데…

태춘   세상천지 당신만 아파?

준경   … (멈춰 서는)

태춘   (일어서 보는) 당신만 아프냐고? 열아홉에 나 낳은 우리 엄만 평생
         술집 여자다, 나이 사십에 치매 걸렸어요. 내가 왜 검사된 줄
         압니까? 우리 엄마 무시했던 개새끼들, 고아라고, 과부라고 멸
         시하던 그 새끼들 싹 다 잡아 처넣을라고 검사됐다고요…!

준경   …

태춘   없는 사람, 약한 사람 함부로 짓밟고 사는 새끼들한테, 오봉순이
         아들이! 물망초 은 마담 아들이! 대한민국 검사돼서 죄 지은 니
         들 싹 다 벌주는 거다! 그거 꼭 할 거였다고!!

준경   … 그러니까 지금 그거. 하고 있잖아요.

태춘   근데 선배!! 일단 삼촌은 살리고 봐야죠! 복수 좋고, 정의, 법 다
         좋은데! 가족은 살리고 봐야 할 거 아니냐고!! (거칠게 멱살 잡으면)

준경   정신 차려, 이 새끼야!! ('픽!' 하고 주먹 날려 턱 돌리는)

'휘청~' 하고 쓰러질 뻔하지만, 버티고 노려보는 태춘이고…
주먹 날리며 우산 날아가 비 맞으며 노려보는 준경인데…

준경   그놈들하고 거래한다고 당신 삼촌 살릴 수 있을 거 같아? 우리

엄마를… 내가 어떻게 잃었는데… (빗물인지 눈물인지…)

태춘   …

준경   거래는 없어. 포기도 없고. 복수도… 또, 용이 오빠도. (노려보는데)

'픽!' 하고 쓰러지며… 준경의 품에 안기는 태춘이다.

준경   !…

비 내리는 골목길…
준경에게 쓰러져 기댄… 태춘을 안고 있는… 두 사람의 모습에서…

S#37.   **준경의 집, 서재 (밤)**
소파에 누워 잠든 태춘이 보이고…

S#38.   **준경의 집, 주방 식탁 (밤)**
어둑한 주방 식탁에 홀로 앉아 소주를 마시는 준경인데…
생각에 잠긴 얼굴에서… (장면 전환)

S#39.   **(과거) 준경의 집, 주방 식탁 (낮)**
윤 대표와 마주 앉아 밥을 먹는 준경인데… 펼쳐 놓은 사건 기
록 보느라 밥을 깨작거린다.

윤 대표	밥상머리에서 서류 보는 거, 그거 일 못 하는 애들이나 하는 거야.
준경	일이 많은 건데. (여전히 기록 보면)
윤 대표	야. (찌릿 보는)
준경	어. (그제서야 기록 덮는)
윤 대표	하여간 재미없어. 이 집안에 가족이라곤 너하고 나 둘밖에 더 있어?
준경	용이 오빠 불러.
윤 대표	한국에 있어야 부르지.
준경	(아…)
윤 대표	너한테도 연락 없어?
준경	돈 버느라 바쁜가 보지.
윤 대표	용이 있을 때가 좋았는데. 집안도 시끌시끌, 사람 사는 거 같고. 걔는 꽃등심 사 준대도 내가 끓인 찌개가 세상 젤 맛있다고 했어.
준경	(밥 먹으며) 전부터 궁금했는데, 용이 오빠 처음에 뭘 보고 유치장에서 데려온 거야? 고아에, 소년 교도소 출신에, 누가 봐도 보호자를 자처하기 적당한 관상은 아녔잖아? 난 검사실에 온 사람들 처음 보고 짐작한 거 맨날 틀리거든.
윤 대표	엄마도 몰랐지. 그냥 할 수 있는 최선을 했던 거야.
준경	무슨 최선?
윤 대표	어른으로서 최선. 너하고 같이 우리 편으로 싸운 아인데, 내가 보호자 안 하면 걔는 또 혼자잖아.
준경	…

S#40.   **(다시, 현재) 준경의 집, 서재 (밤)**
             코를 골며 자고 있는 태춘 보이는…
             일각 옆에서 은용과 함께 찍은 사진을 보고 있는 준경이다.

준경   (사진 속 은용 보며) 오빠 혼자 아니야. 조금만 버텨… (굳센 눈빛에서…)

S#41.   **외부 진료 병원, 입원실 (밤)**
             열에 들뜬… 잠들었으나 고통에 신음하며 뒤척이는 은용의 모
             습 보이다가…

S#42.   **구치소 전경 (밤)**
             비가 그친… 구치소 전경 보이고…

S#43.   **구치소 앞 / 고급 세단 안 (밤)**
             구치소를 나오는 명 회장과 수동이다.

수동   아~ 좋네. 담 하나 차이로 공기가 이렇게 달라? 회장님 일단 어
             디 가서 한 잔, 뿅! 빠라삐리뽀?
명 회장   정신 빠진 놈. 일마야, 니캉 내캉 나오는데 드간 돈이 을맨데 놀
             고 자빠졌어?

6화   401

이들 앞으로 멈춰 서는 고급 세단 두 대.

명 회장   뒤차로 따라온나. 사무실 가가 일 볼께 쌨다, 짜슥아. (앞에 선 세단
에 오르는데)

+명 회장이 오른 뒷좌석엔 기석이 앉아 있다!

기석   고생 많으셨습니다. (정중히 인사하는)

S#44.   달리는 명 회장의 세단 안 (밤)
뒷좌석에 나란히 앉은 기석과 명 회장이다.

명 회장   머 할라 나왔노. 우리 사우는 나랏일도 바쁠 낀데. (그래도 흐뭇한데)
기석   장례식장 다녀왔습니다.
명 회장   장례식? 누가 죽었나?
기석   오창현 대표 장례식이요.
명 회장   아… 맞네… 그 양반이 가뿟지… (무심한데)
기석   내일이 발인인데, 가는 길에 들를까요?
명 회장   됐다, 고마. 니캉 내 대신에 봉투했음 됐지 머.
기석   …
명 회장   은용이 엮어 치믄서 인자 우리 사우는 주변 좀 정리됐나?
기석   네. 아버님이 걱정해 주신 덕분에.
명 회장   …

기석	그런데 아직 과거 윤 대표 사건이 남았습니다. 거긴 백인수 의원이 붙어 있어서…
명 회장	맞나… 죽은 윤대표 딸내미 그기 보통 아이라…
기석	집사람이 장 검사 만나 거래는 던져놨는데… 다른 수단으로도 대비가 필요합니다.
명 회장	하모… 그래 해야지…

서늘한 눈빛 주고받는 명 회장과 기석에서…

S#45. (다음 날) 외부 진료 병원, 입원실 (아침)

권 주임이 은용의 한 쪽 팔에 묶인 수갑을 풀어 주면… 침대 탁자에 차려진 병원 밥을 먹는 은용이다.
은용의 다른 손은 깁스한 상태… 한 손으로 차려진 밥을 우걱우걱 먹는다.

권 주임	(쯧쯧…) 그래요. 사람 죽였어도 밥은 처먹어야 징역을 살지. 많이 드세요.
용	…

몸 상태는 엉망이나, 매서운 눈빛으로 꾸역꾸역 밥을 우겨 먹는… 환자복 은용의 모습에서…

6화

403

S#46.   **준경의 집, 마당 전경 (아침)**
이슬 맺힌 거미줄 너머로… 맑게 갠 하늘 보이고…

S#47.   **준경의 집, 서재 (낮)**
커튼 틈으로 햇살 새어 들어오는 어둑한 실내…
소파에는 아직 자고 있는 태춘인데…
옆으로 꿀물을 챙겨 놓는 준경, 금고로 가 포렌식 밀봉된 USB를
꺼내는 모습에서…

S#48.   **도로 / 달리는 준경의 차 안 (낮)**
도로를 달리는 준경의 차…
운전하는 준경이 걸려온 전화 받으면.

준경   네, 가는 중입니다.

S#49.   **국회, 백 의원 기자 회견장 (낮)**
기자들과 당 정치인들로 북적이는… 일각에서 통화하는 백 의
원이다.

백 의원   여긴 스탠바이 끝났어요.

S#50.   **달리는 준경의 차 / 도로 (낮)**

운전하는 준경인데… 검은 색 RV차량 한 대가 속도를 올리며
따라 붙는다!

준경   !!

S#51.   **준경의 집, 서재 (낮)**

소파에서 일어나 앉아 있는 태춘이 앞에 놓인 무언가를 노려보
고 있다.

탁자에는 꿀물 놓인 옆으로 포렌식 봉투에 담긴 USB와 준경이
손글씨로 적은 쪽지 메모…

[준경 메모   (na) 백인수 의원 기자 회견 오전 10시. 국회 정론관.]

노려보며 생각에 잠긴 태춘의 얼굴에서.

(인서트 플래시백 / 29씬) 세희의 파인다이닝, '요리家'

세희   (찻주전자를 들고 태춘 옆으로 가 따르며, 귀엣말) 박준경이 갖고 있다는
          원본 서류. 그거면 거래가 돼요.

태춘   !!

세희   백 의원과 거래하기 전에 가져오세요. 그럼 어제 일은 남편이 잘
          정리할 거예요. (미소)

(다시, 현재.)

USB 담긴 포렌식 봉투를 가만히 보던 태춘은 옆에 놓인 꿀물을
들어 벌컥벌컥 마시는데…

S#52. 달리는 준경의 차 + 도로 일각 (낮)

다시, 급박한 도로 상황! 굉음을 내며 달리는 타이어 보이는!
옆으로 바짝 붙은 검은 RV를 노려보며 이를 악물고 운전 중인
준경이다!
검은 RV가 속도를 올리며 방향을 확 꺾어 준경 차 앞을 치며 몰
아세우면!

준경   !! (급브레이크 밟는!)

'끼이이익-' 도로 갓길로 급정거한 준경의 차!
앞을 막아선 검은 RV차량에선 복면을 한 사내들이 쇠파이프 들
고 내려 달려오는데!
뒤 트렁크를 열고 운전석에서 내린 준경이 차 뒤편으로 가 트렁
크에서 목검 꺼내 들고 맞선다!
먼저 달려든 복면1의 손목 머리를 연타하며 쓰러뜨리는!
뒤따르던 복면2,3이 움찔하는데…

준경   경고하는데, 맞으면 아픕니다.

법전

매서운 눈빛, 빈틈없는 자세로 목검을 들고 선 준경인데!
동시에 달려드는 복면2와 복면3! 피하고 치고 빠지며 싸우는 준경!
일어선 복면1까지 합세해 셋을 상대하지만, 검도로 단련된 준경의 목검은 틈을 허용하지 않는데!!
이때, 차에서 지켜보다 내린 복면4가 버터플라이 꺼내 들며 뒤편으로 접근한다!
정신없이 치고 막고 때리는 준경의 빈틈을 노리고 달려들어 어깨에 나이프를 꽂는!!

준경   윽!!!

불의의 일격을 당해 일그러진 얼굴로 복면4를 노려보며 쓰러지는 준경!!
복면4는 준경의 주머니를 뒤지고! 필사의 힘으로 버티는 준경이 복면을 벗겨 버리면, 진호다!

준경   (허덕거리며 보는데)
진호   (뒤져도 없다!?) 뭐야! USB 어딨어!? (당황한)

이때, 멀리서 경찰 사이렌 소리 들리는데…
가물가물 눈이 감기는 준경… 의식을 잃어가는 시선으로 보이는 시리게 파란 하늘에서…

6화   407

S#53.　　　**국회, 백 의원 기자 회견장 (낮)**

"뭐야?", "하는 거야 마는 거야?" 모여 있는 정치인들, 기자들에게서 불만 섞인 웅성거림들 들리는…

일각의 벽시계는 오전 10시를 훌쩍 넘어 10시 25분쯤 가리키는데…

입구 문가에 초조하게 서 있는 보좌관에게 다가온 백 의원이 신경질 누른 목소리로 묻는다.

백 의원　　야! 박준경이 아직도 연락 안 돼?

보좌관　　　네. 계속 전화를 안 받습니다.

백 의원　　얘 지금 뭐 하자는 거야! (주변 눈치 살피며 성질내는데, 울리는 전화… 발신인에 번호만 뜨는 모르는 번호…!? 받는데) … 뭐?!

S#54.　　　**국회, 비어 있는 소회의실 (낮)**

백 의원과 마주 선 사내는… 태춘이다. USB 담긴 포렌식 봉투 건네면…

백 의원　　(받아 보며) 근데 너, 내 사건 팔아서 황기석이 라인 타는 놈 아니었어? 이 새끼 웃기네? 사람 죽었다, 살렸다…

태춘　　　　또 죽고 싶지 않으면 기자 회견 잘 하십쇼.

백 의원　　건방진 새끼가… (하는데)

전화기를 든 보좌관이 다급히 달려와 소식을 알린다.

보좌관	의원님! 박준경 씨가 괴한들 칼에 맞아 병원으로 이송 중이랍니다!
태춘	!! (매섭게 굳는 눈빛에서!)

S#55. 병원 (낮)

다급히 응급실로 향하는 이동 침대 위, 의식 잃은 준경이다!
"출혈이 너무 심합니다!", "혈압, 맥박, 전부 떨어지고 있어요!"
달리며 긴박한 브리핑 주고받는 구급대원과 의료진들인데…

S#56. 명인 홀딩스, 명 회장의 집무실 (낮)

창밖을 보며 통화하는 명 회장의 미간에 주름이 깊게 패인다.

명 회장	고마 알았다. 니는 단디 피해 있으래이. (끊고) 하~ 가시나 이 독한 거 보소… (씹어뱉더니, 나갈 채비하며 전화 거는) 우리 사우, 내다. 일이 좀 급하게 됐다.

통화하며 바쁘게 나가는 명 회장의 모습에서…

S#57. 병원, 수술실 앞 (낮)

정신없이 달려 들어오는 태춘이다. 수술실 앞에 서 있는 정복 경관 1,2를 보고.

태춘	(앞으로 달려가) 박준경 환자 상태는 어떻습니까! 상태 많이 안 좋은 겁니까?
경관1	누구시죠?
태춘	서울지검 장태춘 검사(하려다), 박준경 씨 보호잡니다.
경관1	출혈이 심해 응급 수술 중입니다. 정확한 건 아직 모릅니다.
태춘	범인은 잡았습니까? 어떤 새끼들이 백주 대낮에 이런 짓을 저지른 겁니까!
경관1	범인들은 현장에서 도주해 지금 수사 중입니다.
태춘	(주먹 꽉 쥔… 후회로 가득한 표정인데…) !!?

일각의 TV에 자막으로 뜨는 뉴스 속보를 보며 눈이 커지는 태춘이다!

(인서트 TV화면) 예능 프로그램 재방송 되는 아래로, 굵은 글씨 자막… '백인수 의원, 오전에 예정되어 있던 검찰 비리 폭로 기자회견 돌연 취소…'

태춘	!!!!

S#58. 특수부 거울 방 (낮)

거울 너머 조사실엔 아무도 없는… 역시 텅 비어 있는 거울 방에서 통화 중인 기석이다.

기석   예, 선배님. 의원직 유지 가능한 벌금 100만 원 이하로 공소장
        맞춰 놓겠습니다. … 대검 윗선은 걱정 안 하셔도 됩니다.

        차분히 통화하는 기석의 차가운 눈빛에서.

S#59.   **백 의원 기자 회견장 (낮)**
        이제는 모두 떠나고 텅 비어 버린 기자 회견장…
        일각에서 통화를 끊은 백 의원의 앞에는 명 회장이다.

명 회장   (각서 건네며) 의원님 지역구에 중단된 개발 사업은 제가 비용 책
         임지고 마무리하겠습니다.
백 의원   (흠… 각서 훑어보고, USB 담긴 포렌식 봉투 건네주는가 싶다가) 술도 한 잔 사.
명 회장   여부가 있겠습니까. 날짜 주시는 대로 학실히 모시겠습니다.
백 의원   (포렌식 봉투 건네면)
명 회장   감사합니다. (받고 고개 숙이는 표정 비릿한…)

S#60.   **기석의 부장검사실 (낮)**
        기석이 부장검사실로 들어오는데… 국화차 마시며 앉아 있던
        김 변호사가 묻는다.

기석   죄송합니다.
김 변호사   무슨 통화가 그렇게 길었어?

기석	총장님께서 기다려 주신 덕분에 사건 하나가 깔끔하게 정리 됐습니다.
김변호사	그래? 우리 검사들은 그럴 때 참 기분이 좋지.
기석	맞습니다. (빙긋) 국화차는 입에 맞으십니까?
김변호사	음~ 좋아. 좋은데… 구치소 살인 사건 말야, 특수 살인으로 갈 건가? 그렇게 되면 징역이 최하 10년부터 출발인데…
기석	유죄 인정하면, 폭행 치사로 1심에서 7년 때리고, 2심 5년, 3심에선 3년까지 맞추겠습니다. 총장님 맡으신 건인데 제가 최선으로 모셔야죠.
김변호사	깔끔하네, 깔끔해. 허허허허…

S#61.　**병원, 수술실 앞 (낮)**

수술실 옆 모니터에는 '박준경 - 수술 중' 보이는… 일각에 멍하게 앉아 있는 태춘인데…

이때, 짧은 머리의 민완 형사, 원지아(여, 35)가 파트너 한 형사(남, 30)와 함께 경관들 앞에 선다.

원형사	(경관에게 신분증 보이며) 원지아 형삽니다. 피해자 차량 블랙박스는 확보했습니까?
경관1	(경례하고) 네. 다른 놈들은 복면으로 가려 안 보이고 얼굴 보이는 건 한 명뿐입니다.

경관1의 폰에 저장된 블랙박스 캡처 사진에는 (준경에 의해) 복면

6화

벗겨진 진호 얼굴 보이는데…

/태춘   (E) 잠시만요!

원 형사 등이 '뭐야?' 싶어 보면… 다가와 캡처 사진을 유심히
보는 태춘이다.

원형사   (태춘 보고) 누구십니까?
태춘   (신분증 보이며) 서울지검 장태춘 검삽니다. 가해자 이름은 이진호,
        90년쯤에 북산 소년교도소 전과 기록 있습니다. 신원 조회해서
        지금 바로 수배 때리세요. (매섭게 굳은 눈빛에서)

S#62.   구치소, 특별 면회실 (낮)
        팔 깁스는 했으나 다시 죄수복을 입은 은용이 굳은 표정으로 앉
        아 있고… 면회자는 한나다.

용   준경이 찌른 게 진호라고?
한나   장 검사가 얼굴 알아봤어. 경찰에선 지명 수배 했고.
용   (낮고 차가운) 나 좀 여기서 나갈 수 있을까? 돈은 얼마가 들어도
        괜찮은데.
한나   … 유죄 인정하면 폭행 치사로 3년. 김 변호사가 검찰 측과 최종
        조율한 내용이야.
용   (픽…)

은용의 입가에 싸늘한 헛웃음이 스친다. 분노를 가까스로 누르고 자리에서 일어선다.

용	조심히 가라. (나가는)
한나	…

S#63.　　구치소, 복도에서 운동장 (낮)
낮이지만 어둑한 복도를 걷는 은용의 눈빛이 삼엄하다.

/용　　(na) 평정심을 잃으면 어떤 싸움도 이길 수 없다.

앞선 교도관이 문을 열면, 운동장의 환한 햇빛 속으로 나아가는 은용의 뒷모습…

S#64.　　(과거) 몽골, 게르 / 초원 (낮)
- 대평원의 게르 앞… 끝없이 펼쳐진 지평선을 바라보며 생각에 잠긴 은용…

/용　　(na) 하루에도 몇 번을 벼랑 끝에 몰리고, 아수라의 지옥도로 떨어지는 자본 시장…

- 거친 호흡 몰아 내쉬며… 햇빛 눈부신 초원을 말 달리는 은용

이다.

/용   (na) 그 잔인하고 지독한 돈의 승부에서 내가 늘 승자였던 이유는.

          - 언덕 위… 멈춰 세운 말 위에서 저 멀리 고요한 지평선을 보는.

/용   (na) 평정심.

S#65.   **구치소, 운동장 (낮)**

기둥에 팔 깁스를 부딪쳐 벗겨 내는… 운동장 일각의 서늘한 은
용 얼굴 보이는…

/용   (na) 하지만 이젠 필요 없다.

깁스를 벗겨낸 은용이 성태와 건달패들 무리를 향해 저벅저벅
걸어간다.
은용을 본 성태의 눈빛이 비릿하게 이죽거리고, 건달패들 두세
놈이 앞을 막아서는데.
막아서는 놈들을 순식간에 피하고 제치더니 성태에게 달려들어
쓰러뜨리고 패는!!
'삑- 삑-' 호각 소리에 죄수들은 모두 땅에 엎드리는데, 아랑곳
않고 주먹을 꽂아 대는!!
이미 정신을 잃은 성태에게 계속해서 주먹을 날리는 은용의 주

먹과 얼굴에도 선혈이 낭자한데…

/용   (na) 짐승들을 상대하는 싸움은…

달려온 중무장 교도관들의 곤봉에 맞고 나가 떨어져도 다시 달
려드는!
그럴수록 더욱 거세게 몽둥이와 발길질 세례를 받는 죄수 은용
의 분노한 얼굴 위로.

/용   (na) 그저 지옥일 뿐이다.

S#66.   **구치소, 징벌방 (낮)**
           '철컹!' 어둠을 가르고 문이 열린다. 좁은 징벌방에 던져지는 은
           용… '철컹!' 다시 문이 닫히면, 한 뼘 빛에 번뜩이는 피칠갑한
           짐승 같은 은용의 눈빛에서!!…

S#67.   **(시간 경과 / 한 달 후) 병원, 전경 (낮)**
           계절이 바뀐… 병원 전경 보이는… (아래, 자막) _한 달 후…

S#68.   **병원, 준경의 입원실 (낮)**
           인공호흡기를 달고 여전히 의식불명인 준경의 모습 보이고…

원형사	의식은 아직인가요?
태춘	네.

지켜보는 태춘과 원 형사다.

태춘	출혈 쇼크로 혼수상태인 경우는 한 달이 고비라고 합니다.
원형사	일어나거나, 식물인간이 되거나⋯ 사망하거나.
태춘	(보면)
원형사	제 사수였던 선배는 반년을 누워 계시다 순직하셨습니다.
태춘	⋯ 수사 상황에 진척은 있습니까.
원형사	신원 확인 해 주신 이진호는 지명 수배 때렸는데, 배후로 지목하신 명인주 회장은 어떤 영장이든 올리는 족족 검찰에서 까이고 있어요.
태춘	그렇겠죠.
원형사	(태춘 보며) 정직 3개월 받으셨던데. 검사님 징계 때린 새끼랑, 내 영장 짬 시키는 새끼가 동일범 맞죠? 명 회장 사위라는 특수 부장 황 뭐시기.
태춘	⋯
원형사	관련 자료들 협조 요청합니다. 징계 중이라 검사님은 수사 못 하시잖아?
태춘	형사님도 뭐든 하지 마세요.
원형사	?
태춘	뭘 하든 결과는 둘 중 하날 겁니다. 저처럼 징계로 짤리거나, 아니면⋯ (준경 보는)

원형사   …
태춘   (서늘하게 굳은 눈빛에서…)

S#69.   구치소. 징벌방 (낮)
'철컹…' 하고 징벌방 문이 열리면… 꼿꼿하게 앉아 있는 은용
의 뒷모습…
수염 덥수룩하게 자란 폐인 같은 모습의 은용이 징벌방에서 나
온다.

S#70.   구치소. 철망길 (낮)
교도관 권 주임의 뒤를 따라 천천히 걷는 은용의 모습에서…

S#71.   구치소. 관구실 (낮)
권 주임의 책상에는 캐나다 기러기 유학 중인 아내와 아들 사진
보이고…
책상을 뒤져 믹스커피를 꺼내 종이컵에 타는 권 주임이다. 묵묵
한 은용인데…

권주임   고생 많았으니 달달한 거 한 잔 합시다. 몸은 좀 괜찮아요?
용   …
권주임   (끓는 물 부으며) 기왕 이렇게 된 거, 앞으로는 안에서 잘 지낼 생각

해요. 우리끼리 얘기로, 김성태 같은 쓰레기 건드려서 추가로 징역 뜨면 본인만 손해야.

용	… (가만히 보면)
권 주임	(앞에 앉아 커피 저으며) 근데 우리 4816, 내가 알아보니까 해외에서 큰 돈 굴리던 범털이시던데… 나하고 진솔~하게 면담 잘 하면, 시설 좋은 의무사동에서 편하게 지내게 해 드릴게. 뭐 큰 거 바라나~ (잔 건네 놓으며) 커피 값 정도지.
용	(천천히 손을 뻗어 종이컵을 드는데)
권 주임	(비릿하게 웃다가…) !?

종이컵은 옆으로 치우고 놓여 있던 종이신문을 들어 본다.
'국내 TOP3 대형 증권사 비리 파헤친 특수부 황기석 부장, 여의도 암행어사로 불려…'
기사에 실린 기석의 사진을 가만히 보는 은용의 눈빛에서…

S#72. 방송국, 뉴스 스튜디오 (낮)
뉴스룸의 분주히 오가는 스텝들 너머… 생방송 중인 앵커 옆에 앉아 있는 기석 보이고…

앵커	'여의도는 하한가, 특수부는 상한가'… 최근 증권가 부패 범죄 수사로 국민들의 지지가 뜨겁습니다. '여의도 암행어사', '진짜 검사'라는 별명, 마음에 드십니까?
기석	과분합니다. 해야 할 일을 했을 뿐입니다.

앵커	해야 할 일이었다…? 당연한 말씀처럼 들리지만, 사실 대형 증권사들, 그것도 국내 1,2,3위의 탑 쓰리를 상대로 한 수사는 부담이 꽤 크지 않습니까?
기석	그래서 특수부가 필요하죠. 이런 공매도 비리는 다수의 선량한 개미 투자자들에게 직접적인 피해를 주는 민생 범죄입니다.

S#73. 골프장 (낮)

푸른 잔디에 라운딩을 도는 명 회장, 수동과 이 회장 일행의 모습 보이는 위로.

/기석	⒠ 최근 자본 시장의 큰손인 기관 투자가들의 모럴 해저드는 심각한 수준입니다.

'딱!' 하고 시원하게 티샷 날리는 이 회장(남, 70대)… [*아래 자막_이정근 남산금융그룹 회장]

"나이스 샷~!", "굿 샷~!" 일행들 박수 치고…

나란히 그린을 걸어가는 명 회장과 이 회장인데…

명 회장	회장님 오늘 공 좋~네요?
이 회장	허허 그런가요?
수동	공도 조~코~ 공기도 조~코~ (기분 좋은데)
이 회장	저… 명 회장님, 이번에 저희 남산증권에 제안하신 펀드 상품 말씀입니다…

명회장	고마 벌써 검토 끝내셨습니까?
이회장	전략팀 실무자들이 전원 반대 의견을 내서… 원안 통과는 어려울 것 같습니다.
명회장	뭐요? (표정 싸늘해지는데)
수동	아… 그래요? 실무자들이 반대한다… 하~ 큰일이네… (슬몃 명 회장 보면)
이회장	펀드 설계상의 몇 가지 문제점을 보완해서 수정 제안 주시면 (O.L)
명회장	보소, 이 회장님요, 니 지금 제정신입니까?
이회장	!? (놀라 보면)
명회장	대한민국 1,2,3등 증권사가 비리 혐의로 엄정한 수사를 받는 중 아입니까? 업계 4위의 남산증권이 그 다음 차례일 수도 있다는 생각은 안 합니까?
이회장	…
명회장	하이고 마, 이 엄중한 시국에 지금 내한테 뭐라? 수정 제안? 아 고마 돼쓰요~ 우리 회장님 뜻은 잘 알았으이까네 넣어 두소. 없던 일로 하입시다. (돌아서 가 버리는)
수동	(이 회장에게 눈치 눈짓, 명 회장 따라가는) 회장님 어디가요~ 치던 공은 치고 가야지~
이회장	… (명 회장 뒷모습 보며 한숨 푹 쉬는 얼굴에서…)

S#74.   구치소. 운동장 (낮)

흙먼지 날리는 일각. 수염 덥수룩한 은용은 여전히 폐인 같은 모습으로 볕을 쬐며 앉아 있는데…

일각에서 빠르게 걸어가는 그림자들… 옷소매 안에는 날카로운 사제 흉기 반짝인다!

은용을 향해 걷는 죄수들은, 아직 부어터진 얼굴에 살기를 띤 성태와 패거리들인데…

철망 너머, 권 주임은 성태와 눈빛 부딪치지만, 못 본 채 돌아서고…

은용 근처로 접근한 성태패! 옷소매에서 흉기 꺼내 달려드는데, 순간 앞을 막아서는 덩치1,2,3!

성태   !!? 뭐야 니들! (인상 팍 쓰며 노려보는데)

덩치들 뒤편으로 빠르게 모여서는 덩치 패거리들! 숫자나 기세에서 성태패, 불리해졌다.

(인서트) 철망 너머의 권 주임은 바뀐 상황을 흥미롭게 지켜보는데…

막아선 덩치들 너머로 '슥…' 일어서는 은용이다.

용   이쯤에서 선 긋지? 아니면 이번엔 발목 하나 끊어 드릴까?

성태   새끼가… (씹어뱉으며 노려보지만 선뜻 나서지 못하는)

용   (가만히 보다가)

덩치들의 호위를 받으며 유유히 걸어가는 은용…

무표정해서 더 무서운… 은용의 차가운 눈빛에서.

6화 엔딩

1화

신의 마음은 바꿔 봐야죠, 돈으로.

●

검사가 진짜 권력을 쥘 때는
수사를 할 때가 아니라 수사를 안 할 때예요.
그렇다고 옛날처럼 다 덮을 수는 없고
반만 하는 거죠.

2화

아줌마를 좋아했어.
처음으로 나를… 사람으로 대해 준
어른이셨으니까.

●

빼앗긴 것을 되찾는 방법은…
오직 스스로의 힘으로 싸워 이기는 것뿐이다.

●

따져보면 복수란 거 예상되는 리스크에 비해
기대 수익은 형편없는 싸움이야.

●

빚진 게 있으면 갚아 줘야지.
손익 따지지 말고 사람의 도리로.

3화

죄를 물어 벌을 주는 걸
검사가 하지 않으면, 누군가 대신해야죠.

●

높은 곳은 어디나 위험해.
그 위험에 익숙해져야 높이 올라설 수 있고.
너 이제 내 손 잡아.
내가 너 대한민국에서
가장 높은 검사로 만들어 줄게.

4화

난 장사꾼이잖아.
법으로 아니고 돈으로.
돈으로 대한민국을 통째로 사 버릴 거야.

●

그래서 다행이지.
지금의 난, 걸고 싸울 많은 게 있어서.

●

당신에게
정의란 무엇입니까.

●

라인 잡겠다는 청탁이 아니라,
그 라인 사겠다는 거래를 하자는 겁니다.

5화

괴물과 싸우기 위해
괴물이 돼야 할 땐 어떡합니까?

●

지금의 나라면
주저 없이 더 지독한 괴물이 되는
선택을 할 겁니다.

6화

그 잔인하고 지독한 돈의 승부에서
내가 늘 승자였던 이유는.
평정심.

●

짐승들을 상대하는 싸움은⋯
그저 지옥일 뿐이다.

방영 첫 주부터 동 시간대 시청률 1위를 차지하며 많은 이슈가 되었던 드라마였다. 마치고 난 소감은?

사고 없이, 무사히 마쳐서 다행이다. 대본 작업부터 도움 주신 분들, 제작 과정에 함께했던 동료분들 모두에게 감사하다. 꽤 오래 고민해서 내놓은 작품인데, 이야기를 시작한 작가로서 무사히 한 챕터가 끝나서, 좋다.

태양의 후예(2016), 맨투맨(2017) 이후, 무려 7년 만의 작품이다. 어떤 시간을 보냈나?

특별한 건 없고, 대본을 쓰면서 지냈다. 처음엔 '특수부 사건'을 소재로 심플하게 정의로운 검사들 얘기를 하려고 했었는데, 잘 안 됐다. 취재하고 이야기를 만드는 과정에서 기댈 수 있는 캐릭터들이 애매해졌고, 그래서 전 버전의 이야기를 뒤집어엎고, 돈과 권력에 대한 이야기를 해보자. 했다.

'태양의 후예'라는 소위 '흥행 대박' 작품 이후, '맨투맨'을 하고 '법쩐'을 완성했다. 흥행 대박 이후, 차기작에 대한 부담은 없었나?

나는 흥행 작가는 아니다. 하지만, 흥행했던 드라마의 작가였던 것은 사실이다. 대박이나는 경험은 즐겁고 신나는 기억이고, 고마운 경험이다. '태후' 이후에, '맨투맨'까지는 정신없이 달렸는데, 그다음 작품은 숙성하는 데 시간이 필요했던 것 같다. 이제 또 한 작품 끝났으니 더 깊어질 수 있으면 좋겠다.

그래서, 왜 '법쩐'인가?

'법쩐'은 '법'과 '쩐'의 카르텔에 맞서는 우리 편의 이야기를 담은 통쾌한 복수극이라 소개한다. 처음 제목은 '법X쩐●' 이었고, 영어 제목은 Payback_Money and Power… 검법 권력을 중심으로 부정하고 불의한 돈과 권력의 카르텔에 대한 이야기이다.

돈과 권력. 둘은 사실 따로 있어 주면 참 좋겠으나, 늘 붙어 있어 문제를 일으키는데… 우리가 신문이나 뉴스에서 보면, '어? 저 사람 나쁜 사람이네? 그럼 벌을 받아야지. 돈도 싹 몰수해야지!' 이렇게 생각했던 사건들이… 한 며칠 지나 신문에 나는 거 보면, 뭔가 복잡한 법률 용어들로 설명하며 풀려났다. 무죄다. 라는 결론을 듣게 되는데… 그게 상식적으로 이해가 안 되는 경우가 너무 많다. '어떻게 저럴 수 있지?' 그때마다 되게 좀 이상하고 슬펐다. '정의로움'이라는 말이 너무 복잡하게 오염됐다는 생각을 했다. 복잡한 법률 용어들이 아닌, 아주 상식적인 수준에서의 정의로움을 이야기하고 싶었다.

요즘이 손목 자르는 시절은 아니니. 그냥 딱 죄지은 만큼은 벌 받게 하자. 그만큼도 드라마에서나 가능한 대단한 판타지일지 모르겠으나.

검찰, 기업 사채, 주가 조작 등 우리가 흔히 접할 수 없는 세계가 주요 설정으로 등장한다. 어려웠던 점은?

● 여기서 X는 '맨투맨'을 '맨X맨'으로 관계성을 표현했던 것과 같게, 전작과 라임을 맞춘 곱셈기호다. 돈과 권력은 기생충과 숙주의 관계처럼 공생하는데, 누가 기생충이고 누가 숙주일까? 명 회장은 돈 쥔 놈이 쎈놈이다, 라고 단호했으나… 욕망은 뒤섞여 있으니 쉬이 나눌 수 없지 않을까? 다르나 같은 자웅동체.

쉽게 쓰는 것. 속도감 있게 전개하는 것. 그래서 현실에선 찾아볼 수 없었던, 우리 모두가 바라는 상식적으로 정의로운 우리 편이 승리하는 이야기를 만들어 내는 것.

'법쩐'은 주요 인물들의 전사도 큰 비중으로 등장하고, 등장 캐릭터도 많으며 이들 간의 관계도 꽤나 복잡하다. 캐릭터와 관련해 가장 고민했던 점은?

법쩐의 등장인물들은 모두 유능하고, 나름 영리한 사람이다. 그런데, 똑같이 유능하고 영리해도 누군가는 우리 편이고, 누군가는 개같이 몰락하길 기원하는 악당이다.

'우리 편'은 중요한 키워드였다. 둘을 가르는 기준은 도덕률이나 선악의 이분법은 아니다. 공공연히 법과 원칙으로 안 된다고 얘기하는 건 '우리 편'도 마찬가지. 쎈 놈들을 상대로 한 복수를 위해선 때로 괴물이 되기도 하지만, 왜 우리는 누구는 우리 편이고, 누구는 악당이라 생각할까? 뭔가 막 엄청 대단한 이유라기보다는, 그냥 평범한 우리들이 갖고 있는 상식적인 사람의 마음. 사람의 도리. 고마운 일에 대해 고마워할 줄 알고, 미안함에 대해 잊지 않고 기억하는. 그래서 그 마음을 늘 품고 살아 약자는 도와주고 강자에겐 물러섬 없이 맞서는, 우리 편.

드라마 보는 동안에라도 영리하고 믿음직한 우리 편을 만나 함께 응원하고, 같이 싸우자. 그래서 결국 이겨 보자, 쫌. 요즘 같은 시절엔 손에서 레이저 나가는 것보다 더한 판타지일지 모르겠으나.

관련 소재들에 대한 연구나 조사는 어떻게 했나? 취재하면서 기억에 남는 에피소드가 있다면?

"경찰보다 검사가 더 정의로울 수 있는 이유가 뭔지 알아?
우리 검사들은 옷 벗어도 변호사 하면 되지만,
경찰은 치킨집밖에 할 게 없잖아?"

매우 현실적이지만, 또 한편으론 일종의 특권 의식이 느껴져 고민하게 만든 이야기였다. 그래서였을까. 높은 자리의 사람들보다 묵묵히 자신의 일을 하는 일선의 공무원들에게서 늘 감동을 받았다. 공무원이 된 후엔 향우회나 동문회에 나가지 않는다는 분이 있었다. 드라마에선 마지막 회, 퇴임을 앞둔 남 계장의 대사를 통해 남겼는데, 어쩌면 우리가 원하는 개혁은 대단한 일이 아닐지도 모른다는 생각을 했다.

구치소 수감 중인 명 회장이 한밤중에 검찰청으로 나와 범죄를 저지르는 장면이 나온다. 현실에선 불가능해 보이는데⋯?

전해 듣고, 기사에서 확인한 어떤 사건을 모델로 상상력을 더해 만들어 낸 이야기다. 현실은 때로 작가의 상상력을 초라하게 만들 만큼 지독한 경우들이 있다. 하여, 본 드라마의 인물, 단체, 지명, 사건, 검찰 조직의 설정● 등은 모두 실제와 관련이 없는 창작에 의한 허구임을 알려 드리나. 어쩌면 현실과 매우 닮아 있을 수 있다.

은용과 준경이 명 회장과 황기석을 단죄하는 과정은 통쾌하지만, 그들 역시 과정에서 수많은 불법과 탈법적 행위들이 있었다. 괴물과 싸우기 위해 괴물이 되어 버린 사람들에 대한 작가의 생각은?

해피엔딩을 만들 수 있는 드라마 작가여서 다행이다. 마지막, 태춘과 함께 걷는 준경의 미소처럼 제자리로 돌아와 행복할 수 있길 바란다.

작가가 보기에⋯ 솔직히 가장 나쁜 놈은 누구인가?

● 　극 중 드라마의 현재는 '2014년'이다. 처음 기획하여 취재하고, 드라마를 쓰면서 계속해서 검찰 조직의 편제가 바뀌었다. 그래서 그냥 2014년을 현재로 설정했다. 이런 드라마에서 현실 고증이란 늘 어려운 양날의 검처럼 느껴진다.

작가 인터뷰

황기석. 국민배심원단이 되어 형량을 매긴다면, 살인도 서슴지 않는 명 회장에게 더 큰 벌을 주겠으나. 탐욕을 포장하여 스스로도 정의롭다 믿는 황기석이 더 나쁜 놈이라 생각한다. 능력 있고, 영리하여 매력적이라는 점은 아이러니.

가장 애정하는 캐릭터는?

윤 대표와 은용. 편견 없이 존엄한 사람으로 대해 주는 어른. 그리고 그 고마움을 잊지 않는 마음이 이 이야기의 시작이었다. 멋지게 연기해 준 두 배우 분들께 고맙다.

몽골 씬도 그렇고, 영화 같은 신선함이 많았다. 평소에 아이디어 스케치는 어떻게 하나?

대평원에서 말을 타 보고 싶어서 몽골 여행을 다녀왔었다. 몽골의 말은 생각보다 작고 배가 나왔지만, 3일째 달리기 시작하자 빠르고 힘이 좋았다. 게르 안의 왕파리들은 추울 땐 사라졌다가, 난로를 켜면 시끄럽게 날아다녔다. 특별한 취미가 없어, 틈날 때는 여행을 떠나길 좋아한다. 먼 곳으로 떠나는 긴 여행이나, 사랑하는 사람과 남산 둘레길을 걷는 산책은 아이디어를 준다. 대본은. 앉아서 써야 하지만.

작가가 드라마를 통해 가장 하고 싶었던 이야기는, 드라마를 보는 시청자들에겐 명대사일 텐데… 작가가 뽑은 명대사가 있다면?

> **2화 13씬. (과거) 준경의 집, 대문 앞 (낮)**
>
> 맑고 푸른 하늘. 대문 앞에 서 있는 윤 대표다.
>
> 윤 대표   웬 꽃?

십대 은용이 붕대 감은 손으로 빨간 카네이션 꽃다발을 한 아름 건넨다.

용   그냥… 싸게 팔아서.
윤 대표   카네이션이네?
용   한 번도 사본 적이 없어서… 많이 샀어요.
윤 대표   자주 사 와. 양도 이만큼씩. (환하게 웃는 모습에서)

"한 번도 사 본 적이 없어서… 많이 샀어요."
"자주 사 와. 양도 이만큼씩."

두 사람의 이 대사를 좋아한다. 촬영 현장의 사정으로 카네이션이 장미로 바뀐 것은 내내 아쉽다.

은용과 박준경의 러브 라인이 살짝 기대되기도 했다. 그 부분은 일부러 배제했나?

남성형 명사로 표현하는 것이 정치적으로 올바른지 모르겠으나, '형제애' 같은 관계를 보여 주고 싶었다. 좋아하는 영화인 '영웅본색'에서 송자호(적룡)과 소마(주윤발)의 관계 같은. (그런 맥락에서 장태춘은 송아걸(장국영)의 자리에 닿아 있다.)

이선균, 문채원 배우의 캐스팅은 큰 화제였다. 캐스팅 소식을 들었을 때 어땠는지, 캐릭터를 탄생시킨 작가로서의 소감은?

편집본을 보는데, 중간에 지나가는 브릿지씬 엔드에서 은용의 표정을 보면서 '그냥 이대로 엔딩쳐도 좋겠는데?' 생각한 적이 있었다. 장르적 캐릭터가 익숙하지 않은 옷이라고 고민이 많았다 했으나, '제 식대로 해 볼게요'라고 하곤, 이선균 배우가 만들어 낸 은용에겐 결국 설득되고 반했다. 인간적인 따뜻함에 더해, 명랑한 장난기와 유쾌함까지. 그가 만들어 낸 은용은 여지없이, 최고.

그리고, 문채원 배우는 연기를 잘하는 배우라는 건 알고 있었지만, 편집본을 보며 '굉장히 강력하다'라는 느낌을 받았다. 캐릭터 준경은 문채원 배우를 만나 분명히 플러스알파가 있었다. 이지적인 단정함에 더해, 내내 강직하고 멋졌는데 마지막 미소는 단연, 압권.

뿐만 아니라, 강유석, 박훈, 김홍파 배우 등 자신만의 색깔이 뚜렷한 배우들이 함께했다. '법쩐' 배우 군단들에 대한 소감은?

태춘이는 남 계장과 술 마시며 "우리 엄마 술집 마담했어요"라고 말하는 장면과 이어지는 빗 속에서 준경에게 속내를 소리쳐 대는 장면을 보며, 참 좋았다. '우리 편' 중에 유일하게 흔들리고 방황해도 밉지 않아야 하는 캐릭터였는데, 유석이라 가능했고 훌륭했다.

모두가 그렇게 느꼈지만, 김홍파 선배는 그대로 명 회장이었다. 명 회장은 개인적으로 좋아하는 스타일의 악당인데, 홍파 선배를 통해 짠함이 더해져 좋았다. 그리고, 의외로 명 회장… (현실 모사를 잠시 접어 두고 캐릭터로 편견 없이 보면) 꽤 귀엽다.

박훈 배우와는 개인적으로 인연과 친분이 있다. 연기력이야 믿어 의심치 않아서 해석이든 뭐든 맘대로 하라 했고, 그보다 내가 궁금했던 시청 포인트는 박훈의 황기석이 과연 섹시할 것인가. 였다. 작가로서 황기석 캐릭터는 매력적이고 섹시했으면 싶었는데… 박훈은 굉장했다.

어린 시절부터 너무 팬이었던 김미숙 선배님께서 윤 대표를 맡아 주셔서 행복했다. 대본 쓰며 상상했던 장면들과 싱크로율 100프로. 좋은 사람인 캐릭터가 좋은 배우를 만나 완벽했다.

그리고, 다른 조연 분들까지 모두. 개성이 강한 캐릭터들이 개성이 매력적인

법쩐

배우들과 만났으니. 더할 나위 없었다. 든든한 우리 편이었던, 남 계장, 함진, 홍한나, 권 주임… 그리고, 은지희. 강력한 적이었던, 오 대표, 백 의원, 김성태, 박 부장, 이 검사, 그 리고 이진호와 이수동… 앞으로 하는 드라마에서 캐스팅이 또 이렇게 좋을 수 있을까?

돌이켜 봤을 때, 아쉬움이 남는다면…?

대본. 항상 잘하고 싶지만. 할 수 있는 건, 작가로서 최선을 다하는 것 뿐이라.

'법쩐'이 많은 사람들에게 사랑을 받으며 마무리됐다. 드라마로 시청한 시청자들이나, 지금은 대본으로 접할 독자들에게 마지막으로 한마디.

같은 드라마를 본다는 건, 시공을 초월한 만남 같은 거라 생각합니다. '법쩐'으로 만나서 반가웠습니다. 대본집까지 함께해 주셔서 너무 감사하고… 남은 인사는 작가 후기에 더 하겠습니다. 고맙습니다.

 상권

초판 1쇄 인쇄
2023년 3월 13일
초판 1쇄 발행
2023년 3월 23일

글
김원석

펴낸이
백영희

펴낸곳
㈜너와숲

주소
04032 서울시 금천구
가산디지털1로 225
에이스가산포휴 204호

전화
02-2039-9269

팩스
02-2039-9263

등록
2021년 10월 1일
제2021-000079호.

ISBN
979-11-92509-49-5(04680)

정가
23,000원

ⓒ스튜디오S 주식회사

이 책을 만든 사람들

편집
백지윤
마케팅
배한일

제작처
예림인쇄

디자인
글자와기록사이
작가 인터뷰 사진
김성용